ENFANCE, SANTÉ MENTALE ET SOCIÉTÉ

ENFANCE, SANTÉ MENTALE ET SOCIÉTÉ

Recueil d'articles

Xavier RENDERS

Pédasup 32
1994

ACADEMIA Louvain-la-Neuve

D/1994/4910/36 ISBN 2-87209-347-8
© **ACADEMIA – ERASME s. a.**
25/115 Grand'Rue
B–1348 Louvain-la-Neuve

Imprimé en Belgique.

Introduction

Ce recueil présente plusieurs textes, publiés ou inédits, écrits ces dernières années à partir de mon travail de psychologie clinique avec les enfants.

Le projet de les regrouper aujourd'hui répond au souci de rendre facilement accessible aux étudiants des textes utiles à leur formation, mais aussi d'en proposer la lecture aux professionnels de l'enfance, aux parents et à toute personne portant intérêt à l'évolution des relations entre générations dans nos sociétés.

Le volume est divisé en cinq parties :

- **La première «Enfants, adultes, société»** offre un certain nombre de réflexions sur le statut de l'enfant, sa place dans la famille et la société, le regard porté sur lui par les adultes, le processus par lequel il se rend sujet de sa vie et sujet social.

- **La deuxième «Enfance et violence»** rassemble des articles qui interrogent cette réalité si actuelle de la violence dont l'enfant est victime, acteur ou témoin dans ses différents milieux de vie. Violence sous sa face mortifère, mais violence aussi en tant qu'elle est inhérente voire nécessaire à la vie humaine dès son origine.

- **Dans une troisième partie «Émotions et relations»**, on trouvera trois petits textes abordant de manière clinique et/ou éducative quelques thèmes particuliers de la vie affective et familiale : l'envie et la jalousie, l'intimité et la pudeur, les différences entre parents, à reconnaître et à soutenir.

- **La quatrième «Interventions institutionnelles et vie scolaire»** se penche sur les lieux de vie extra-familiaux des enfants, écoles et institutions, sur leurs liens avec la famille. Comment en faire des lieux de parole et d'écoute, donnant place à la singularité de chacun, précisant les fonctions et les rôles, bref, des lieux de santé mentale ?

- **La dernière partie «Enfance et psychanalyse»** propose trois textes en référence plus directe à l'orientation théorique et psychothérapeutique qui est la mienne : l'un sur ma conception du travail analytique avec l'enfant, un autre sur la méthode de recherche des études de cas, le dernier sur la question de la *«demande»* de l'enfant en psychanalyse, question à laquelle j'ai consacré un précédent ouvrage.

A travers cet ensemble de textes, se dégagera, j'espère, ma propre représentation d'un enfant, dans sa variation, dans son indétermination, et celle d'une relation adulte-enfant dans toute son incertitude, les joies et les souffrances qu'au fil des jours elle recèle.

Puisse ce recueil offrir l'occasion d'échanges féconds dont, pour ma part, je suis vivement demandeur.

1

ENFANTS, ADULTES, SOCIÉTÉ

Sommaire

«L'enfant en quête» de Winnicott

Un mode de penser les paradoxes, périls et horreurs de la relation adulte – enfant[1]

Mon propos est d'aborder la difficulté de penser notre relation à l'enfant.

L'enfant m'apparaît, dans ma réflexion et mon rapport à lui, et peut-être de plus en plus, dérangeant, déconcertant et périlleux. Et cependant quelque chose en lui ne cesse de me mobiliser, me met au travail. Paradoxal enfant.

Je vous propose quelques réflexions personnelles introductives, pour nous tourner ensuite vers Winnicott, goûteur de paradoxes qui en possède plus d'un dans son sac. Nous nous arc-bouterons sur sa notion d'enfant en quête et la modélisation qu'il esquisse de l'espace intermédiaire ou potentiel à l'intérieur duquel il invite l'enfant à se mouvoir.

1. TROIS RÉFLEXIONS INTRODUCTIVES

A. La première est de Freud. Trois tâches, dit-il dans « L'analyse finie et l'analyse infinie»[2], sont impossibles à l'homme : gouverner, analyser et éduquer. Si Freud les rapproche, c'est qu'il les conçoit comme analogues. A chaque fois, ne s'agirait-il pas pour lui d'ouvrir au citoyen, au patient, à l'enfant un espace de liberté, un espace de désir ou de les élargir ?

Mais pour ce faire, quadrature de cercles, il n'est d'autre voie *que de les vouloir d'abord pour l'autre*. Projet du politique, attente des parents, désir de l'analyste : n'en déplaise aux dénonciateurs de doubles liens, il s'agit bien, au départ en tout cas, d'impératifs des plus catégoriques, « exprime-toi», « sois spontané», « sois désirant».

En éducation, il y a là, on le conçoit, de quoi faire reculer les meilleurs[3]. Même effroi de l'analyste devant son acte, redoublé s'il analyse des enfants. On en reparlera. Pour ce qui est du politique, on connaît le mot de Churchill pour qui la démocratie est le pire des régimes, à l'exclusion de tous les autres. Si le politique, ô comble, est ministre des enfants, de l'éducation des enfants, l'attrait du vide est tout proche, on l'a observé voici peu en Belgique francophone.

---

1 Exposé présenté le 18 janvier 1991 lors du séminaire de psychiatrie générale (Service de Psychiatrie, Faculté de Médecine, Université catholique de Louvain). Publié antérieurement dans *Anthropo-Logiques, 4,* 1992, Peeters, Leuven, pp. 121-134.

2 FREUD, Sigmund, *L'analyse finie et l'analyse infinie,* Trad. Le sac de sel, s.d., s.e., p. 42 (1ère publ. all. 1937).

3 SARTRE, dans *l'Être et le Néant* : «Une éducation sévère traite l'enfant en instrument, puisqu'elle tente de le plier par la force à des valeurs qu'il n'a pas admises; mais une éducation libérale, pour user d'autres procédés, n'en fait pas moins un choix a priori des principes et des valeurs, au nom desquels l'enfant sera traité» (SARTRE, Jean-Paul, *L'Être et le Néant*, Paris, Gallimard, 1943, p. 480).

Impossible gouvernement, impossible éducation, impossible analyse. Impossibles engagements surtout dans leur exercice avec les enfants. Et grands sont les risques d'abandonner la partie pour s'en sortir. Autant savoir.

B. Deuxième réflexion, elle est de Fields, cinéaste américain. «Celui qui déteste les animaux et les enfants ne peut être tout à fait mauvais», nous dit Fields.

Voilà la haine de l'enfant, dirais-je en ne forçant qu'un peu, promue au rang d'éthique. Et pourquoi pas ? Fields se méfie de l'amour d'enfant. Il en perçoit les pièges ou plutôt le leurre. Une mythologie de l'amour d'enfant s'est constituée en Occident ces derniers siècles, nous dit Ariès, selon laquelle l'enfant a besoin d'amour plus que de tout autre chose[4]. Il faut l'aimer et l'entourer : mythologie du soin, de l'attention, de l'affection dus à l'enfant.

La tendresse à l'égard de l'enfant, certes, a de tout temps existé, mais elle est aujourd'hui enflée par le discours social, fixée impérativement par lui. L'amour d'enfant est devenu ce qu'on nomme une représentation culturelle, fragment de l'image que notre société cherche à se donner d'elle. Nombreuses en sont les raisons, historiques, qu'Ariès a bien mises en évidence[5], mais aussi économiques, sociales, religieuses.

Fields n'est pas psychanalyste. Il ignore le concept de formation réactionnelle. Il n'en ignore pas la réalité. Il devine ce que cache mais aussi ce que manifeste un tel ordre d'amour, une telle institution. L'autre face de l'amour, si proche d'elle, Fields la lit en filigrane, c'est la haine.

L'amour d'enfant érigé en idéal social fait assurément régresser l'infanticide en Occident. On ne peut s'en plaindre. Il entraîne dans sa foulée une répression du sentiment de haine au niveau social, un refoulement de la pulsion au niveau des individus. Bien entendu, il ne les supprime pas.

Fields ose lever le voile de la haine d'enfant. Elle est là. Plus, dit-il, celui qui déteste l'enfant ne peut être tout à fait mauvais. Je réfléchis à cette phrase : elle porte bien plus qu'une reconnaissance de la vérité des sentiments, de quelque chose comme une ambivalence à l'égard de l'enfant (Il me pompe, il m'use, il m'agace, mais je l'aime).

Non, il s'agit d'autre chose : à un premier niveau, d'une condition de possibilité de l'amour de l'adulte à l'égard d'un enfant : *l'enfant ne peut se sentir aimé par l'adulte que s'il a réussi à en être haï.* Plus profondément, il s'agit d'une condition de possibilité de la haine de l'enfant à l'égard de l'adulte, repérée d'ailleurs par Winnicott dans le cadre de toute relation analytique[6] : *l'enfant ne peut haïr l'adulte que s'il s'est senti suffisamment haï par lui.*

---

4 ARIES, Philippe, *L'enfant et la vie familiale sous l'Ancien Régime*, Paris, Plon, 1960 (rééd.: Seuil, coll. UH, 1973).

5 Au rang desquelles le grand nombre d'infanticides secrètement admis, que l'entreprise occidentale de moralisation cherche à interdire avec une netteté accrue au XVIIIème siècle.

6 WINNICOTT, Donald, *La haine dans le contre-transfert* (1947), in De la pédiatrie à la psychanalyse. Paris, Petite Bibliothèque Payot, 1978, p. 54.

Permettre cette haine-là à l'enfant n'est pas le moindre don qu'on puisse lui faire car, nous le savons, c'est à son prix que peut se jouer le détachement d'un enfant, sa prise d'écart. Fields a vraiment raison, pas mauvais du tout, cet adulte-là. Mais qui peut penser la haine comme don à l'enfant ? Qui l'ose ?

C. Troisième réflexion qui, d'une certaine façon, prolonge la précédente. Disons qu'elle est mienne, qu'elle est nôtre, qu'elle pourrait être celle de tout citoyen du monde. Notre société riche, on l'a dit, enjoint aux familles d'aimer l'enfant. Elle va plus loin. Si elle est riche d'argent et de technologie, l'enfant, lui, est un bien rare et précieux, capital à préserver et à protéger. Il devient dès lors prince de soins et d'éducation.

On voit se multiplier autour de lui, spécialement ces vingt dernières années, quantité d'experts qui se bousculent à son service : psychologues, pédiatres, éducateurs spécialisés, thérapeutes. Ces professions neuves sont elles-mêmes en élaboration permanente, allongent et complexifient les études qui y conduisent. Nous sommes ici payés pour le savoir, pour le faire ou pour le subir.

Les défauts de développement de l'enfant, nous les épions; ses retards, nous les dépistons; ses compétences, nous les évaluons et les stimulons; ses malaises, les comprenons et les traitons. L'enfant aujourd'hui ô combien désiré, attendu, préparé, il s'agit de le réussir, ou comme le dit Martens «de ne pas le rater»[7]. Biologiquement, pédagogiquement, psychologiquement.

Au risque de scier l'arbre, on ne peut esquiver la question : n'allons-nous pas trop loin dans la multiplication de nos services, institutions, interventions, au bénéfice de l'enfant ? N'allons-nous pas trop loin dans ce que nous faisons et sommes pour lui ?

L'enfant devenu à ce point celui du souci, des préoccupations, des angoisses de l'adulte, espoir dans ses attentes, réponses à ses théories de l'humain ou encore, comme le dit Vonèche, professeur de psychologie à l'Université de Genève[8], relation de soi à soi, miroir de l'adulte (nous reviendrons sur plusieurs de ces idées), quelle place est encore la sienne, celle de sa vie de pensée, de parole, de désir ? Nos exercices professionnels de plus en plus sophistiqués ne sont-ils pas une forme de désaveu de son être, oserais-je dire le mot, de violence ?

Face à nous, et à nous opposée, la mer immense de l'humanité Sud, la situation abominable de l'enfant dans les pays pauvres. Je lis il y a quelques jours un article d'Isabelle Vichniac, rédactrice au *Monde*, paru dans l'excellent petit livre de l'Université Libre de Bruxelles, *L'enfant dans la société d'aujourd'hui*[9]. Titre de l'article : «Traite, esclavage, prostitution des enfants»[10].

---

7 MARTENS Francis, *Psychothérapie, enfance, société*, Revue PMS, 1980, 1, 10, p. 28.

8 VONECHE, Jacques, *La place de l'enfant dans la société*, in LAMESCH Alfred (ed.), *L'enfant dans la société d'aujourd'hui*, Bruxelles, Éditions de l'Université Libre de Bruxelles, 1990, pp. 23-31.

9 LAMESCH, Alfred (ed.), *op. cit.*

10 VICHNIAC, Isabelle, *Traite, esclavage, prostitution des enfants*, in LAMESCH, Alfred (ed.), *op. cit.*, pp. 131-139.

On sait. On oublie. On ferme les yeux parce que la réalité est d'une horreur insupportable. Deux chiffres : quarante mille enfants meurent chaque jour de faim dans le monde, un million d'enfants sont réduits à l'esclavage.

Des enfants de 7, 8 ans vendus par des parents misérables ou kidnappés sur les trottoirs, contraints de se prostituer, séquestrés durant des années dans des bordels, à peine alimentés, battus, soumis aux caprices sexuels les plus monstrueux. Au Bengladesh, au Brésil, en Thaïlande, aux Philippines, au Sri Lanka, ailleurs. Par dizaines, par centaines de milliers. Et comme le souligne Vichniac, toute cette horreur n'existerait pas s'il n'y avait pas les clients qui viennent tous des pays riches, de nos pays, de mon pays, pour assouvir leurs vices, même si cela doit coûter la vie à leurs petites victimes.

Peut-on réunir en une seule pensée :

- d'un hémisphère (c'est le cas de le dire) l'enfant des pays riches, capital d'avenir, modélisé jusqu'à l'excès par le regard de l'adulte dont il est le reflet et en cela sans doute insuffisamment respecté dans sa spécificité et son indétermination ;
- de l'autre, l'enfant des pays pauvres, réduit à l'état de déchet humain, écrasé sans la moindre médiation par la brutale mise en acte des pulsions d'adultes les plus pervers, d'adultes bien de chez nous ?

Voilà au niveau géopolitique comme les deux versants actuels du rapport à l'enfant : le porter aux nues au Nord, aux enfers au Sud. L'enfant du Nord en position royale, celui du Sud en position d'esclave. Et par le même adulte, notre proche, qui sait, par nous-mêmes. Deux enfants aux conditions d'existence en diamétrale opposition. Et cependant, à y regarder de plus près, les deux attitudes ainsi décrites n'entretiendraient-elles pas quelque rapport de contiguïté ? Ne procéderaient-elles pas de quelque façon d'un point commun qu'on pourrait désigner comme la tendance de l'adulte à chosifier l'enfant, à en faire sa chose ? Scandale peut-être que de poser cette question.

Résumons nos trois réflexions introductives :

- on ne peut, en éducation, laisser un enfant conquérir un espace de liberté, un espace de libre arbitre, dirait Cassiers[11], qu'en le voulant d'abord à sa place;
- en même temps, une des conditions de possibilité du devenir de l'enfant, si ce n'est la condition de possibilité pourrait bien être la reconnaissance par l'adulte de la haine qu'il lui porte;
- empli de bonne conscience à l'égard des moyens qu'il met en oeuvre autour de l'enfant, l'adulte de l'hémisphère Nord, s'il ouvre quelque peu les yeux, découvre qu'il fait de lui son or (!), attitude finalement moins éloignée qu'il n'y paraît de celle de le traiter de merde quand il passe au cap Sud.

---

11 CASSIERS, Léon, *La déclaration des droits de l'enfant. Commentaires psychologiques.* Documents de la journée d'études organisée le 30 novembre 1990 par le Centre de Droit de la Famille de l'U.C.L. (Prof. M.-Th. MEULDERS-KLEIN) sur la Convention des droits de l'enfant et la Belgique.

Que font apparaître ces réflexions ? Pour ce qui est des deux premières, des paradoxes auxquels est astreint l'adulte qui cherche à penser ou à définir son rapport à l'enfant. La dernière, les pièges ou l'horreur que lui livre, s'il veut bien le regarder, le rapport qu'il noue à l'enfant. Déployons ces deux registres.

2. LE RAPPORT À L'ENFANT : LIEU DE PARADOXE ET LIEU D'HORREUR

A. Lieu de paradoxes

On pourrait certes brosser ce rapport paradoxal de l'adulte à l'enfant de bien des manières. Je vous propose celle-ci, qui constitue un double rapport paradoxal ou «carré paradoxal». L'enfant ne peut exister que par l'adulte, mais par un adulte de manque, s'admettant au négatif pourrions-nous dire. L'adulte ne peut exister que par l'enfant ou par l'enfance, mais par une enfance admise comme introuvable, elle aussi au négatif en quelque sorte.

1. *L'enfant ne peut exister que par l'adulte, que par le désir de l'adulte*

Déjà pour être conçu et naître, c'est évident, mais aussi pour se mettre à désirer lui-même. C'est la mère qui donne sens au premier cri de l'enfant, à son premier appel. C'est elle qui lui prête ses premiers mots, ses premières représentations, c'est elle qui le fait entrer dans la langue. Et elle ne peut le faire qu'à travers son désir inconscient. C'est ce que nous dit Lacan : «Le sujet, in initio, commence au lieu de l'Autre, en tant que là surgit le premier signifiant»[12]. Autre, pourrait-on ajouter, dont la place est généralement occupée en premier par la mère.

Cette prééminence du désir de l'adulte, Piera Castoriadis Aulagnier l'a bien mise en évidence dans son livre *La violence de l'interprétation* : «Le dire et le faire maternels anticipent toujours sur ce que l'infans peut en connaître»[13]. Mais ce désir de l'Autre, fort heureusement, ne se dit que sporadiquement à l'enfant. Il lui est pour partie inconnu. Et comme dit Lacan, c'est en ce point de manque que se constitue le désir du sujet.

Devant l'inconnue du désir de l'Autre, l'enfant se met à questionner : «Dis-moi quel est ton désir, que me veux-tu, che vuoi, qui suis-je pour toi», demande-t-il. Dès lors qu'il pose question, qu'il s'interroge, qu'il demande qu'on lui en dise plus, son propre désir se constitue. Il advient peu à peu comme sujet.

L'enfant sort de sa position d'infans, sort de sa position d'objet astreint à vivre dans les limites de la volonté de l'Autre en demandant à savoir; encore

12 LACAN, Jacques, *Le séminaire*. livre XI, 1964, Les quatre concepts fondamentaux de la psychanalyse, Paris, Seuil, 1973, p. 180.

13 CASTORIADIS-AULAGNIER, Piera, *La violence de l'interprétation*. Paris, Presses Universitaires de France, 1975, p. 36.

faut-il que l'adulte admette cette part d'inconnue de son propre désir, qu'il s'admette manquant dans son rapport à l'enfant, qu'il ne s'impose pas outrancièrement à lui pour le façonner à son image, etc...

L'enfant ne peut exister que par l'adulte, à condition que l'adulte se reconnaisse de manque.

2. *Mais l'adulte réciproquement ne peut exister que par l'enfant,* tout au moins l'enfance. C'est l'enfance qui inscrit l'homme dans l'histoire, qui lui donne sens, inaugure son humanité. L'enfant cause l'adulte. L'enfant, disait Freud, est le père de l'homme.

Pas étonnant alors, comme le dit Quentel[14], que l'adulte qui se pose la question de savoir «d'où viens-je, qui suis-je ?», se tourne vers l'enfance. Enfance, cause ou objet du savoir de l'adulte sur lui-même.

En même temps, cause à jamais perdue, introuvable, non retrouvable. Freud s'en est aperçu : la remémoration ne peut rendre l'enfance qu'en une ligne déformée, tordue, brisée, reconstruite[15]. *Son enfance cause l'adulte, mais l'adulte ne peut en faire une réponse* à lui-même. Son enfance ne peut satisfaire le désir de savoir de l'homme. Sa question demeure ouverte, ce qui maintient force et vigueur à son désir et l'entraîne à relancer sa question à travers l'enfant qui suit... celui dont il sera le père, la mère, qui le prolongera, le continuera, l'historisant ainsi par l'autre bout.

Le désir d'en savoir plus de l'adulte se transmue ainsi en désir de paternité. Encore faut-il qu'il évite ici une autre dérive, celle qui consisterait à trouver en l'enfant dont il est père, réponse aux questions de sa propre vie, qu'il reconnaisse, cette fois, que l'enfant n'est pas là pour combler ses manques.

L'adulte ne peut exister que par l'enfance ou l'enfant à condition qu'il renonce à y trouver réponse.

B. Le rapport adulte-enfant : lieu de danger, lieu d'horreur

Pour déployer ce point, je vous propose de prendre le paradigme de la relation analytique, ni plus ni moins.

Ma thèse de doctorat intitulée *La demande de l'enfant en psychanalyse*[16] a été consacrée pour sa majeure partie à l'étude des figures importantes de l'histoire de la psychanalyse d'enfants : Hermine Hug-Hellmuth, Anna Freud, Mélanie Klein, l'homme d'aujourd'hui Donald Winnicott, Serge Lebovici, René

---

14 QUENTEL, Jean-Claude, *Le concept d'enfant, ou l'enfant dimension de la personne,* Anthropo-Logiques, 2, 1989, p. 268.

15 Lire ici FREUD, Sigmund, *Les modes de formation du symptôme,* leçon 23 de l'*Introduction à la psychanalyse,* Paris, Petite Bibliothèque Payot, 1962 (1ère éd. all. 1916-1917).

16 RENDERS, Xavier, *La demande de l'enfant en psychanalyse,* Thèse de doctorat en psychologie défendue à l'Université Catholique de Louvain, 1989. Publiée aux Editions De Boeck-Université, Bruxelles, sous le titre *Le jeu de la demande,* 1991.

Diatkine, Françoise Dolto. J'ai cherché à dégager quelle position subjective ces auteurs reconnaissent à l'enfant qu'ils reçoivent; plus fondamentalement qui donc, pour chacun d'eux, est cet enfant, quels sont les traits de son visage.

Un des thèmes à propos desquels je cherchais à repérer parentés et différences entre les auteurs était celui des particularités de la mise en présence d'un adulte et d'un enfant dans la rencontre analytique. La rencontre analytique adulte-enfant présente-t-elle des spécificités ?

A ma grande surprise, ce thème était le seul où je voyais converger toutes leurs conceptions. Le sentiment partagé par tous les praticiens est celui-ci : *il y a danger dans cette rencontre.* Elle peut être éprouvante, violente, voire explosive. Tous l'ont ressenti. Chacun souligne à sa manière la menace qui pèse sur cette relation, ce que j'appellerais ici de manière quelque peu enflée, mais à dessein, ses affres ou son horreur.

Voyons en quels termes.

Les premières psychanalystes d'enfant mettent toutes en évidence l'hostilité ou la méfiance de l'enfant. Anna Freud tout spécialement, parle sans cesse des embûches de cette rencontre. L'enfant est là à contrecoeur, décrit-elle, fort peu animé du désir ou de la liberté de parler et l'analyste, plongé dans la perplexité, ne sait comment aborder ces réticences.

M. Klein, bien qu'elle en situe les raisons sur un tout autre plan, fait le même constat de pénibilité : le rendez-vous avec cet étranger qu'est l'analyste peut soulever chez l'enfant une angoisse insoutenable. L'enfant névrosé, constamment à l'affût de mauvais parents, se replie fréquemment dans l'hostilité, la hargne ou le défi pour se protéger de la menace interne que constituent les premières mises en présence de l'analyste.

Winnicott nous alerte du même danger, mais d'une manière apparemment opposée. Méfions-nous, dit-il, des analyses où tout va bien : l'enfant parle, l'analyste comprend et interprète, le client acquiesce, tout le monde est content. Mais n'avons-nous pas mobilisé autre chose que le faux self psychonévrotique, ne l'avons-nous pas renforcé ?

Winnicott reprend ici une idée maîtresse de Ferenczi quand ce dernier parle des dangers de la docilité ou de l'empressement du patient à l'égard de ce que lui apporte l'analyste[17].

Pour Lebovici et Diatkine, la rencontre analytique constitue un rapproché avec l'adulte dangereux et angoissant parce qu'excitant. Ce tête à tête est vécu par l'enfant comme une véritable situation de séduction dont l'enfant, précise Diatkine, se protège par des comportement agités, des provocations, des productions répétitives, un désinvestissement.

---

17 FERENCZI, Sandor, *Confusion de langue entre l'adulte et l'enfant. Le langage de la tendresse et de la passion,* in Psychanalyse 4, Paris, Payot, 1982, pp. 125-135 (1ère publ. all. 1932). Nous reviendrons plus loin sur ce texte.

Françoise Dolto de son côté insiste maintes fois sur le fait que la psychothérapie peut être un véritable rapt ou viol si le thérapeute n'exprime pas clairement à l'enfant ce qu'est la cure, si l'enfant ne la souhaite pas vraiment.

Mais parmi les auteurs étudiés, Dolto est celle qui pointe le plus nettement l'autre face du danger de la relation analytique adulte-enfant, c'est-à-dire le danger pour l'adulte. Danger vécu probablement très intimement par tous les autres, mais peu formulé. La libido d'un enfant, dit-elle, est si puissante que bien des psychothérapeutes, insuffisamment analysés, peuvent s'en trouver déséquilibrés.

Tous ces auteurs parlent-ils du même danger ? Je pense que oui : le danger du détournement sexuel, de la séduction sexuelle d'un enfant par un adulte et d'un adulte par un enfant, avec la litanie d'angoisses qu'il suscite de part et d'autre. L'enfant n'est pas un innocent sexuel, Freud nous l'a enseigné. L'enfant réticent d'Anna Freud, l'enfant négatif de Klein, l'enfant faussement content de Winnicott, l'enfant agité de Diatkine, l'enfant en danger de rapt de Dolto sont autant d'enfants qui cherchent à mettre leur vie pulsionnelle à l'abri de la mainmise de l'adulte : leur vie de représentation, leur vie de pensée, leur vie de langage, leur vie de désir. Et tout spécialement, si l'adulte se montre bon, protecteur, aimant et aidant.

3. LA COURSE À LA PRÉMATURITÉ, VÉRITABLE NATURE DE L'ENFANT ?

Tentons à présent de rassembler tous ces éléments, de les mettre en lien, avant d'examiner l'articulation qu'en propose Winnicott. Le point axial est celui-ci : l'enfant exerce sur l'adulte un attrait, une fascination, une séduction, et vice versa.

A. L'enfant, pour advenir, requiert l'intervention de notre subjectivité, appelle nos interprétations, notre parole porteuse et créatrice de sens. Et souvent très avidement, observons-le. En même temps, ce sens, cette parole, cet événement langagier que nous lui offrons et qui lui sont nécessaires, anticipent de loin sur sa capacité d'en reconnaître la signification, du moins celle que nous y mettons, et de la reprendre en l'instant à son compte. L'enfant va au devant d'événements avant qu'il ne lui soit possible de les comprendre.

L'enfant naît prématuré disait le biologiste Victor Bolk : dans les années 20. Mais nous pourrions ajouter : il accentue cette prématuration, il la creuse, en se portant toujours en avant, en avance, trop tôt par rapport à ce qui lui est possible d'assumer[18]. Une manière d'exprimer le drame humain pourrait être celle-ci : pour devenir, l'enfant ne peut se passer de chercher l'effraction.

---

18 Ceci rejoint, je pense, mais dans le registre non pathologique, la notion de progression traumatique pathologique ou de prématuration pathologique avancée par Ferenczi dans l'article précité et que l'on peut présenter ainsi : l'enfant ayant subi de la part de l'adulte une forte agression, par exemple sexuelle, peut soudain, sous la pression de l'urgence traumatique, exprimer toutes les émotions d'un adulte arrivé à maturité. C'est, porté à son extrême, le mouvement d'identification à l'agresseur, l'introjection de celui qui menace ou agresse.

B. L'adulte, lui, est en admiration devant les performances, les compétences de l'enfant. La théorie de la médiation de Gagne-pain a bien montré la précocité de sa participation au culturel : très vite il parle, très vite il utilise des outils, très vite il dessine, très vite il acquiert des normes.

Mais l'adulte ignore qu'il ne les a pas pour autant fait siennes, subjectivisées. Il les répète, s'en imprègne, est en voie d'appropriation. A cela ajoute que l'adulte est subjugué par cet enfant qui vient à lui, lui offre son impuissance en demande de sa propre puissance. Mais non sans limites, heureusement, nous allons le voir, limites qui constituent d'ailleurs une part du processus de subjectivation.

Quoi d'étonnant alors que cet adulte se leurrant d'une part sur le véritable statut des acquis de l'enfant, se sentant d'autre part appelé, sonné, soit *tenté d'en remettre*. De «surnourrir», gaver l'enfant. De lui prêter une adultéité, lui prêter surtout, on en a vu les raisons, son adultéité. De se retrouver en lui pour combler les manques qu'il pense être ceux de son enfance mais qui sont ceux de son être adulte, défauts d'amour, défauts de savoir, défauts de jouissance. De faire de l'enfant l'objet des ses satisfactions, de le consommer.

C. Je dirais : tout est à l'oeuvre pour que s'installent le quiproquo, le malentendu, la confusion de langue entre l'adulte et l'enfant dont parle Ferenczi. On ne peut alors s'étonner qu'elle puisse produire des fruits de viol ou de violence. Au Nord davantage viol de sa vie de pensée et de représentation. Au Sud davantage viol de son intégrité corporelle. Dans les deux cas viol de sa sexualité au sens large que Freud nous a enseigné.

D. L'enfant subjectivise l'événement dans l'après-coup de son vécu. Les compétences, les représentations, les moeurs, le langage de l'enfant le précèdent. Il ne les fera siens que par un lent travail à lui propre. Mais je l'annonçais un peu plus haut : si le risque de malentendu ou de confusion plane inéluctablement, quelque chose en même temps fait bord chez l'enfant, fait limite à l'adulte, adulte qui, à son tour, ne le comprend pas toujours. C'est la rétraction, la méfiance, l'hésitation que mettaient en évidence les psychanalystes d'enfants, le retrait que l'enfant oppose à l'adulte pour réduire l'emprise de son geste ou de sa parole. Et ce non qu'il prononce représente, il va sans dire, une des dimensions de cette subjectivation.

E. L'adulte, pourrions-nous conclure, tend à faire de l'enfant son égal, ou son futur égal. Mais il se trompe sur la nature de cette égalité. Si l'enfant est l'égal de l'homme, ce n'est justement pas par ses compétences, ses performances, ses apprentissages (toutes choses qu'on pourrait nommer gains positifs vers l'état de développement adulte); ce n'est justement pas par ses acquis psychogénétiques ou développementaux, aussi précoces fussent-ils. Bien plus au fond par ses refus, sa négativité, les embûches qu'il sème à l'adulte, j'oserais même ajouter ses symptômes ou maladies qui témoignent toujours d'un «trop». Car c'est en ces points qu'il démontre son mouvement de subjectivation, de créativité.

Toute l'oeuvre de Winnicott a tenté d'articuler cette complexité, de penser ce difficile rapport adulte-enfant. C'est la raison pour laquelle j'aime évoquer cet auteur.

4. «L'ENFANT EN QUÊTE» : ÉVOCATION DE QUELQUES CONCEPTS WINNICOTTIENS

Une des originalités de la pensée de Winnicott a été :

- d'oser définir la santé mentale;
- d'oser la définir pour un enfant en dehors et même parfois en opposition à ce qu'on pourrait appeler des étapes de normalité, acquis donnés à un moment donné;
- d'oser en déterminer les conditions de possibilité à partir d'un espace de rencontre ou de partage à l'intérieur duquel l'autre de la rencontre, l'adulte, est au moins aussi important par la place qu'il s'abstient d'occuper, par son abstinence, que par ses formes de présence.

A. La santé mentale

Winnicott oppose, on le sait, *health et sanity*. La fuite dans la santé (*sanity*), c'est-à-dire l'absence de trouble, dit-il, n'est pas la santé (*health*). En effet, la santé n'est pas pour lui un état, mais au contraire un processus, un mouvement qu'il appelle souvent mouvement d'intégration.

La santé, c'est se chercher sans que l'on arrive jamais à se trouver. C'est la quête du vrai self. Le vrai self, il le définit comme le noyau de continuité de l'existence, ce qui nous donne le sentiment que la vie vient de nous et qu'elle vaut la peine. C'est le geste spontané dont le meilleur exemple se trouve peut-être dans le *squiggle game*, gribouillis ou griffonnage, dessin à deux dont Winnicott se sert comme technique pour entrer en contact avec l'enfant dans le cadre de la consultation thérapeutique.

Après qu'on lui ait glissé le crayon en main et accompli des cercles avec lui, dit le poète Henri Michaux, «...de lui-même, avec ses propres forces, le petit d'homme va faire s'accomplir des tours, de façon à en voir, à en retenir la trace. Mais plus que les traces, le geste compte, l'acte, le «faire» du cercle »[19]. Winnicott aurait aimé ce poème. L'enfant en santé, en quête du vrai self, *c'est l'enfant en quête de son geste.*

B. L'aire intermédiaire

Pour se gagner, la santé est tributaire d'un espace, d'une aire à laquelle Winnicott donnera trente-six noms : aire transitionnelle, potentielle, intermédiaire, culturelle, ou encore aire de jeu et de créativité.

---

19 MICHAUX, Henri, *Les commencements*, Editions Fata Morgana, 1983, p. 9.

Cette aire, rappelons-le, n'est à situer ni dans la réalité psychique interne, ni non plus dans l'extériorité. C'est une aire d'expérience, nécessaire à l'enfant, à l'intérieur de laquelle s'opéreront *des passages, des transformations*. C'est un laboratoire de transitions.

L'enfant (mais aussi l'adulte) s'y quête, y cherche sa relation à l'objet en faisant passer l'objet d'un état à un autre, d'un statut à un autre. Winnicott nomme volontiers ce passage, ce mouvement, mouvement de création progressive de l'objet qui amène l'objet à devenir réel, à pouvoir être utilisé, et donc à pouvoir être joué. Mais par là même, le sujet y met en oeuvre sa capacité de jouer, gage de son intégration.

La séquence classique de la transitionnalité est la suivante :

a) Au départ, l'objet est relié au sujet, il appartient à l'aire de sa toute puissance imaginaire, il est, dit Winnicott, presque pure projection.
b) A un moment, intervient une phase de destruction de l'objet par le sujet. Le sujet place l'objet hors de son contrôle mental. Il le désinvestit, le relègue.
c) Si l'objet survit à la destruction, fait retour de ce lieu hors contrôle imaginaire, réapparaît, peut être retrouvé, il devient objet objectif, objet créé, objet partagé, objet réel, objet utilisable.

Le sujet, dit Winnicott, peut alors communiquer avec lui et lui dire «Hé l'objet, je t'ai détruit, je t'aime». Dit à notre façon : «Tu comptes pour moi, parce que tu survis à ma destruction», ou encore : «Je peux t'aimer parce que je t'ai détruit et que tu survis».

Ceci est intéressant : le sujet advient comme sujet, c'est-à-dire en quête, dans sa capacité de détruire l'objet, d'abandonner sa possession imaginaire, de le perdre afin qu'à son retour, il puisse le héler, l'appeler, le nommer.

Mais quelle est la nature de l'objet ? Pour être bref, disons que ce n'est pas ce qui intéresse fondamentalement Winnicott : ce peut être un objet matériel, une mélodie, un geste, un mot, tel ou tel trait d'adulte. Mais au départ, c'est la mère elle-même, ou le sein.

Bien plus que l'objet, ce qui intéresse Winnicott, ce sont deux choses : d'abord c'est le déroulement du processus, c'est la possibilité, au départ, pour l'enfant de s'illusionner par exemple sur le sein, en le considérant comme une partie de lui. Puis par un désillusionnement progressif, d'en faire un objet réel, jouable, utilisable. Ensuite, ce sont les conditions de possibilité du processus. Et la plus importante pour Winnicott, toujours rappelée par lui, c'est la non-contestation par l'adulte de l'existence de cette aire, et de ce qui s'y déroule, le non-empiétement, le non-piétinement. L'adulte, dit-il, n'a pas de compte à demander à l'enfant sur cet espace et ce qui s'y passe, sur le statut de l'objet pour l'enfant. L'adulte a à rester dans l'ignorance, dans l'interrogation. Il n'a pas à imposer à l'enfant une théorie, une interprétation, un sens sur ce que vit l'enfant. Il a à se tenir et ... s'abstenir,

Cette insistance mise par Winnicott sur le *non-empiétement*, on n'y a pas accordé suffisamment d'importance, me semble-t-il. Elle va de pair avec la volonté de ce psychanalyste de ne pas vouloir trop *comprendre* ce qu'est un enfant; de ne pas pousser l'explication dans la théorie; de ne pas occuper un «espace trop vaste» dans la cure.

La non-contestation de l'aire intermédiaire et son non-empiétement s'adressent non seulement aux parents, mais à nous tous, professionnels de l'enfance. «La théorie psychanalytique a beaucoup à apprendre en matière de santé», disait-il. Et s'il visait, par ce propos, les dangers de toute théorie sur l'enfance ?

C. Le faux self

Si au lieu de s'interroger sur le geste de l'enfant, l'adulte lui substitue le sien, s'il y a de sa part empiétement, exigence, l'enfant est incapable d'assumer comme sien ce trop plein d'excitations. Le self doit alors réagir. Il doit faire appel à des moyens de réaction qui le détournent de la continuité de son être. Pour faire cesser les excitations, il se soumet à ce qu'on lui demande, c'est-à-dire qu'il emprunte des manières de faire qui ne sont pas les siennes, c'est le faux self. (Ce processus rejoint celui de l'introjection de l'agresseur décrit en 1932 par Ferenczi[20], mais plus en amont celui de l'empathie prématurée avancé par M. Klein en 1929[21]). Le faux self est fait des attentes des autres. Il exerce une fonction de défense car, en recouvrant le vrai self, il le protège de l'annihilation. Pour Mannoni, le faux self est en fait le faux self de la mère[22].

Le faux self peut aboutir à une vie très réussie, très normale, très adaptée et toutes les fonctions psychologiques (intelligence, mémoire...) peuvent venir le soutenir. C'est ce que Winnicott appelle la fuite dans la santé (*sanity*).

Un dernier mot, tout à fait capital. Nous avons vu que l'aire intermédiaire ou transitionnelle ne peut se constituer que s'il y a un retrait interrogatif suffisant de la part de l'adulte, une suffisante ignorance.

Dans le processus analytique, il y a reconstruction d'un espace qui a été piétiné à l'excès. A l'intérieur de cet espace le patient va chercher à confier son faux self, sa «normalité» à l'analyste et se rapprocher du vrai self. Ce processus de guérison est rendu possible par une relation de dépendance à l'analyste. Mais Winnicott y insistera souvent, à partir notamment de ses failles et erreurs. On pourrait dire pour le paraphraser, à partir d'un analyste suffisamment mauvais, distant, incompréhensif, voire haineux, nous y revoilà.

---

20 FERENCZI, Sandor, *Confusion de langue entre l'adulte et l'enfant, op. cit.*

21 KLEIN Mélanie, *L'importance de la formation des symboles dans le développement du moi,* in Essais de psychanalyse, Paris, Payot, 1980 (1ère publ. angl. 1930).

22 MANNONI, Maud, *La théorie comme fiction*, Paris, Seuil, 1971, p. 64.

CONCLUSIONS

En cette (trop) brève évocation de Winnicott, j'ai voulu présenter une modélisation du paradoxal, dangereux, et peut-être horrible rapport de l'adulte à l'enfant, un des «possibles» éthiques, me semble-t-il, pour toutes les générations, pour tous les âges, pour tous les sages.

Winnicott va à la rencontre de la plupart des impensables entre l'adulte et l'enfant que j'ai tenté d'ouvrir aujourd'hui. En trois points :

- Le passage, pour l'enfant, d'une existence pour autrui à une existence pour lui, de sanity à health et les conditions de ce passage parmi lesquelles une «haine suffisamment bonne»;
- Les périls d'une chosification de l'enfant par l'adulte, de son ravalement au statut de "normal-futur-adulte" correspondant admirablement, c'est-à-dire sous le regard admiratif du parent et du psychologue, aux compétences de son âge, bien adapté socialement, sage comme une image, l'image de l'adulte;
- L'horreur enfin de la possible consommation sexuelle dont l'enfant, toujours plus fort et futé qu'on ne croit, arrive vaille que vaille à se défendre par trente-six formes de barrages dont les plus importants, mais non les moins sains pour Winnicott, se nomment symptômes et maladies.

Les mots-clefs qui nous permettraient de conclure ? L'espace et le temps. L'aire et l'ère. La reconnaissance par l'adulte que la vie du prématuré qu'est l'enfant des hommes se joue sur plusieurs temps : avant-coup, coup, après-coup. Historisation de l'être humain dont les événements sont toujours à la fois passés et actuels. Si j'y comprends quelque chose, je ne comprends qu'après ce qui m'est arrivé, mais ce n'est déjà plus ce qui m'est arrivé. Et cette compréhension est un travail, une véritable élaboration qui exige un lieu, un espace, un territoire inviolable.

L'enfant héritier de deux lignées[1]

On m'a demandé de présenter quelques pistes sur l'enfant en tant qu'héritier de deux lignées, l'enfant dans son double héritage paternel et maternel. Alors, dans une **petite introduction**, j'épinglerai d'abord la réflexion d'un psychanalyste qui s'appelle Daniel Sibony, réflexion qui me servira un peu de fil conducteur tout au long de mon propos et puis je vous exposerai un cas de consultation récente.

Dans une **première partie** de l'exposé que j'ai intitulée «**Un enfant advient en questionnant les différences**», j'avance quelques idées un peu générales, plus théoriques, sur la manière dont un enfant peut grandir comme être singulier à travers ses deux lignées et en se servant de ses deux lignées.

Cette première partie comprend quatre points :

a) L'existence précède la naissance,
b) Singularité de chaque enfant,
c) La reconnaissance par l'adulte,
d) La possible apparition des symptômes.

Dans une **deuxième partie intitulée** «**Quelques propositions pour une prévention**», j'essaie d'ouvrir quelques pistes de manière très concrète, utilisables. Comment parler aux enfants de ce qui, pour nous adultes, a poids de l'autre côté, comment l'informer sur la composition des deux familles, sur le jeu des différences familiales.

Dans une **troisième partie**, j'amène **quelques situations particulières et difficiles** : le cas d'une très jeune femme seule; les situations où une des deux lignées de l'enfant est dominante par rapport à l'autre; les situations si nombreuses de séparation et de divorce; les déchirements familiaux dans des contextes dramatiques.

INTRODUCTION

D'abord j'épingle cette réflexion d'un psychanalyste français Daniel SIBONY, qui a écrit un livre sur lequel je réfléchis beaucoup en ce moment et qui s'appelle : «Entre dire et faire». C'est un essai psychanalytique, une réflexion psychanalytique sur les médias.

Ce livre m'intéresse beaucoup parce qu'en ce moment je suis occupé à travailler avec quelques collègues à une recherche sur les enfants mannequins, les enfants utilisés dans les médias. Ils se multiplient et ce n'est pas sans poser problème. Je lis une phrase de ce livre : «Un enfant peut avoir du mal à supporter l'existence de deux pensées contradictoires qui s'appellent son père et

---

1 Exposé présenté en 1990 au F.R.A.J.E. (Centre de formation permanente et de Recherche dans les milieux d'accueil du Jeune Enfant, Bruxelles).

sa mère. Quand il arrive à supporter ça, la voie lui est ouverte pour *une recherche* (c'est moi qui souligne), celle de *sa* vie (c'est moi qui souligne), où il peut *se* mettre dans le langage sur un mode *autre* (je souligne encore)».

Se mettre à parler pour lui-même et non en écho à l'un ou l'autre de ses parents ou des membres de ses deux lignées, voilà mon fil conducteur.

Je vous parle d'un garçon de huit ans, Marc, que j'ai reçu il y a peu de temps, dont les parents sont de nationalité, de langue et de couleur de peau différentes. La maman est française, le père est natif d'une ancienne colonie française, il a une couleur de peau très nettement basanée. La langue du père est différente de la nôtre, est différente du français, mais il parle bien le français. C'est sa peur des chiens qui conduit Marc en consultation, accompagné de la maman seule. Mais la maman se plaint aussi du fait qu'il est très dépendant d'elle. Il ne peut par exemple la quitter de vue, il la tient par la main, à huit ans tout de même ! Père et mère sont séparés. Le père fait de rares retours dans son pays d'origine où vivent deux filles plus âgées d'un mariage précédent. La mère a beaucoup de mal à soutenir la décision de séparation et pourtant, c'est elle, principalement, qui l'a voulue, cette séparation. Elle est très perplexe quant à son lien avec le père de l'enfant, habitée de remords à l'égard de cet homme malade, déraciné, démuni (il n'a pas de situation fixe dans notre pays). En même temps elle ne veut pas en porter la charge. L'entourage du père, ses amis, le disent souvent farouche, sauvage. «Sauvage», vous allez entendre ce mot revenir. Pour éclaircir la situation, la maman aurait voulu entreprendre une thérapie pour elle-même, pour sortir de son ambivalence, de ses doutes, de ses hésitations, mais elle y renonce. Elle y renonce, dit-elle, dans le but de permettre à son fils d'aller voir un thérapeute d'enfant, moi-même en l'occurrence, car ses moyens financiers sont réduits. Elle ne dispose pas d'assez de revenus pour commencer les deux démarches en même temps. En plus, elle désire que Marc vienne seul chez moi. Seul, sans qu'elle doive l'accompagner, c'est plutôt rare en consultation d'enfants. Donc, elle est prête à venir une première fois avec lui, et encore, je dirais presque à le lancer vers moi comme ça, et puis c'est tout. «C'est pour toi». Marc, vous l'imaginez, pressent un danger. Il refuse de revenir si sa mère n'est pas là. Elle le lui concède et restera la fois suivante dans le bureau mais en retrait. Situation tout à fait particulière : il est là seul avec moi et sa mère, assise deux mètres plus loin sur une chaise, dans un coin du local. Au cours de cette séance, la deuxième donc, de nombreuses questions sont évoquées : sur les langues, les nationalités, les pays des parents. Questions provoquées en grande partie par moi. A la fin de l'entretien, Marc demande s'il peut revenir la fois suivante avec son père. Évidemment !

Marc, la deuxième fois, portait une petite croix qu'il tourne et retourne maintes fois entre ses doigts, une petite croix de bois. Je l'interroge sur cette petite croix. Manifestement, ses manipulations étaient un appel à en parler avec moi. Il y tient beaucoup. C'est sa croix de communion. J'apprends, parlant un petit peu de religion à ce moment-là, que les deux familles d'origine, paternelle et maternelle, sont très croyantes l'une et l'autre. C'est un de leur point commun. Je crois comprendre que pour l'enfant, cette croix les réunit, est en quelque sorte le croisement, si j'ose dire, des deux lignées. A la troisième consultation, en présence de son père fort mal à l'aise au début de la rencontre, Marc reparle des chiens. Les chiens sont dangereux pour lui, dit-il, s'ils ne sont pas tenus. Ce qui manque, dit Marc, les yeux tournés vers son père, c'est un bon maître qui les dirige. Marc dira aussi, une autre fois, : «Je n'ai pas peur des chiens s'ils sont tenus en laisse.» J'ai été voir dans le *Petit Robert* ce curieux mot de «laisse». «Laisse», dit le *Petit Robert*, «vient de laisser, c'est le lien qu'on laisse aller». Cette interpellation lancée à l'adresse de son père conduit ce dernier à parler de sa culture, de ses racines, de sa relation très douloureuse à son propre père. Il se détend.

La fois suivante, retour avec la maman. Elle décrit les difficultés à l'école où justement l'institutrice dit : «Marc est très sauvage». Tiens ! Le même mot pour le fils et pour le père dans des bouches différentes, sans concertation. Pendant ce temps, Marc dessine, évoque des images d'élancement dans ses dessins : des singes qui bondissent, des vols d'avions, des sauts de parachutistes. Puis il dessine en le commentant un bel oiseau exotique dont le corps est partagé en deux, transversalement, mi-blanc, mi-noir. Les ailes de l'oiseau se dressent comme s'il cherchait à prendre son envol. Marc accepte de venir seul la fois suivante.

Une mère, celle de Marc, souffre de son type d'attache. Au père de son enfant d'abord dont elle vit séparée, avec des va-et-vient, mais à qui quelque chose la retient. Elle souffre aussi de son attache à son fils dont elle se plaint de la dépendance et qui, dans la rue, lui tient la main comme un chien tient à sa laisse.

En demandant à Marc d'assumer seul la consultation, la mère, pourrait-on dire, attend de son fils qu'il soutienne une distance, celle peut-être qu'elle espère mettre sans encore y parvenir entre le père et elle. Mais Marc ne peut accepter de parler hors du lien à la mère, pas plus qu'il ne peut, dans la rue ou ailleurs, acquiescer à sa demande d'indépendance. Il pressent que c'est en ce point que se jouent les questions du couple de ses parents et il ne veut poser cet acte d'écart à la place de personne, ni de sa mère, ni de son père, ni de leur couple. Il ne veut être en aucune manière substitut ou porte-voix de personne. Des questions le travaillent qui ont trait à son identité, à ses deux lignées, à ses deux nationalités, à ce qui relie et sépare ses parents. Questions porteuses de son désir de chercher sa singularité, d'affirmer sa différence. Questions que je pourrais formuler ainsi, et elles sont celles de tant d'enfants et elles sont celles de tant d'entre nous : «Qu'est-ce qui, en mon père, homme non européen, a pu attirer ma mère et réciproquement ?». «Que représente pour elle ce pays lointain ? Pour lui, la France ?». «Un basané est-il un sauvage, comme on dit que je suis ?» (L'enfant est entre les deux du point de vue couleur de peau). «Qu'est-ce qui, aujourd'hui, sépare mes parents ? Quelque chose en relation avec le pays ? La langue ? La peau ? Et moi, puis-je être aimé d'elle comme je suis ?». «Suis-je menacé du même sort d'infortune, d'abandon que mon père? Mais quel danger aussi pour moi si j'étais mieux accepté que lui par ma mère, de le dépasser dans le désir d'une Française d'Europe («Ma mère est Française d'Europe.» dit Marc)». Questions non formulées explicitement, questions tues, dangereuses, frappées d'angoisse, coincées dans des symptômes qui en révèlent aussi quelque chose : la peur d'être lâché, la peur d'un chien lâché. A la faveur de la consultation, il tente de les mettre en mots, en même temps que sa mère exprime son propre désir de ne plus prendre tout sur elle. La venue du père est décisive. Elle est provoquée par Marc qui veut lui rendre sa place et l'interroge. La parole du père intervient, certes parole de souffrance mais qui, à mes yeux, a pour effet d'un peu dégager l'enfant et aboutit à la représentation de Marc dans l'oiseau prêt à s'élancer où s'entend déjà son désir.

Le début d'une mise en mots de la souffrance, des attentes, espoirs et craintes que chacun met dans la consultation, une place ouverte à la parole du père, n'est-ce pas le seuil minimal à partir duquel un enfant puisse venir en consultation à compte propre, assuré qu'il sert ses intérêts et non ceux des adultes ?

Deux réflexions encore que je voudrais dégager de ce cas de consultation.

La première qui est vraiment celle de toute notre pratique : un enfant ne peut commencer un travail que si la souffrance des deux parents a pu, ne fût-ce qu'à minima, se dire, trouver place.

La seconde : l'enfant n'est jamais un simple prolongement des parents. Sauf cas grave, gravissime, son discours ou ses symptômes ne sont jamais un appendice des leurs, ils viennent au contraire (discours et symptômes de l'enfant) faire réponse aux parents et sont par là de véritables productions, de véritables créations propres à l'enfant. Le symptôme est une création de l'enfant. Les symptômes de Marc, peur du chien lâché, dépendance, certes, sont en écho à la vérité du couple parental, ils en révèlent, en manifestent le dysfonctionnement. Mais en même temps, ces symptômes laissent pointer nombre de questions momentanément enfouies qui sont bien celles de l'enfant concernant ses origines, son identité, son rapport aux deux lignées. «Puis-je un jour devenir un chien lâché ?» Ce qui va devenir en dessin puis en parole : un singe qui bondit, un bel oiseau bicolore qui s'élance.

1. UN ENFANT ADVIENT EN QUESTIONNANT LA DIFFÉRENCE

A. L'existence précède la naissance

Chaque enfant porte en lui, pourrait-on dire, des évocations de l'histoire de ses deux parents, avant et après leur rencontre et même de l'histoire antérieure. En même temps, il y forge ses questions centrales : «D'où viens-je ? Qui suis-je ?» On pourrait dire, au fond, que ces questions bien actuelles lui viennent de temps et de lieux qui le précèdent, qui précèdent sa naissance. Que quelque chose qui précède mon histoire soit si déterminant dans ce que je suis devenu est en soi heurtant, ne trouvez-vous pas ? Et pourtant, on touche là vraiment, à la loi de l'humain que formulait un autre collègue psychanalyste français avec lequel nous avons travaillé régulièrement, Jean-Pierre Winter. Il paraphrasait Jean-Paul Sartre en disant : «L'existence précède la naissance», ce qui veut dire que nous sommes bien autre chose que des êtres biologiques. Nous sommes des êtres symboliques c'est-à-dire des êtres agis par les représentations de l'histoire. De la nôtre et de celle qui nous précède.

Le symbolique, chez l'humain, prime sur le biologique. Il est avant. Nous portons en nous une sorte de savoir, une sorte de connaissance sur les points sensibles des générations qui nous précèdent, mais sous forme interrogative, je dirais, sous forme de questions, de bonnes questions. J'en cite quelques-unes qui, vous allez le voir, reprennent d'une manière générale celles que je prêtais à la bouche de Marc. Certaines sont inspirées du livre d'Annie Cordié qui s'appelle «Un enfant devient psychotique». Je crois que beaucoup d'entre nous vont se reconnaître aussi dans ces questions. Questions adressées à nos parents : «Mon père, ma mère, que suis-je pour toi ? Que veux-tu de moi ? Que je te rende heureux ? Que je te comble ? Que j'efface les blessures de ta vie ? Maman, qui aimes-tu à travers moi ? Ton père, ta petite soeur, toi bébé dans les bras de ta maman ? Pour qui m'as-tu fait ? Pour cet homme qui est mon père ? Pour cet autre homme auquel tu penses à l'arrière plan et qui est ton idole ? Pour ton père à toi ? Et toi, mon père, pourquoi as-tu fait un enfant à cette femme et pas à une autre ? Pour me la laisser sur les bras ? Pourquoi es-tu si jaloux de moi ? Pourquoi m'as-tu donné le prénom de ton père, de ton oncle, de ton ami ? Pourquoi dis-tu que je n'ai rien de toi ?» Ainsi de suite... on pourrait les multiplier.

L'enfant perçoit de quelque manière les points les plus pertinents de l'histoire de chacun des deux parents et en fait le creuset de ses questions. De quelle nature serait cette transmission extrêmement mystérieuse ? Nous en savons très peu de chose. Depuis qu'il est petit, chacun de nous détecte probablement en creux de ce qui est dit autour de lui, en creux des paroles entendues, je dirais, dans leurs interstices, un certain nombre de points essentiels de l'existence de ses parents et des deux lignées et il va les poser dans sa propre existence.

B. Singularité de chaque enfant

L'individualité, la singularité de chaque enfant tient à son inscription dans la double lignée et est conditionnée par sa double appartenance. J'avance ceci : chaque enfant devient différent par les questions particulières qu'il se forge sur lui en rapport à ses deux côtés, dans l'écart entre père et mère, sur les liens ou non-liens entre les deux familles, histoires, lignées, dans leur comparaison, dans leurs points de ressemblance et d'opposition :

«Papa, quel garçon étais-tu à mon âge ? Comment c'était être garçon de mon âge chez tes parents ? Et chez toi, maman, quelle fille étais-tu à mon âge ? Qu'est-ce que c'était être fille chez tes parents ? Ou pour tes frères, être garçon chez tes parents ?...» C'est en cela qu'un enfant se construit comme différent. Ce n'est pas d'être roux qui fait qu'un enfant est différent, c'est du rapport à sa rousseur, ce sont des questions qu'il se pose, qu'il nous pose sur sa rousseur : «D'où ça me vient ? De qui ça me vient d'être roux ? Qui est le plus roux ? La soeur de papa ? La maman de maman ?» *L'enfant se rend différent et devient un individu culturel par les questions qu'il pose sur les différences. Très petit, il est d'ailleurs terriblement à l'affût* des différences, entre deux tonalités de voix, entre deux manières de le langer, la rapide et la lente, de lui donner à manger, il se met alors à chercher, même le tout petit qui n'a pas encore accès à la parole active, par le regard, la mimique, à reconnaître. Il se met en route, j'allais dire, pour son compte. Et bien, je peux ici avancer un terme que nous, psychanalystes, nous employons beaucoup, le terme de «désir». Je pense avoir réuni suffisamment d'éléments pour faire percevoir la portée du *désir*.

Le désir naissant de l'enfant est «*désir de savoir*». Si bien que le désir, fondamentalement, *est quête de mots*. L'enfant, en attente de paroles, sort de sa position d'enfance car vous savez que l'étymologie d'«enfant», c'est le mot latin «infans», celui qui ne parle pas encore.

C. La reconnaissance par l'adulte

Pour reconnaître un enfant comme questionnant, il n'est certainement pas nécessaire d'avoir réponse à toutes ses questions : «Dis maman, pourquoi grand-mère donne des jouets toujours plus beaux à mon frère, à Jean-Paul ?». Pas de réponse et très bien. J'aurais même envie de dire, au contraire, tant mieux si nous n'avons pas réponse à toutes leurs questions. Il est très précieux pour un enfant que l'adulte n'occupe pas une position de maîtrise, de tout pouvoir, de tout savoir. Nous touchons d'ailleurs ici à un autre avantage, si j'ose dire, de la double lignée, de la double appartenance, c'est qu'un parent ne sait généralement que peu répondre aux questions posées par l'enfant sur l'autre famille, celle de son conjoint, et c'est beaucoup mieux ainsi : «Va demander à ton père».

Quand l'adulte s'impose outrancièrement, quand il cherche à façonner le savoir de l'enfant sur le modèle du sien, il tente de faire de l'enfant l'objet de son emprise, de sa satisfaction.

Ainsi, vous en connaissez, il y a des adultes qui savent toujours plus vite qu'un enfant ce que cet enfant demande, ce qui lui serait nécessaire. Il y a des adultes qui le comprennent au fond trop vite ou trop bien, ou plus exactement croient le comprendre vite et bien.

Au fond, ne cherchons pas trop à comprendre les enfants. Winnicott nous enseignait déjà cela! Cherchons à les reconnaître comme questionneurs, c'est tout autre chose.

Si précisément nous comprenons l'enfant trop vite, si nous lui donnons trop vite réponse, le questionnement de l'enfant se clôt, sa langue peut aller jusqu'à être méprisée, désavouée et le désir de savoir se trouver en impasse.

D. Possible apparition de symptômes

Les questions non reconnues ne sont donc pas celles qu'on ne comprend pas. Pour les tout-petits, ceci est très important, ce sont celles qu'on tend à fermer, à clore, à boucher par un discours tout fait, qu'on ne laisse pas assez nous interroger, par rapport auxquelles il n'y a pas de notre part assez de doute, assez d'indétermination, pas assez de : «Mais qu'est-ce que tu veux me dire ?» Les questions non reconnues sont encore celles qui ont été déniées, désavouées comme questions, qu'on prend pour plaintes capricieuses, pour opposition pure et simple ou pour : «Il veut se faire remarquer, voilà tout !»

L'enfant, dès lors, n'essaie plus de poser sa question ou il n'essaie plus de la même manière. Peuvent alors apparaître les symptômes, à travers lesquels coûte que coûte l'enfant insiste, persévère dans sa quête. Les symptômes marquent le dynamisme du désir qui ne s'avoue pas si vite battu et qui, plutôt que de s'éteindre, cherche des voies de traverse pour se faire entendre, le prix à payer dût-il être lourd comme dans l'anorexie, le blocage d'intelligence, tant d'autres troubles que nous rencontrons.

2. QUELQUES PROPOSITIONS POUR UNE PRÉVENTION

Comment créer les conditions qui, non seulement, ne nient pas les différences mais au contraire leur donnent place et permettent à l'enfant de les percevoir ?

Trois propositions. Il y en a beaucoup d'autres mais en voilà trois.

A. Première proposition

Comme parents mais aussi comme professionnels et puis surtout comme professionnels travaillant en équipe, nous aidons l'enfant à se forger une unité en lui parlant de ce qui, pour nous, a poids chez l'autre. Je pense à un père qui parle de sa mère à l'enfant mais aussi à une collègue qui parle d'une autre collègue. Qu'est-ce qui, pour nous, a poids chez l'autre dans sa personnalité, dans son histoire (on les connaît moins bien, celles des collègues!) les traits et les valeurs de sa famille, toutes ces choses qui ont trouvé un écho en nous ? Parmi ces choses, il y a bien sûr celles que nous apprécions, qui ont motivé notre union, notre rapprochement, notre collégialité mais il y a aussi toutes celles qui peuvent faire souffrir, notamment dans la manière d'éduquer de deux familles, de deux éducatrices, de deux puéricultrices...

Notre travail thérapeutique en consultation peut être, très simplement, de donner à une mère l'occasion de parler à son enfant : «Chez les grands-parents du côté de ton papa, on y vivait pour soi, on n'osait pas inviter. Peut-être pensait-on qu'on n'était pas assez bien pour inviter les autres. Chez moi, c'était tout le contraire. C'était la maison ouverte, il y avait toujours de la place pour les autres, pour les amis. Ce n'est pas facile entre ton papa et moi. Tu le sais. Moi, je voudrais inviter beaucoup plus souvent, je voudrais pouvoir sortir beaucoup plus souvent, avoir plus d'amis. Ton papa est souvent fatigué. Il veut se reposer, rester à la maison, ne pas voir trop de monde». Comme puéricultrice, on peut faire pareil : «Jacqueline préfère faire comme ça pour te donner à manger. Moi, c'est vrai, je ne comprends pas pourquoi et je préfère faire comme ceci, autrement. Mais enfin, voilà, elle c'est elle et moi c'est moi». Pas important de faire toutes la même chose mais important de ne pas considérer sa manière comme la seule valable.

B. Deuxième proposition

Il est capital qu'un enfant soit bien informé sur la composition de sa famille et des deux lignées : grands-parents, oncles, cousins. Si possible accrocher à chacun de ces personnages un trait, une activité, une habitude : «Tu sais, cet oncle, c'est celui qui a fait ses études ou c'est celui qui aime bien ça. Tu sais, c'est celui qui rigole toujours de cette manière-là». Pas question pour autant de voir tout le monde. On voit qui on a envie de voir. Mais éviter trous, vides, cadavres dans le placard. Ne pas dire nécessairement toute la vérité. On peut taire mais comme le disait souvent Françoise Dolto : «Ne rien dire qui ne soit vrai». Quand il y a eu dans une famille un drame dont on ne peut parler, dont on ne sent pas capable encore de parler, comme un suicide, un inceste, la drogue, que sais-je, on peut dire aux enfants : «Pour le moment, on ne peut pas t'en parler mais tu sais, ce qu'on peut te dire, c'est qu'il y a tout de même eu quelque chose d'important, de lourd, de douloureux dans la famille de ton papa, dans la mienne, dont un jour, quand nous le pourrons, nous te parlerons.»

Concrètement, l'idée des arbres généalogiques: combien de fois, en consultation, nous ne commençons pas les premiers entretiens avec des familles qui nous paraissent confuses, peu structurées, mal connues de l'enfant, par le dessin d'un arbre généalogique mais fait par l'enfant lui-même : «Qu'est-ce que tu sais de tes deux lignées? Dessine un peu ceux que tu connais, ceux dont tu connais l'existence dans chacune de tes deux familles. Celle de ton papa et celle de ta maman.» Expliquer clairement les liens de parenté en donnant les mots exacts, aussi petit soit l'enfant. Je connais un professeur de première secondaire dans une école à Bruxelles qui a affaire à un certain nombre d'enfants qui viennent de familles immigrées c'est-à-dire d'enfants dont les membres des deux lignées sont largement inconnus, en tout cas dont l'enfant ne visionne pas bien les visages puisqu'ils ne sont pas là. C'est très intéressant parce qu'elle a observé qu'il y avait, dans ces familles immigrées, des familles où les parents prenaient grand soin de parler des membres restés au Maroc, en Turquie... Et bien, il y a une corrélation entre les enfants qui ont de bons résultats scolaires et ceux qui connaissent bien leur famille des deux côtés. Et je crois que ce n'est pas seulement une question de potentialité intellectuelle. Je crois que cela ouvre l'intelligence que de parler de la structure des deux lignées, c'est un stimulant intellectuel. Important aussi que les grands-parents soient nommés différemment et portent des noms différents même si c'est ajouter leur prénom, ou le nom du lieu où ils vivent à un grand-père, une grand-mère, un bon-papa, une bonne-maman...

C. Troisième proposition

Intéressant, quand les enfants sont plus grands, de faire en famille un jeu qui pourrait être celui-ci mais que vous pouvez remodeler, recréer selon vos goûts. C'est un jeu qu'on peut faire déjà avec des jeunes enfants sur un certain nombre de points concrets mais de points sensibles dans une famille, comme par exemple l'argent, les sorties (point très sensible à l'adolescence), l'école, l'aide pour le travail scolaire, le travail des parents à l'extérieur : «Comment, chers enfants, diriez-vous qui nous sommes, votre maman et moi-même, sur ces points ? Par exemple, selon vous, quelle est, à votre maman et à moi, notre conception de l'argent et son usage ? Comment est-ce que vous ressentez cela chacun ?» C'est peut-être préférable qu'ils le mettent d'abord sur un petit bout de papier, s'ils savent écrire, pour ne pas s'influencer l'un l'autre. Un cran plus haut : «Et vos grands-parents, vos quatre grands-parents, pour ce que vous en savez, pour ce que nous avons pu vous en dire, quelles étaient ou quelles sont, à votre avis, leurs idées sur tous ces points, l'argent, la sortie, l'école. Inviter au fond l'enfant à créer un espace où peuvent prendre place les différences et donc les questions sur les différences et donc l'identité de l'enfant lui-même, selon la définition que j'avançais tout à l'heure.

3. LES SITUATIONS DIFFICILES, PARTICULIÈRES

A. Une très jeune femme seule, mère d'un bébé très aimé à qui elle avait donné naissance malgré les conseils d'avorter de son entourage, me demande en consultation : «Comment mon enfant pourra-t-il vivre et grandir sans père....» Son lien avec cet homme était un lien de passage. Je lui ai suggéré : «Vous pouvez rendre cet homme présent en disant à votre enfant ce que vous en savez, mais aussi tout ce que vous en ignorez». De cette manière, cette mère reconnaissait l'autre parent, l'autre lignée, permettait ainsi à son enfant de percevoir les écarts et les différences, de ne pas se confondre avec elle-même, ses attentes et son désir. Son enfant cessait dès lors d'être ce qu'il aurait pu devenir, un objet de propriété d'un parent seul.

B. Dans bien des cas, peut-être dans tous les cas, *une des deux familles* domine l'autre, avec des critiques plus ou moins explicites de l'autre côté, des deux côtés. Une famille a plus de moyens financiers, une famille est mieux reconnue socialement, une famille est plus nombreuse qu'une autre. Incontestablement, il y a chez l'enfant une tendance à être attiré par la famille apparaissant comme la plus forte, le parent le plus fort, le plus valeureux ou du moins, selon mon expérience, pendant un temps. On constate aussi que l'enfant cherche à rendre poids à l'autre parent. Ainsi, un enfant voleur avec qui j'ai travaillé en consultation, son père est chômeur, ses grands-parents maternels très riches. Mais voilà, les deux parents sont séparés. Il ne volait pas n'importe quoi, ni à n'importe qui, ni pour en faire n'importe quoi. Il volait dans le sac de sa grand-mère pour acheter des cadeaux à son père. Les enfants, bien souvent, cherchent et parfois de façon très subtile à rééquilibrer les deux lignées.

C. C'est ce qu'on constate aussi dans beaucoup de *situations de divorce ou de séparation*. Souvent, une des familles, une des lignées s'estompe parce que l'enfant passe le principal de son temps dans l'autre famille.

Ainsi un enfant vient chez moi avec sa mère en consultation pour bégaiement. La mère me dit : «Il bégayait fort, puis ça avait disparu. Depuis notre séparation à mon mari et moi, ça a recommencé.» Peu après, je rencontre le père. C'est tout à fait mon habitude de demander à voir le père quand les parents sont séparés, C'est presque toujours possible de rencontrer les deux parents. Je rencontre le père. 0h surprise ! Il bégaie. Et ni la mère, ni l'enfant ne m'en avaient parlé. Cette réapparition du symptôme chez l'enfant, je l'ai comprise alors comme un véritable appel au père, une demande adressée à lui, une manière de le rendre présent malgré l'absence, malgré la séparation. Une manière de le repaterniser.

D. Dernière situation. *Les cas d'enfants de mamans hébergées* dans cette maison d'accueil où j'ai travaillé pendant sept ans. J'y allais deux fois par mois animer des réunions, le soir, avec les mamans qui sont là. Certaines sont hébergées avec leur enfant, d'autre sans. J'y allais pour parler avec elles des questions qu'elles se posent à propos de leur enfant. C'était un travail tout à fait passionnant. Ce sont des femmes qui, souvent, en quelques minutes, en quelques heures sont arrachées avec ou sans enfants à leur mari, à leur compagnon après avoir vécu avec eux des situations toujours dramatiques, parfois abominables que vous devinez. Elles cherchent, on peut les comprendre, à faire oublier cet homme à leur enfant, si elles sont là avec lui. Et simultanément, elles déclarent: «mes enfants sont devenus tout pour moi ! Vous comprenez ! Les mecs, il ne faut plus m'en parler !».

Comment l'enfant réagit- il ? Souvent par de fortes oppositions : «il refuse de manger, de s'endormir, d'obéir, il ne se retourne même plus quand je l'appelle». En fait, évidemment, ils cherchent à se dégager d'une emprise trop forte de la mère, d'une reprise en propriété. Et les mères ne peuvent comprendre que par-dessus le marché, par-dessus tout ce qui leur est arrivé, ces enfants posent des questions sur leur père alors que peut-être ils n'en ont jamais posées avant. «Après tout ce qu'il nous a fait subir ! Qu'est-ce que je dois répondre ?». L'enfant est privé d'un de ses côtés, vraiment ça, un de ses côtés, au sens biblique du terme, la côte. Vous savez que c'est avec une côte d'Adam, dit le *Livre de la Genèse*, qu'on a fait la femme, l'autre sexe. Privé d'un de ses côtés, l'enfant cherche à le ramener, lui restituer une forme de présence. L'enfant héritier de deux lignées en appelle à ses deux lignées.

CONCLUSION

L'enfant naît de deux êtres parlants, de sexes et de familles distinctes. Il n'est ni l'image ni la répétition ni le pur prolongement de l'un, de l'autre ou même de cet être troisième qui pourrait être le couple. Faisons-lui confiance, il fait tout pour qu'il en soit ainsi, y compris symptômes et maladies. Ce qui fonde l'intégration subjective de chaque être humain, c'est de s'inscrire en rapport à deux autres c'est-à-dire au creux de leurs différences, de la différence entre ces deux autres. Il s'agit de constituer un triangle, le fameux triangle oedipien. C'est ce que nous nommons en psychanalyse la logique du tiers. Le tiers, troisième, empêche la fusion des deux autres. Chaque parent empêche l'enfant d'être prisonnier de l'autre, de sa volonté, de sa domination, de sa pure répétition. Mais chaque enfant, par les questions qu'il pose, on l'a vu, rend à chaque parent sa différence, sa place. Chaque enfant est tiers à son tour et Freud disait d'ailleurs : «L'enfant est le père de l'homme». D'une certaine façon, c'est ainsi que l'on peut comprendre que l'enfant est le parent de ses propres parents, en provoquant et même en accentuant leurs différences. Et ceci n'est pas donné par automatisme à l'enfant. L'enfant doit, non seulement, soutenir cette contradiction, comme disait Sibony, d'être fils d'un père et d'une mère, petit-fils de quatre et ainsi de suite, il doit aussi conquérir activement cette place, elle ne lui est pas donnée toute cuite.

Freud exprimait cela en empruntant une phrase à Faust : «Ce que tu as hérité de tes pères, acquiers-le pour le posséder». La condition pour qu'émerge la question humaine en l'enfant, la question du «Qui suis-je ?», c'est d'avoir ce cadre de deux lignées comme berceau. Mais le destin de l'enfant, c'est que cette question ne s'y trouve point close, c'est qu'elle reste ouverte, et là, nous pouvons lui faire confiance !

Normalisation et «nomalisation» de l'enfant[1]

Émergence de l'autonomie individuelle au sein du lien entre les générations

Trois tâches, dit Freud dans «*L'analyse finie et l'analyse infinie*» sont impossibles à l'homme : gouverner, analyser, éduquer. Si Freud les rapproche, c'est qu'il les conçoit comme analogues. Dans les trois cas, il s'agit d'ouvrir au citoyen, au patient, à l'enfant, un espace de liberté, un espace d'autonomie, ou de les élargir. Mais pour ce faire, quadrature de cercles, il n'est d'autre voie que de **les vouloir d'abord pour l'autre**.

Impossible éducation qui consiste, pour donner vie à l'enfant, à lui fournir ce qu'il ne demande pas encore et qu'il comprend si peu afin qu'il puisse, peu à peu, dans un mouvement fait de refus et de reprise, s'ouvrir un espace personnel.

Tel est le **paradoxe** de l'éducation, paradoxe qui fait reculer les meilleurs et qu'une fois encore aujourd'hui, dans le cadre de cette journée, je vais proposer à votre réflexion en des termes quelque peu renouvelés, dont celui, forgé pour la circonstance, de «*nomalisation*».

L'idée centrale de mon propos est celle-ci : **l'éducation est à la croisée de deux processus : normalisation et «*nomalisation*»**.

Mon exposé comprendra quatre points :

A. Normalisation.
B. Nomalisation.
C. Le champ de la sexualité.
D. L'enfant ne peut exister que par l'adulte et l'adulte ne peut exister que par l'enfant.

A. Normalisation

1. Le petit humain naît **fragile, extrêmement dépendant** des autres. Comparons-le au jeune mammifère : il lui faut un temps bien long, même ramené à la proportion de sa durée de vie, pour se mouvoir par ses propres forces, se déplacer pour quérir sa nourriture, pour mordre etc... C'est ce qui fait dire au biologiste Victor Bolk que la naissance de l'être humain est **prématurée**.

---

1 Exposé présenté à Louvain-la-Neuve le 25 mars 1993 dans le cadre du colloque organisé par l'Institut d'études de la famille et de la sexualité sur le thème «Familles : autonomie et dépendance». Publié antérieurement dans *Cahiers des sciences familiales et sexologiques de l'U.C.L.*, Louvain-la-Neuve, 17, 1993, pp. 113-121.

Sa dépendance aux adultes entraîne le fait suivant : avant même que l'enfant puisse les demander, il reçoit de ses proches des tas de choses. De la nourriture et des soins, certes, mais bien plus, un prénom, des mots, des attentes, des pensées, du savoir, des normes, du sens.

Voici un exemple de ce «*don de sens*». Dès les premières mimiques surgissant aux lèvres de l'enfant, la mère croit y déceler un sourire et lui dit : «*Quel joli sourire tu me fais là, comme tu es gentil pour moi*». Elle prête une intention, une pensée à l'enfant, un sens à son geste. En même temps, elle lui transmet ce qu'elle attend de lui, c'est-à-dire d'être gentil pour elle.

Un enfant ne peut grandir si ses parents n'attendent rien de lui, en dehors de tout désir sur lui.

En même temps, il y a un prix à payer : pour survivre, pour continuer à recevoir ce dont il a besoin, l'enfant se conforme ou croit devoir se conformer à ce qu'on attend de lui, à ce qu'on lui offre ou lui impose. Et il se met à interroger l'adulte : «*Que me veux-tu, qu'attends-tu de moi ?*». Il est saisissant, par exemple, d'observer à quel point de très jeunes nourrissons peuvent déjà fixer avidement le visage de leur mère, comme s'ils étaient en quête de son expression, de ses émotions, de ses attentes, **en quête d'y trouver quelque repère**.

Peu à peu, l'adulte introduit donc l'enfant à ses pensées, à ses valeurs, à ses normes. Il entraîne ainsi l'enfant, pourrait-on dire, **à rejoindre son autonomie supposée d'adulte**. Aucun enfant ne peut échapper à cette dépendance, à cette demande de conformité, car il y va de sa survie sociale et même biologique. Au départ, un enfant ne peut exister que par le désir et les normes de l'autre, **qu'au travers d'une normalisation**.

2. Mais il y a plus : ce que nous offrons ainsi à l'enfant et qui lui est indispensable (pensée, savoir, paroles, normes) **anticipe et souvent de très loin sur sa capacité d'en reconnaître la signification,** du moins celle que nous y mettons et de la reprendre en l'instant à son compte. L'enfant court donc avec avidité au devant de nos attentes, avant même qu'il ne lui soit possible de les comprendre vraiment.

L'enfant naît prématuré, disait Bolk. Nous pourrions à présent ajouter : cette prématuration, c'est comme s'il l'accentuait, c'est comme s'il la creusait en se portant toujours en avant, en avance, **trop tôt** (et par nécessité) **par rapport à ce qui lui est possible d'assumer**.

3. Pour sa part, **l'adulte est en admiration** devant les performances, les compétences, les acquisitions de l'enfant. «*Lorsque l'enfant paraît...*», écrivait Victor Hugo. Comment s'en étonner ? Il ne peut qu'apprécier ce petit d'homme gagner précocement, en miroir à lui-même, ses comportements d'adulte, utiliser sa langue, ses outils, ses gestes, ses règles.

Mais l'adulte ignore que l'enfant ne les a pas pour autant fait siens, subjectivisés. L'enfant les répète, s'en imprègne, se les approprie, mais n'en est pas directement le sujet.

L'adulte, subjugué voire séduit par cet enfant qui vient à lui, qui lui répond si bien, se leurre sur le véritable statut des acquis de l'enfant. Il pourrait dès lors, et c'est ce qui survient dans certains cas, **être tenté d'en remettre,** de «*surnourrir*» l'enfant de son savoir, de le gaver de son autonomie, de lui prêter son adultéité.

4. Là surgissent, de la part de l'enfant, d'heureuses **limites** qu'il va peu à peu élaborer, d'heureux **bords** qu'il va progressivement poser **s'il n'en est pas empêché par l'adulte,** mieux, s'il est respecté dans **ce mouvement** qui constitue l'amarrage du **processus de subjectivation.**

B. «Nomalisation»

1. Dès l'aube de sa vie, tout aussitôt qu'il entre dans la dépendance, en un second temps logique (et non chronologique), l'enfant perçoit **les dangers d'une soumission excessive,** d'une obéissance excessive, d'un empressement à rejoindre ainsi les normes de l'adulte. Quelque chose en lui s'y oppose, fait bord, fait limite à l'adulte, adulte qui, à son tour, ne les comprend pas toujours.

C'est la rétraction, la méfiance, l'hésitation que l'enfant oppose à l'adulte pour réduire l'emprise de son geste ou de sa parole.

Observons déjà, chez les nouveau-nés, les refus, les pleurs, les oppositions, par exemple les refus de s'alimenter. Sans parler de l'âge dit du «non» peu après. Et puis, pensons à l'adolescence. Tout le travail du jeune est de chercher sa propre voie, sa propre vie dans l'écart, la distance, le détachement. **Etape de subjectivation de l'enfant que ce** «*non*» prononcé à l'adulte.

2. Mais **qu'est-ce,** précisément, **que cette négativité** que l'enfant introduit entre l'adulte et lui ?

Quand l'enfant met l'adulte à distance, quand il refuse sa parole et son geste et les tient loin de lui, certes, il abandonne une forme de plaisir, le plaisir de la présence directe, du lien proximal et sécurisant. Mais il va **vers un autre plaisir,** celui de pouvoir se représenter mentalement ce qu'il a écarté de lui. L'enfant se forge ce qu'on pourrait appeler des images de ce qui n'est plus là, de ce qui lui manque; des figurations internes de «*lui en lien avec l'objet manquant*», personne ou objet matériel. Et ces représentations mentales, cette vie intérieure naissante sont elles-mêmes **sources de plaisir,** car l'enfant leur octroie des colorations affectives, les investit pulsionnellement[2].

Dit en résumé : la mise au négatif de l'adulte permet la constitution d'un espace psychique intérieur qui confère à l'enfant une nouvelle forme de plaisir, le plaisir de représenter, le plaisir de penser, le plaisir de faire siens, **d'enfin faire siens tout ce que l'adulte, jusqu'ici, lui a apporté sans qu'il ne l'ait demandé** (savoir, sens, pensées, normes...).

---

2 Freud soulignait que le travail de représentation psychique est un travail pulsionnel à part entière.

Telle est la première face du processus de subjectivation, du processus de constitution de l'individualité psychique autonome de l'enfant, se mettant enfin à pouvoir penser et donc comprendre, mais dans l'après-coup, ce qui, jusqu'ici, lui a été offert par l'adulte.

3. Mais la subjectivation d'un enfant, sa montée vers l'autonomie présente une seconde face, connaturelle à la pensée propre, **c'est celle du langage**.

Rappelons le jeu de la bobine décrit par Freud : l'enfant lance la bobine, la fait disparaître, puis la ramène à lui. Ces deux gestes, il les accompagne de paroles : «*Fort*» (c'est à dire : loin), «*Da*» (c'est-à-dire : ici). Il renonce à l'objet, le relègue, le met au négatif, puis appelle son retour, met la bobine à l'affirmatif. **Il joue l'absence et la présence**, mais en même temps, remarquons-le, **il relie l'absence à la présence dans et par le langage.** «*Fort*» rend présent dans le langage la bobine absente dans la réalité. «*Da*» anticipe son retour.

Le jeu est générateur de parole. Et la parole relie présence et absence, cherche à représenter ce qui manque, à le rendre présent autrement. Là aussi, plaisir, **nouveau plaisir** de l'enfant qui **peut dire** l'objet, le nommer, avec ses mots, avec sa bouche.

La mise en absence, la mise au négatif de l'objet, son éloignement, certes, nous l'avons dit, oblige l'enfant à abandonner une forme de plaisir, celui de la proximité rassurante et, ne l'oublions pas, nécessaire à la vie, mais apporte un autre plaisir, celui de nommer, celui de relier deux contraires (absence-présence) dans la parole : deuxième face de la subjectivation ou de l'autonomie.

4. Ainsi donc, avec la double face du processus de subjectivation, voici mis en place ce deuxième temps de la vie du jeune enfant. Deuxième temps logique et non chronologique, je tiens à le répéter, car il est contemporain et dialectique par rapport au premier que nous avions appelé la normalisation.

La normalisation amène l'enfant à rejoindre les repères de l'adulte, mais trop tôt, sans vraiment pouvoir les assumer. Par ce deuxième temps, l'enfant dit «*non*» à ce qui vient de l'adulte, l'écarte, le relègue, afin de se donner un espace psychique pour se les représenter, et un espace de parole pour les nommer. Temps de subjectivation que je propose d'appeler d'un néologisme apte à marquer sa dialectique avec le premier : «*nomalisation*». **Normalisation et** «*Nomalisation*».

5. Mais pourquoi nomalisation ? Creusons ce terme, voulez-vous, et son étymologie.

«*Nomos*», en grec, c'est ce qui est **attribué en partage**, nous dit le dictionnaire étymologique Robert. «Nomos» vient du verbe «nemein», partager, en particulier attribuer à un troupeau une partie du pâturage. D'où le terme «nomades» qui a la même origine, ceux qui se partagent les pâturages.

«*Nomos*», c'est donc ce **qui délimite, fait frontière** puis, par extension, ce qui administre et gouverne. De là, la loi, en tant qu'elle est une ligne, **une trace qui démarque**[3].

3 *Nomos* ne se confond donc pas avec *lex* qui est la loi prescrite, codée et qui se situe donc bien plus du côté de la norme.

Autonome est donc celui qui se gouverne, se donne loi par le fait qu'il peut tracer et respecter sa limite, dessiner son champ d'actes, de pensée et de paroles. Désignons comme «*nomalisation*» le mouvement d'entrée dans la loi, le mouvement personnel par lequel l'enfant cherche à introduire des limites, à ouvrir des champs balisés dans sa vie pulsionnelle, dans sa vie de plaisir.

Dès qu'il se met à penser et à parler, l'enfant «*se nomalise*». **Représentation et nomination de l'objet**, (tout particulièrement de l'adulte qui vient à lui avec ce qu'il lui offre) **sont des modes d'élaboration, de construction**[4] par lesquels l'enfant **cherche à donner forme**, à donner des limites **à son expérience**. A l'inscrire dans le registre de la loi des humains.

C. Le champ de la sexualité

Il n'est pas le moindre, vous en conviendrez, de l'expérience humaine et va donc nous permettre de concrétiser notre propos.

Bien des adultes, parents, enseignants, éducateurs, se donnent pour tâche d'**instruire sexuellement l'enfant**. Et ils n'ont pas tort, car, ce faisant, ils attendent l'enfant dans la communauté des humains; ils le reconnaissent comme humain sexué, ce qui est le point de départ incontournable de l'éclosion sexuelle.

Ils lui offrent un savoir anatomique, physiologique, affectif aussi, sur la sexualité. Un ensemble d'informations, règles, normes qui constituent ce qu'on pourrait appeler l'image d'une sexualité supposée mûre et achevée, la leur : **normalisation**.

Mais que se passe-t-il ? L'enfant **résiste à l'éducation sexuelle**. Bien souvent, il refuse de savoir, ou fait semblant d'entendre pour être quitte au plus vite du discours de l'adulte.

C'est que cette information, il **n'est pas véritablement à même de la comprendre** car elle entre pour une grande part **en contradiction avec un autre fil**, intérieur à lui-même, que poursuit l'enfant au même moment.

Ce fil intérieur, singulier, Freud l'a désigné sous le terme de «*théories sexuelles infantiles*». Il s'agit bien d'un travail propre de théorie[5], d'un cortège de pensées qui anime chaque enfant sur la sexualité.

Citons Freud : «*(les enfants)... ne font aucun usage de ce savoir (de l'adulte) (...). Ils se comportent comme des primitifs auxquels on a imposé le christianisme et qui continuent en secret à honorer leurs anciennes idoles*»[6].

Pour Freud en effet, **la force du désir sexuel de l'enfant et l'activité de le penser ne font qu'un**. La pulsion de recherche, la poussée de savoir sont inhérents au désir sexuel. Pourquoi ? Parce que très vite, siège d'excitations

4 Winnicott dirait : de création.

5 Théorie, du grec *théoria*, cortège, procession, succession.

6 *L'analyse finie et l'analyse infinie*, 1937.

sexuelles (en particulier dans son contact avec l'adulte), l'enfant est en recherche de leur donner une digue, un cadre, pour éviter de se laisser submerger. L'excitation sexuelle cherche d'emblée sa limite, son bord, pour pouvoir être assumée. Et ce cadre, c'est d'abord la possibilité de représenter les excitations, de les penser, d'en faire des théories.

Ainsi donc, pour survivre au déferlement des excitations, le petit humain éprouve très tôt la **nécessité de les penser**. J'appelle sans hésiter cette recherche une recherche de nomos, **une recherche de loi**. Penser pour soi-même la sexualité, notamment celle qui est en jeu au contact de l'adulte est une démarche vers la loi qui n'est autre que la loi d'interdiction de l'inceste. L'enfant entre très vite dans une recherche propre de loi qu'il tente d'introduire dans sa vie : «*nomalisation*». A condition, devrions-nous une nouvelle fois ajouter, que l'adulte ne l'en empêche pas, ne le contrecarre pas, respecte ce mouvement, s'il le comprend à son tour !

Mais ce travail n'est pas qu'intérieur, ne se limite pas à une activité interne. Il est aussi **appel vers l'extérieur, dans le langage,** sous forme de «*questions*». L'enfant jalonne son parcours «*nomalisant*» de questions à qui veut les entendre. «*Combien de temps, demande-t-il métaphoriquement à l'adulte, met le lendemain pour venir ?*»[7]. L'adulte interprétera peut-être cette question comme physique ou métaphysique et elle l'est, mais n'est-elle pas aussi une question sur l'origine et la filiation, les siennes ?

Nous voici à nouveau placés, dans le champ sexuel, devant ce mouvement en deux temps de l'éducation, normalisation et «*nomalisation*». L'adulte fournit des réponses avant même qu'elles ne soient demandées, il offre généreusement à l'enfant son savoir sexuel. Mais l'enfant ne sait qu'en faire. Il le garde, mais à distance, je dirais plutôt «*s'en garde*», s'en écarte, y résiste ou le refuse. Manières de dire «*non*». Ce «*non*» permet à l'enfant de penser l'excitation ou le plaisir qu'il a éprouvés au contact de l'autre, de lui donner cadre ou limites, et c'est une démarche de nomos, de loi. Plus, dans le langage, sous forme de questions, il fait retour vers l'adulte. En questionnant la chose sexuelle, il la dit, la nomme, la fait sienne, la subjectivise. Il se pose peu à peu en sujet sexuel face à cet autre sujet sexuel qu'est l'adulte.

D. L'enfant ne peut exister que par l'adulte et l'adulte ne peut exister que par l'enfant

Ce point marquera la conclusion de l'exposé.

- **L'enfant ne peut exister que par l'adulte** et ce qu'il lui offre, à condition que l'adulte ne s'impose pas outrancièrement, qu'il ne cherche pas à façonner le savoir de l'enfant sur le modèle du sien, prenant le sien pour équerre[8], qu'il n'empiète pas excessivement sur sa vie de pensée, de parole, de désir.

---

7 Question adressée à Mélanie Klein par son fils Fritz (Erich).
8 Norme, du latin *norma* : équerre.

L'enfant ne peut exister que par l'adulte, à condition que cet adulte se reconnaisse de manque et accepte de se mettre partiellement en absence, ou en abstinence.

- **Mais l'adulte ne peut exister que par l'enfant,** tout au moins l'enfance. C'est l'enfance qui inscrit l'homme dans l'histoire, qui lui donne sens, inaugure son humanité, sa dimension de sujet. L'enfant, disait FREUD, est le père de l'homme.

Pas étonnant alors que l'adulte qui se pose les questions de savoir «*D'où viens-je, qui suis-je ?*» se tourne vers l'enfance.

Enfance, objet de savoir de l'adulte sur lui-même. En même temps, **objet à jamais perdu**, introuvable car, nous le savons, la remémoration ne peut nous rendre notre enfance qu'en une ligne déformée, tordue, brisée.

Son enfance cause l'adulte, mais l'adulte ne peut en faire une réponse à lui-même. Son enfance ne peut satisfaire le désir de savoir de l'homme. Sa question reste ouverte, ce qui maintient force et vigueur à son désir et l'entraîne à relancer sa question à travers l'enfant qui suit..., celui dont il sera le père, la mère, qui le continuera, le prolongera, l'historisant ainsi par l'autre bout.

Le désir de l'adulte d'en savoir plus sur lui-même se transmue ainsi en désir de paternité. Encore faut-il qu'il évite l'autre dérive que nous avons évoquée tout au long de cet exposé, celle qui consisterait à trouver en l'enfant dont il est père réponse aux questions de sa propre vie, qu'il reconnaisse, cette fois, que l'enfant n'est pas là pour combler ses attentes, comme soutien, miroir ou prolongement à son autonomie défaillante.

L'adulte ne peut exister que par l'enfant ou l'enfance, **à condition qu'il renonce à y trouver une image de lui-même, une réponse à lui-même**.

Les enfants mannequins dans la publicité[1]

INTRODUCTION

«Des petites filles privées d'enfance par leurs parents», «La rude vie des petits modèles», «Les bébés crèchent dans les agences», «Sois beau et tais-toi», «Bébé lave plus blanc», «Ne dites pas que mon bébé fait de la pub», «Les bébés mannequins et les mini-stars (bientôt) sous très haute surveillance», «Le travail des enfants sévèrement réglementé, du neuf pour les enfants de la pub»... autant de titres d'articles parus dans la presse ces deux dernières années.

Que traduisent-ils ?

La prise de conscience d'un phénomène existant dans nos Sociétés occidentales depuis une dizaine d'années, et qui va en s'amplifiant : les agences de mannequins ont ouvert leurs portes aux enfants. La présence importante d'images d'enfants, principalement dans la publicité sous toutes ses formes, est rendue possible par le nombre croissant de petits mannequins dont on use abondamment des services.

A lire le ton bien souvent passionné des articles de presse, on découvre un phénomène laissant peu indifférent. On est pour, on est contre... mais rarement neutre.

Et sur le plan scientifique ? Aucune recherche à notre connaissance ne s'est penchée sur ce fait de société.

Des questions surgissent, et sur différents plans.

- Sur le **plan individuel** :

Quel est l'impact de ces formes de travail sur l'équilibre psychologique de **chacun** de ces enfants, spécialement lorsque les prestations sont longues, répétitives et qu'il s'agit d'enfants jeunes ? Dans quels cas la vie intérieure d'un enfant peut-elle en souffrir, ses relations familiales et sociales, ses liens de compagnonnage peuvent-ils en pâtir ? Mais dans quel cas aussi, de telles prestations peuvent-elles être pour lui positives, accroître sa confiance en lui, lui permettre de s'ouvrir et de s'affirmer ?

- Sur le **plan social** :

Qu'induit dans le public de tout âge cette multiplication d'images d'enfants dans les médias, dans la publicité commerciale, certes, mais aussi dans

1 Je remercie vivement Madame Violaine Molitor, co-auteur de cet article, d'avoir permis qu'il soit ici reproduit. Publié antérieurement dans *Neuropsychiatrie de l'enfance et de l'adolescence*, 40, (11-12) 1992, Paris, pp. 644-652.
Les numéros entre crochets renvoient à la bibliographie en fin d'article.

les campagnes de sécurité routière, de santé publique ou même d'actions caritatives ? L'abondance de ces images peut-elle modifier le regard de l'adulte sur l'enfant, le regard de l'enfant sur lui-même ? Est-ce sans conséquences de banaliser des images d'enfants nus ou à moitié dévêtus ?

- Sur le **plan juridique** :

  Finalement, l'enfant mannequin s'amuse-t-il ou travaille-t-il ?

- Sur le **plan culturel** :

Que traduisent ces images d'enfants de notre regard sur l'enfance, de notre conception de l'enfance... ?

Toutes ces questions trouvent écho dans le cas d'une consultation qu'une collègue psychothérapeute d'enfants rapporta il y a quelques mois.

Un père vient la trouver, accompagné de sa fille de 12 ans. Les parents sont séparés depuis bientôt dix ans et la garde principale de l'enfant est assurée par la mère. Mais le père conserve un contact très régulier avec sa fille. Cet homme se déclare alarmé. Depuis quelques années déjà, sa fille, dit-il, adopte des comportements de plus en plus écartés de ceux des enfants de son âge. Elle se conduit comme une petite femme adulte, dans sa manière de s'habiller, de se coiffer, de parler. Elle s'adresse à lui comme s'il était un copain. Ses centres d'intérêt se réduisent : lecture de magazines de mode, fréquentation de boutiques, télévision. Simultanément, elle délaisse ses amies qui ne l'intéressent plus, si ce n'est des plus âgées.

Depuis quelque temps, poursuit le père, les choses s'aggravent : sa fille adopte parfois à son égard des attitudes provocantes, voire séductrices. Elle lui fait des yeux doux, approche son corps du sien, cherche son contact physique.

Cet homme, à très juste titre, perçoit le danger d'une telle évolution. Il est désemparé, cherche à poser des limites, n'arrive pas à se faire entendre d'elle et vient apporter ses interrogations en consultation psychologique. Sa fille, chose intéressante, accepte de l'accompagner.

Ce qui suit laisse à réfléchir : depuis la séparation des parents, soit lorsque cette enfant avait deux ou trois ans, la mère la conduit à haute fréquence dans des agences de casting puis de publicité. Beau bébé, jolie petite fille, grande fille plaisante, elle est sélectionnée d'âge en âge pour accompagner, de son image, les produits les plus variés. D'abord des produits pour enfants mais de plus en plus souvent des produits pour adultes.

Une sorte de complicité semble s'être établie entre mère et fille autour de ces prestations. Une mère fière. Une fille heureuse de lui plaire, et trouvant elle-même beaucoup de satisfaction dans ce «*métier de mannequin*».

Un cas tel que celui-ci est probablement extrême, et très préoccupant. Mais ne faut-il pas, si l'on est animé d'un souci de prévention en matière de santé mentale des enfants, **partir précisément des cas extrêmes** pour pouvoir se donner des repères précis quant à la sauvegarde de leur vie affective, relationnelle et sociale. Il n'est pas difficile d'imaginer le processus familial qui peut conduire à ce genre d'évolution. Au départ, une séparation du couple, pour des raisons sur lesquelles il n'y a pas lieu de s'étendre, une maman qui vit cette séparation très difficilement, comme une blessure intime à sa féminité, à sa fierté d'être femme.

Elle est mère d'une jolie petite fille qui devient, à ses yeux, une nouvelle source d'espoir, un baume sur son narcissisme abîmé, une réalisation possible de son rêve déçu.

Des problèmes d'argent s'ajoutent à la souffrance psychique. L'occasion se présente d'une double restauration, narcissique et financière. «*Ma fille peut devenir un petit mannequin publicitaire*». Sélection positive, succès, argent, fierté retrouvée par la mère, satisfaction pour l'enfant de combler le manque maternel. Les choses se poursuivent, se multiplient, dix ans durant, de manière répétitive. Le reste de la vie, école, liens sociaux tant de la mère que de l'enfant, passent à l'arrière-plan.

Faisons cette hypothèse : la fillette s'identifie à ce qu'on attend d'elle, à ce que des adultes attendent d'elle. Docile, soumise, obéissante aux scénarios, aux poses demandées, aux mimiques. Sage comme une image, l'image du rêve féminin d'une mère meurtrie. Le prix payé par cet enfant-là est lourd. A son insu, elle renonce progressivement à sa singularité d'enfant, à sa créativité spontanée, aux liens avec ceux de sa génération. Plus encore, elle se décentre de sa place dans la famille, tend à se poser en véritable petite femme pour son père, glissant, si son père n'y avait pris garde, vers une véritable relation incestueuse avec lui.

La consultation a constitué un premier cran d'arrêt. La force de cet homme de s'opposer à une telle dérive a permis qu'un travail familial s'engage. La souffrance de la mère est à présent rencontrée. Et la jeune fille, témoignant par son acceptation à venir parler du malaise diffus qu'elle ressentait en elle, peut aujourd'hui mettre en mots les images dont elle était devenue captive.

Cette consultation constitue l'une des sources de nos nombreuses questions à propos des enfants mannequins et nous détermina à mettre en oeuvre une recherche pluridisciplinaire sur ce sujet, à l'Université catholique de Louvain[2].

Aujourd'hui, nous ne pouvons encore faire état que des premiers pas de nos interrogations. Mais une chose est sûre : la réflexion à laquelle nous sommes conviés à travers ce nouveau fait de civilisation porte plus largement sur la **place de l'enfant dans notre société** et sur la **mutation des relations adultes-enfants**.

---

2 Cette recherche est financée par le Fonds National de la Recherche Scientifique (Belgique). Elle bénéficie du soutien du Bureau International Catholique de l'Enfance et de l'Association Mondiale des Amis de l'Enfance. Outre les auteurs de l'article, y collaborent Mme N. de Leval, Docteur en Psychologie et Mme M.-G. Gailly, Licenciée en Psychologie.

1. PUBLICITÉ ET SOCIÉTÉ : DE L'OEUF OU DE LA POULE ?

Les publicitaires défendent en général l'idée selon laquelle la publicité ne tente pas de nous offrir (de nous imposer ?) de nouveaux modèles de vie, ni de renverser les échelles de valeurs...

Selon eux, **la publicité ne créerait pas l'évolution des moeurs**. Elle la suivrait de très près, en partant des habitudes, des convictions et des valeurs des gens[3]. Nelly Feuerhahn [5] estime que les messages publicitaires propagent un système de valeurs latentes à propos de la consommation des biens, de l'enfant et de l'ordre social. La publicité n'invente rien nous dit Geneviève Cornu [2]. Elle ne doit surtout ni provoquer, ni déranger. Elle **reflète l'idéologie dominante**, les stéréotypes qui sont parfois très passagers et fluctuants. Ainsi, après l'image de la femme-objet, nous avons vu apparaître des hommes-objets, et actuellement beaucoup d'enfants-objets. Ces nouvelles images témoignent d'un changement des mentalités. Sera-t-il passager ou non ?

Les publicitaires sont de fins observateurs des faits de société. Ils s'emparent d'eux pour en faire un usage précis : les mettre en forme (publicitaire) pour informer (influencer) et faire vendre.

Dans son utilisation massive d'enfants, que fait la publicité ? Reflète-t-elle l'importance de plus en plus nette, la place de plus en plus grande que l'on accorde à l'enfance dans nos sociétés industrialisées (du moins en apparence) ?

Retrouve-t-on là un indice du «culte de l'enfant-roi» dont on parle si facilement aujourd'hui ?

Ou encore s'agit-il d'une stratégie d'influence, d'une tentative de séduction où l'enfant devient un argument destiné à faire vendre ?

La publicité tente de propager des **valeurs concrètes** au travers d'un message publicitaire. Au-delà de celui-ci, existe également un **message implicite** sous-tendu par les valeurs associées aux images utilisées (par exemple, les images d'enfants).

Les enfants font vendre. Ils «parlent» autant au public adulte qu'enfantin.

Les **modèles humains** proposés par la publicité correspondent aux valeurs sociales dominantes. Elle fait appel à des personnages auxquels chacun voudrait pouvoir s'identifier. L'image publicitaire se présente souvent comme un noyau d'allusions : légendes, faits historiques, littérature, art, événement d'actualité... Ces références imagées se présentent comme des «**emblèmes**»[4], porteurs de valeurs affectives.

---

3 L'image publicitaire exalte les valeurs types : beauté. hygiène, dynamisme, famille, réussite, amour, tradition... Le produit à vendre doit aussi les sublimer et les exalter.

4 Etymologiquement, l'emblème est un morceau dans une mosaïque; d'un point de vue sémiologique, les personnages sont des éléments de la mise en scène, des emblèmes. ils portent des valeurs au même titre que les objets qui les entourent, que le décor dans lequel ils sont plongés. En ce sens, nous dit G. Cornu, nous⇒

Ainsi pourrions-nous nous demander jusqu'à quel point le rôle de l'enfant dans la publicité n'est pas avant tout celui d'emblème. Mais emblème de quoi, de qui ? Les choses sont encore peu claires. *«Il serait intéressant de considérer l'image publicitaire comme une manifestation de fantasmes collectifs, et comme une sorte de rêve éveillé symptomatique de notre civilisation»* dit encore Geneviève Cornu[5].

L'utilisation abondante d'enfants dans la publicité met-elle en avant une société basée principalement sur des valeurs associées à la jeunesse, à l'enfance, au mythe du paradis perdu de l'enfance, au rêve de l'enfance éternelle ?... Le rapport de notre société à la mort, la vieillesse... reste fort empreint de distance craintive et respectueuse, de nombreux tabous. Le refuge dans des images opposées peut ainsi mieux se comprendre.

L'essentiel de la séduction publicitaire consiste en un divertissement, une fête de la vie pour tromper la mort. L'enfant dans son essence même est à l'opposé de la mort. Il représente la vie, l'avenir, l'espoir, l'éternelle jeunesse, la transmission à travers la chaîne des générations... et nombre de choses conscientes et inconscientes, stéréotypes[6] encore à découvrir.

Ainsi, l'enfant est avant tout utilisé pour ce qu'il représente, **sous un angle «*archétypal*»**, et non pour ce qu'il est. Le personnage représenté par un acteur humain est fondamentalement passif dans la conception publicitaire : il n'a aucune existence, il n'est que l'expression du produit à vendre. Il sert d'emblème représentant les qualités du produit. Ceci paraît encore plus vrai dans le cas d'enfants acteurs, qui ne font que mettre à l'avant-plan un produit qui, bien souvent, ne les concerne pas.

A ce propos, prenons l'ensemble des publicités ayant pour point commun d'inclure des enfants dans leur scénario. Qu'est-ce qui pourrait les différencier les unes des autres ?

Deux choses nous viennent à l'esprit : tout d'abord **le type de produit** vanté dans la publicité : est-ce un produit pour enfant, pour adulte, pour les deux... Ensuite, le public auquel la **publicité** adresse son **message** : certaines s'adressent délibérément à un public enfantin; d'autres destinent leur message à un public adulte; certaines s'adressent à des groupes familiaux, d'autres encore se destinent à tout le monde...

⇒pouvons les considérer comme des objets, des silhouettes incrustées dans l'image, n'ayant pas plus de signification qu'un meuble (!). Cependant, les personnages ont tout de même un rôle supplémentaire : ils permettent l'identification du spectateur au «héros publicitaire».

5 Référence [2], p. 107.

6 Selon J.-Ph. Leyens, le stéréotype peut être considéré comme une théorie implicite de personnalité. Tout individu possède plusieurs de ces théories qui correspondent à des croyances générales que l'on entretient à propos de l'espèce humaine. Ces théories sont dites implicites ou encore naïves car ceux qui les défendent n'en sont pas nécessairement conscients et ne savent sans doute pas les exprimer de façon formelle. Les stéréotypes sont non scientifiquement fondés, et chacun y a recours pour se juger lui-même ou autrui, pour expliquer et prédire un comportement... (*Sommes-nous tous des psychologues* ? Bruxelles, Mardaga. 1972).

Il est frappant de voir comme ces deux paramètres peuvent se croiser, offrant ainsi de multiples possibilités de scénarios publicitaires. Prenons par exemple une publicité pour un produit alimentaire enfantin (fromage blanc, crème caramel, friandises...). Deux types de messages peuvent y être associés. L'un parlera directement aux enfants en les interpellant selon un scénario prévu pour eux, censé toucher leur sensibilité d'enfants. Mais un autre message, vantant le même produit pour enfant, prendra le choix lui, de s'adresser aux parents.

Il faut remarquer qu'il existe parfois une grande ambiguïté quant au public censé apprécier le produit (produit enfantin, adulte...), et quant au destinataire de la publicité (parents, enfants...). Le publicitaire joue alors sur cette ambiguïté; elle devient un moteur dans le scénario publicitaire. La publicité en est parfois d'autant plus interpellante.

Au sujet du type de produit présenté dans les publicités avec enfants, deux grands «*classiques*» se retrouvent très régulièrement. Ce sont les **produits alimentaires** et les **produits d'entretien ménager**. Nous avons aussi, mais dans une moindre fréquence, les produits concernant les banques, les assurances, etc.

Les publicitaires feraient-ils inconsciemment référence à l'oralité et à l'analité ? Ainsi, pour parler de nourriture et de propreté à des adultes comme à des enfants, le message passerait-il plus facilement au travers de l'image d'un enfant ? L'enfant est un «*argument publicitaire*» qui nous ramènerait à des pulsions très archaïques, à des stades d'évolution fondamentaux ? Ceci est une hypothèse qu'il nous faudra encore approfondir.

L'emploi massif d'enfants dans les images publicitaires semble cependant se faire sans aucun recours à une explication rationnelle. En effet, nul ne sait encore précisément quels sont les stéréotypes qui y sont traduits.

La publicité n'agirait-elle que d'instinct ? La publicité serait-elle en partie responsable de la «*vénération*» de l'enfant si typique de notre société ? Où commence la boucle, où se termine-t-elle ?

En nous bombardant d'images d'enfants plus belles, plus «*travaillées*», plus esthétiques, plus tendres, plus sensuelles les unes que les autres, la publicité exerce sans doute une influence importante sur la façon dont la société (c'est-à-dire chacun d'entre nous !) conçoit l'enfance et la place que le groupe social doit lui réserver. Elle a donc des effets qui dépassent largement l'intention de vendre, sans compter ce qui se marque dans notre inconscient avec l'utilisation intensive de ces enfants de papier ou de télévision.

En conclusion de ce point, nous pouvons dire que la publicité a sans doute suivi le mouvement d'importance croissante accordée aux enfants et à l'enfance en général, mais sans doute aussi l'alimente-t-elle abondamment.

2. IDENTIFICATION ET PROJECTION

Si la publicité doit répondre aux besoins matériels du client par les qualités objectives d'un produit, elle doit tout autant **répondre symboliquement à ses désirs profonds.**

En quoi l'image de l'enfant est-elle gratifiante pour le spectateur (adulte et enfant) de publicité ?

L'**enfant** peut apparaître comme l'**expression matérialisée d'un désir d'adulte**, désir de relations authentiques, désir de retrouver l'origine des choses et le sens de la vie. L'enfant acquiert avec la mise en scène de son personnage une **dimension symbolique** qui favorise les projections mythiques et utopiques de l'adulte sur lui.

D'une part la représentation de l'enfant serait un lieu privilégié de projection des désirs et des craintes de l'adulte, l'occasion d'une répétition des expériences infantiles, d'un retour du refoulé. L'adulte fixe sur l'enfant tous ses rêves, voit en lui l'âge d'or révolu. Il projette sur l'enfant ce qu'il ne trouve pas en lui et qu'il veut magnifier.

L'homme ne peut se passer de la perfection narcissique de son enfance. Pour Freud, l'idéal du moi en est le substitut, dès que cette perfection s'abîme, quand éclate la fusion primaire avec la mère.

L'enfant mannequin, ou plus généralement toute image d'enfant, ne renverrait-elle pas l'adulte qui la perçoit à son idéal du moi, à sa «*maladie d'idéalité*» ?

D'autre part, l'adulte peut également projeter sa vision du **parent idéal** qu'il pourrait, qu'il devrait être, assurant une enfance heureuse à l'**enfant idéal** qui pourrait, qui devrait être le sien. Il peut s'identifier au bon parent qu'il observe dans une publicité, et identifier son enfant comme devant être comblé de la même manière que l'enfant mis en scène.

L'enfant spectateur, quant à lui, est également renvoyé à son moi idéal. Il voudra appliquer le scénario de la publicité à sa propre personne. Il demandera alors à ses parents de l'aider à s'identifier complètement au «*héros publicitaire*», en lui procurant tel ou tel objet.

Ainsi, la publicité fonctionne grâce au «*moteur de l'idéal*» (quel qu'il soit). Elle ne nous présente finalement que des choses idéales[7].

L'enfant dans la publicité est en grande partie manipulé, enfermé dans un scénario qu'on lui colle à la peau. Le voilà devenu, sans que personne s'en aperçoive, une «*petite chose*». Bien utile, il est vrai : elle fait vendre.

Ceci n'est pas tellement étonnant dans une société où l'enfant est de plus en plus «*modélisé (...) par le regard de l'adulte dont il est le reflet et en cela sans doute insuffisamment respecté dans sa spécificité et son indétermination*»[17].

---

7 Ceci n'impliquant pas l'idée de l'absence de défauts.

La fétichisation du corps de l'enfant prend ici tout son sens, nous fait remarquer Claude Allard : «*Car non seulement l'image qu'il va promouvoir lui échappe totalement mais de plus les rapports humains mis en oeuvre pour sa réalisation sont pervertis. Il est directement l'objet d'un troc. L'image de son corps est reléguée à l'état de marchandise qui se vend et qui s'achète*» [1].

Fétichiser le corps de l'enfant, c'est en faire un objet. C'est aussi l'enfermer dans une image qui ne lui correspond pas. Dans l'image reflétée par la publicité, l'enfant est idéalisé suivant les stéréotypes qui appartiennent à l'idéologie dominante. Le corps de l'enfant idéal est le modèle imaginé par les adultes (et à leur façon par les parents), qui prend la place de l'enfant réel.

Au-delà des relations familiales, le corps de l'enfant se trouve sous l'emprise des enjeux socio-économiques : le corps de l'enfant ainsi «*conformé*» devient une représentation qui fait vendre. Il devient marchandise sous l'une ou l'autre forme.

Aucun photographe ou créateur ne peut fournir d'image neutre et objective d'un enfant. Que ce soit chez le publiciste imaginant un scénario, le photographe ou le spectateur de publicité, un processus de **projection** et **d'identification** est enclenché. C'est là sans doute ce qui fait la force des publicités avec enfants, mais aussi leur danger. Mis en image, l'enfant se laisse devenir une surface extrêmement projective, de par la forte dose d'affectivité qu'il mobilise...

Et l'enfant devient spectacle... Il est collé à une image, un univers, un cérémonial qui lui sont parfaitement étrangers. Le paraître de l'enfance a pour effet de gommer les caractéristiques de l'enfance. C'est comme si l'on niait l'enfance, tout en essayant d'en conserver une image, une attitude.

Si l'on s'attarde quelque peu à observer les magazines de mode enfantine, on remarque que parfois les thèmes choisis par les créateurs de vêtements d'enfants sont issus d'un univers adulte, alors qu'ils sont censés appartenir au monde de l'enfant. Ainsi, on verra des enfants au look aviateur, aventurier, western... Ces vêtements seront choisis par des parents parce qu'ils les feront rêver, les ramenant à un niveau enfantin. Et l'enfant, ainsi déguisé, sera ramené dans l'univers adulte mythique d'un Saint-Exupéry, ou d'une Calamity Jane. Cette mode par personnage mythique interposé s'impose à l'enfant. On s'aperçoit alors combien la représentation que l'adulte se fait de l'enfant est celle d'un être malléable, dont l'apparence n'est pas encore fixée. Dès lors l'adulte peut le mettre en forme, modeler son corps selon ses envies et ses désirs.

Quelle représentation se fait l'adulte occidental du corps de l'enfant ? Ni féminin, ni masculin, c'est un corps tabou parce qu'il est neutre. L'adulte est parfois tellement ma] à l'aise qu'il transforme alors le corps d'une fillette en celui d'une petite femme.

L'enfant aime jouer à l'adulte. Dès lors, il n'est pas choqué quand on lui demande de le faire. C'est à l'adulte d'aborder et de respecter l'enfant dans l'âge qui est le sien. C'est à l'adulte de jouer aux «*garde-fous*»[8] .

L'adulte qui accompagne l'enfant dans ses prestations publicitaires devrait exercer un rôle fondamental : celui de ramener sans cesse l'enfant à sa réalité d'enfant. Cela exige un dialogue permanent avec lui, dans des conditions qui ne s'y prêtent sans doute pas bien dans la réalité.

L'enfant de la publicité doit rester un enfant, avec des vêtements et attributs d'enfants, dans un contexte d'enfance. A cette fin, les scénarios dans lesquels les enfants sont au milieu d'autres enfants, au milieu de pairs, sont plus favorables que ceux où ils sont seuls.

De même, les scénarios dans lesquels les enfants prennent une part créative, sur le mode propre à leur âge (notamment ludique) sont plus favorables que ceux où ils répondent à des poses ou mouvements très déterminés par l'adulte. Une liberté d'interprétation, comme au théâtre et au cinéma, est très importante. Il y va de la préservation de la vie de désir de l'enfant. Certains publicitaires estiment d'ailleurs que les scénarios dans lesquels l'enfant prend une participation dynamique et spontanée font de meilleures publicités.

3. ET LA VIE PSYCHIQUE D'UN ENFANT MANNEQUIN ?

Quelles répercussions pourraient avoir des prestations de mannequin sur l'image du corps d'un enfant, sur son narcissisme...

Pour pouvoir répondre à de telles questions, il nous faudra rencontrer de nombreux enfants mannequins, des enfants de publicité. Les hypothèses qui se dégagent de notre réflexion pourraient être mises à l'épreuve.

L'image du corps n'est pas uniquement scopique, spéculaire elle est avant tout **inconsciente**, nous dit F. Dolto. Elle est plus précisément la mémoire inconsciente de tout le vécu relationnel. Elle est aussi actuelle et vivante. Son contexte de constitution est principalement la dyade mère-enfant [3].

Lors de la découverte de son image dans le miroir, l'enfant est confronté pour la première fois à sa réalité corporelle. Sont alors refoulées dans l'inconscient les représentations précédant le miroir. F. Dolto insiste sur l'importance de la présence d'un adulte aux côtés de l'enfant dans cette découverte, ainsi que des paroles qui l'accompagneront. L'enfant doit entendre à ce moment que l'important n'est pas là, dans l'image, mais bien dans l'**authenticité d'une relation**. S'il n'entend pas ces paroles, il risque de vivre son image dans le miroir comme l'expérience d'un leurre de la rencontre d'autrui.

---

8 C'est une mission d'autant plus difficile que nous avons tous besoin de rêve, à partir des enfants. Et que c'est en grande partie ce que nous offre la publicité.

Le tout n'est pas de paraître, mais bien d'être (en relation). Or l'enfant mannequin, lui, est choisi pour son corps, pour son écorce. Il est pris dans une priorité permanente du paraître sur l'être. Il semble fondamental qu'un adulte lui fasse comprendre cela.

Au fond, si l'enfant mannequin entrait en possession des «*règles du jeu de la photographie*», il risquerait moins de tomber dans les pièges de l'illusion, dans les pièges de l'apparence. Un enfant devrait être bien conscient que l'on n'est pas dans la publicité comme on est dans la réalité. Il sera alors moins leurré par cette expérience. Il doit avoir plus que son imaginaire pour réagir. Il faudrait pouvoir lui dire : «*Faire de la publicité jouer un personnage, c'est une chose; mais la vie c'est autre chose : dans la vie on ne joue pas un personnage, on est une personne*». Ceci dit, l'enfant vit comme nous tous dans un monde où les rôles sociaux à endosser sont multiples. Dans la réalité, il est donc bien appelé de temps à autre à «*jouer un personnage*».

L'éducateur ne doit-il pas sensibiliser l'enfant dès son plus jeune âge à la différence existant entre son être profond, son être authentique, et les rôles sociaux qu'il doit adopter dans telles ou telles circonstances.

Face à un enfant mannequin, cette tâche éducative incombe peut-être d'autant plus à l'adulte tutélaire. L'enfant serait alors ramené à la réalité de l'être et à celle de la relation.

Il est primordial que l'enfant développe sa **capacité à se détacher de l'image**. L'éducateur, au sens large du terme, devrait pouvoir reconnaître l'enfant qu'il ne faut pas trop épingler pour ne pas le rendre exhibitionniste, mais chez qui il faut plutôt promouvoir ce qu'il a d'authentique; celui qu'il faut stimuler, réassurer, etc.

Cette mission est sans doute encore plus importante et indispensable dans le monde des agences de casting, des prises de photos, etc. Est-elle remplie par le photographe, par la maman qui amène son enfant, par le publiciste... ? Rien n'est moins sûr. Cette accentuation constante du corps, de l'image qu'il faut donner pour plaire, complique-t-elle la prise de distance de l'enfant d'avec son image ? Il est, pour le moment difficile de répondre à cette question.

Etre choisi pour sa beauté peut être valorisant pour un enfant. La beauté peut être un atout personnel parmi d'autres. Le tout est sans doute une question de juste mesure. Car nous pouvons aussi nous demander : être choisi pour sa beauté, serait-ce là une expérience qui fait vivre à l'enfant des séductions qui falsifient l'expérience d'amour avec les autres ? Si le sujet éclôt au contact des autres, encore faut-il que les autres reconnaissent son existence.

Le risque pour l'enfant de la publicité n'est-il pas que l'image du corps qu'il intériorise soit saturée de modèles purement factices ?

«*Mieux discerner l'image de son corps permet à l'enfant de s'ériger comme un sujet désirant qui peut comprendre la réalité qui l'entoure sans se faire prendre aux pièges des illusions fabriquées pour lui*», nous dit Allard [1].

La question demeure : l'expérience publicitaire permet-elle cela ?

Les enfants qui risquent de pâtir le plus des prestations de mannequin, sont ceux qui sont peu dégagés, dans la vie quotidienne, du regard, du plaisir ou de l'intérêt de l'adulte, en particulier des parents.

L'identité d'un enfant, de tout enfant s'origine dans les attentes des adultes, à partir de leurs désirs sur lui. Il ne peut, au départ, en être autrement. Un enfant n'existerait pas autrement. Mais il importe que tout adulte, parent, éducateur ou citoyen laisse progressivement à l'enfant l'**espace où puisse croître son propre désir**, sa propre pensée, sa propre parole. Un enfant trop choyé, trop adulé, trop entouré, exagérément amené à plaire à l'adulte, soumis à son regard trop admiratif, ne bénéficie pas de cette «*bonne distance*».

Pour grandir dans ce qu'il a de particulier et d'original, un enfant doit pouvoir bénéficier d'affection pour ce qu'il est singulièrement et d'encouragement pour ce qui vient de lui. C'est à cette condition que peut se développer sa vie intérieure, personnelle, créatrice, son désir de partager ses idées, de communiquer d'égal à égal avec ses pairs et ses aînés, dans le respect de la différence des âges et des générations.

Une sélection psychologique et familiale serait donc à opérer pour écarter ces enfants les plus fragiles. Elle n'est pas simple. Mais elle ne nécessite pas forcément l'intervention des psychologues. Les personnes qui sélectionnent les enfants dans les agences n'ont-elles pas elles-mêmes une responsabilité à exercer ? Nous savons qu'aujourd'hui, certaines en sont conscientes et n'acceptent pas les enfants fragiles. Le problème est que ces enfants psychiquement dépendants sont aussi parfois ceux qui se montrent les plus dociles dans les prestations.

CONCLUSIONS

La publicité diffuse l'**image d'un corps marchand** qui, partant des besoins du corps réel, en arrive à suggérer et à proposer des satisfactions le plus souvent matérielles.

C'est ce qu'Allard nomme «*l'homonculus publicitaire*», C'est la projection du corps de l'enfant imaginé par les besoins de la consommation. Ce corps devient une machine du jouir parce qu'il est identifié à des besoins factices. Ce corps idéal est manipulé par tous les moyens.

L'image de l'enfant en publicité relève de l'idéologie qu'elle dessert. Elle sollicite des valeurs subjectives et individuelles provoquant un impact inconscient chez le spectateur, de par les émotions contenues qu'elle comporte.

L'enfant de la publicité semble être bel et bien en grande partie une réalisation de l'adulte. Celui-ci projette sur l'enfant un scénario qui répond sans en avoir l'air à ses désirs, ses attentes, ses espoirs les plus profonds, et, sans doute aussi, largement inconscients.

Ceci dit, cette réalisation d'adultes permet également aux enfants spectateurs d'adhérer au scénario publicitaire et d'y projeter, eux aussi, leurs désirs.

Finalement les prestations publicitaires sont-elles bonnes ou mauvaises pour les enfants ? Il est actuellement encore impossible de répondre à cette question. Il nous faut voir les choses de plus près, concrètement, sur le terrain. De toute façon, il est certain que nous ne répondrons pas en ces termes (bon/mauvais). Chaque situation doit être considérée individuellement, un enfant n'étant pas un autre, une famille n'étant pas une autre. L'expérience de prestation publicitaire s'entoure certainement pour chacun d'une constellation d'adjectifs portant sur des vécus différents.

Cependant, une chose nous semble déjà s'imposer : il est fondamental que le travail des enfants mannequins puisse s'effectuer autant que possible dans des relations saines et valorisantes pour l'enfant.

C'est donc l'idée de «*cadre d'une relation parlée*» que nous désirons mettre à l'avant-plan au terme de cet article. Car la relation parlée est ce qui redonne la primauté de l'être sur le paraître. «*L'enfant est un dieu aux pieds d'argile, il a besoin de relations vraies et non de simulacres. Faute de quoi, il génère un «faux self», qui permet aux apparences de se maintenir dans les relations sociales, mais au prix d'un vide intérieur étouffant*»[9].

Ceci est vrai dans tous les contextes. Mais ne l'est- il pas encore plus dans le monde de la publicité, où tout est par définition artificiel (puisque construit), éphémère et irréel ?

C'est aux adultes qui entourent l'enfant dans ces moments-là de ramener les choses à l'essentiel, dans la parole.

Cependant, même si les prestations des enfants mannequins se déroulaient avec ce type de garanties, encore faut-il garder à l'esprit les questions suivantes : qu'est-ce que cela signifie pour nos sociétés de se prêter à de telles pratiques ? Qu'est-ce que cela traduit de la position de l'enfant ?

Daniel Sibony, dans un essai psychanalytique sur la technique, essai pour une large part consacré aux médias écrit ceci : «*La technique n'est uniformisante et totalisante que si des esprits totalitaires dirigent sa mise en oeuvre*» [19].

L'univers publicitaire ne doit pas être laissé aux mains toutes-puissantes des marchands. Nous n'avons pas à nous replier dans une attitude de complète critique à l'égard de l'entreprise publicitaire, sans quoi nous nous placerions en symétrie duelle avec elle, édifiant, face à l'image publicitaire, l'image inverse d'un soi-disant idéal du bien ou de la pureté. La publicité vient de nous tous. Elle appartient à nous tous. Elle est l'affaire de nous tous.

L'enfant mannequin, l'enfant dans la publicité, peut être tout autre chose qu'une image associée à une marchandise. Il peut apparaître dans sa spécificité, dans son indétermination, dans sa nature propre qui est changement, variation, surprise, nouveauté. Mais pas à n'importe quelles conditions.

Il faut s'atteler à faire de ces lieux d'images des lieux de création, d'échanges entre enfants et adultes, de circulation de la parole.

---

9 Référence [1], p. 137.

BIBLIOGRAPHIE

1. ALLARD Cl., *Le corps de l'enfant de l'imaginaire au réel.* Paris, Editions Balland, 1989.
2. CORNU G., *Sémiologie de l'image dans la société.* Paris, Les Editions d'Organisation, 1990.
3. DOLTO F., *L'image inconsciente du corps.* Paris, Seuil, 1984.
4. DOLTO F., *L'enfant du miroir.* Paris, Rivages, 1987.
5. FEUERHAHN N., La représentation de l'enfant et sa manipulation par la publicité, in *Bull. Psychol.*, 1980, 33, 347, pp. 949-955.
6. FREUD S., Pour introduire le narcissisme, in *La vie sexuelle*, pp. 81-105. Paris, PUF, 1972
7. FREUD S., Le fétichisme, in : *La vie sexuelle*, Paris, PUF, 1972, pp. 133-138.
8. GUILLERAULT G., *Le corps psychique.* Coll. Emergences, Bruxelles, Editions Universitaires, 1983.
9. HEYNEM RADEMAKERS V., *L'utilisation de l'enfant et de la famille dans la publicité.* Mémoire de communication sociale, Université Catholique de Louvain, 1989.
10. KAPFERER J.-N., *L'enfant et la publicité, les chemins de la séduction*, Coll. Communication. Paris, Dunod, 1985.
11. LACAN J., Le stade du miroir comme formateur de la fonction du je, in *Ecrits.* Paris, Seuil, 1966.
12. LEYENS J.-PH., *Sommes-nous tous des psychologues ?* Bruxelles, Mardaga, 1972.
13. MAISONNEUVE J., BROCHON-SCHWEITZER M., *Modèles du corps et psychologie esthétique.* Paris, PUF, 1981.
14. MOLITOR V., *Approche du sentiment de laideur.* Mémoire de licence en psychologie, Université Catholique de Louvain, 1989-90.
15. MOREAU E., *Enfants de la mode.* Mémoire de communication sociale, Université Catholique de Louvain, 1983.
16. NAUDIN O., Fils de pub. *L'école des parents*, 1991, 6, 37-41.
17. RENDERS X., *L'enfant en quête de Winnicott. Un mode de penser les paradoxes, périls et horreurs de la relation adulte-enfant.* Anthropo-Logiques, 1992, 4, pp. 121-134.
18. RUMMENS P., *La publicité et l'enfant.* Cahiers de la Faculté des sciences économiques et sociales de Namur, Facultés Universitaires Notre-Dame de la Paix, série documents et points de vue, n° 9, Namur, juin 1982.
19. SIBONY D., *Entre dire et faire.* Paris, Grasset, 1989.
20. TAPIE S., L'enfant et la publicité. In : Lamesch A., *L'enfant dans la société d'aujourd'hui*, pp. 55-61. Bruxelles, Ed. de l'Université de Bruxelles, 1990.
21. ROBERT A., *L'enfant, héros (involontaire) de la publicité.* Bruxelles, Ligue des Familles, 1987.
22. WINNICOTT D.W., Le rôle de miroir de la mère et la Famille dans le développement de l'enfant. *Nouv. Rev. psychanal.*, 1974, 10, 79-80.

ENFANCE ET VIOLENCE

Sommaire

L'insoutenable légèreté de la violence[1]

Mon propos sera celui d'un psychologue-psychanalyste. Bien conscient des limites de ma discipline confrontée à un sujet aussi vaste mais qui touche aussi chacun de nous de façon si personnelle, je partirai de la sociologie pour y revenir en finale. En cours de route, je n'hésiterai pas à m'appuyer sur un philosophe.

Pour l'essentiel, ma réflexion prendra pour objet les formes de violence de nos riches sociétés de l'hémisphère nord. Mais plusieurs idées peuvent être utilisables, je pense, dans l'abord des épouvantables violences de l'hémisphère sud : guerres civiles, génocides, massacres ethniques...

Les aspects plus pédagogiques de la violence ne pourront qu'être esquissés ici. Ils revêtent pour moi une très grande importance, je tiens à le souligner. Voici les quatre questions que je me propose d'ouvrir :

1. De quelle nature serait la violence d'aujourd'hui, dans nos sociétés ?
2. La violence, porteuse de mort, peut-elle aussi porter la vie ?
3. Quelles seraient les situations «à risque» de violence ?
4. Nos sociétés généreraient-elles de quelque manière cette violence ?

1. DE QUELLE NATURE SERAIT LA VIOLENCE D'AUJOURD'HUI, DANS NOS SOCIÉTÉS ?

Je ne crois pas qu'il soit possible d'affirmer que nos sociétés contemporaines génèrent plus ou moins de violence que celles qui les ont précédées. Certes, coups, vols, vandalisme, rapts, racketts, maltraitance que connaissent les familles, les écoles, les institutions, les quartiers, paraissent augmenter et nous donnent le sentiment que nous vivons dans une société de plus en plus violente. Mais pensons aux massacres immenses qu'ont connus les générations de nos pères lors des guerres dites mondiales, pourtant bel et bien parties d'Europe, massacres, si j'ose dire, «bien de chez nous».

En réalité, la violence s'est déplacée, s'est transformée, nous est devenue plus immédiate, plus quotidienne. Ceci amène tout naturellement à se poser d'entrée de jeu cette question : quels seraient les traits du visage actuel de la violence ? Je vous propose quelques caractéristiques, reliées entre elles.

a) La violence revêt des formes extrêmement variées : elle est plurielle. A côté des formes de violence physique que je viens d'évoquer, il y a toute la gamme, infinie, de ses formes psychiques et sociales, parfois bien plus subtiles. Beaucoup ne sont pas récentes, mais leur multiplicité, me semble-t-il, l'est davantage : mépris, exclusions, chantages, indifférences, isolement, compétitivité exacerbée, pauvreté non reconnue, etc.

---

1 Publié antérieurement dans *Lumen Vitae*, vol. XLVI, 1991, 4, Bruxelles, pp. 415-423.

b) La violence, de plus en plus, est le fait d'individus isolés ou de petits groupes, même si persistent toutes les formes, séculaires, de violence plus «organisée» comme le sont les guerres, les bandes professionnelles, mafia ou autres.

c) Beaucoup de formes de violence transcendent les catégories sociales et les âges. Vols, vandalisme, abus sexuels, mauvais traitements touchent dorénavant tous les milieux sociaux et tous les âges. Les formes adultes, certes, sont plus soft, mais celles des jeunes sont plus dures. Et on sait par exemple que les vols dans les grandes surfaces sont le fait d'adultes aisés autant que de jeunes défavorisés.

d) Les faits de violence sont souvent anonymes, et doublement. Ils le sont par leur cible et par leur auteur. Autrement dit, sujet et objet de l'acte sont bien souvent inconnus, indéterminés. Les faits sont peu revendiqués, disent peu qui ils visent, montrent peu leur signification sociale. Ceci explique probablement le côté très déroutant de ces phénomènes, la difficulté devant laquelle nous nous trouvons tous, éducateurs, responsables politiques, scientifiques, citoyens, de comprendre et d'agir.

En résumé, le visage de la violence d'aujourd'hui se présente sous les traits suivants : des actes polymorphes, individuels, quotidiens voire familiers, répandus, indéterminés, relativement insaisissables.

Permettez-moi de vous suggérer une image, celle du sucre impalpable ou pulvérisé. D'où mon titre, paraphrasant le célèbre roman de Kundera : L'insoutenable légèreté de la violence. Telle est la réalité hautement complexe devant laquelle nous sommes invités à nous interroger.

2. LA VIOLENCE, PORTEUSE DE MORT, PEUT-ELLE AUSSI PORTER LA VIE ?

Lors d'une journée de réflexion que j'animais, il y a quelques années, dans un institut médico-pédagogique du Hainaut pour enfants dits caractériels, une équipe d'enseignants et d'éducateurs me posait la question suivante : pour certains enfants, voler ou détruire ne serait-ce pas l'ultime manière de survivre, de rester quelqu'un, de compter encore pour d'autres ? Et cette question en entraînait une autre : n'avons-nous pas à changer notre regard sur la violence ? Il est vrai qu'elle est le plus souvent repérée sous son versant de mort. Ne présenterait-elle pas aussi un versant de vie ?

A la suite du philosophe René Girard[2], rapprochons le récit biblique du meurtre d'Abel par Caïn du mythe fondateur de Rome qui voit Romulus tuer Remus. Dans les deux cas, voici un meurtre qui fait apparaître du neuf : ville nouvelle, loi nouvelle, nouvelle lignée. Rome, on le sait, est fondée par Romulus après la mort de son frère. Le meurtre de Caïn, lui, entraîne la colère divine et le meurtrier est puni d'errance. Quand il se plaint à Yahvé du danger qu'il encourt à vivre ainsi sans feu ni lieu, celui-ci proclame cette parole de

2 R. Girard, *La violence et le sacré*, Grasset, 1972.

loi : «Si quelqu'un tue Caïn, il sera vengé sept fois.» Et Caïn prend femme, engendre son fils Hénok, nom qu'il donne aussi à la ville qu'il se met à construire.

Une première analogie est donc que l'une et l'autre de ces violences meurtrières sont au départ d'un nouvel ordre, d'une nouvelle cité. La deuxième analogie est celle-ci : il s'agit de meurtres de frères, de jumeaux, de doubles. De manière évidemment tragique, la mort violente de l'un fait sortir les deux frères de la similitude, de la fascination jalouse, de l'indifférenciation. Le meurtre dissocie leurs destins et leur confère une singularité. La violence, dans le drame, fonde l'individu. Une autre dimension, troisième pourrait-on dire, est à relever; elle n'est cependant explicite que dans le récit biblique. Cette dimension est celle de l'appel au père, de l'appel à la loi dans la demande de protection exprimée par Caïn. Je reviendrai sur son importance.

Ceci me conduit à vous présenter la thèse centrale de cet exposé, en deux points :

* L'homme ne peut survivre et grandir que par la violence qui lui est imposée par l'autre. Cette violence est inéluctable et nécessaire à son existence. Je l'appellerais la violence subie.
* Mais l'homme doit s'en sortir, s'en extraire. Et il ne peut le faire à son tour qu'au prix d'un arrachement lui-même violent. J'appellerais ce mouvement la violence agie. Je m'explique.

• Le petit humain naît fragile, extrêmement dépendant des autres. Comparons-le au jeune mammifère : il lui faut un temps bien long, même ramené à la proportion de sa durée de vie, pour se mouvoir par ses propres forces, se déplacer pour quérir sa nourriture, mordre, etc. C'est ce qui a fait dire au biologiste Victor Bolk que la naissance de l'être humain est prématurée. Sa dépendance vis-à-vis des adultes entraîne le fait suivant : avant même que l'enfant puisse les demander, il reçoit de ses proches des tas de choses. De la nourriture, des soins, bien sûr, mais bien plus, un prénom, des mots, du sens, des pensées, des attentes. Un exemple de ce «don de sens» : dès les premières mimiques de l'enfant, la mère croit déceler un sourire et lui dit : «Quel joli sourire tu me fais là, comme tu es gentil pour moi.» Elle prête une intention, une pensée, à l'enfant, un sens à son geste. En même temps, elle lui transmet ce qu'elle attend de lui : qu'il soit gentil pour elle. Un enfant ne peut grandir si ses parents n'attendent rien de lui, ni en dehors de leur désir sur lui. Mais en même temps il y a un prix à payer : l'enfant, pour survivre, pour continuer à recevoir ce dont il a besoin, croit devoir se conformer à ce qu'on attend de lui, à ce qu'on lui offre ou lui impose. Sa question à l'adulte est au fond : que me veux-tu ? que veux-tu de moi ? qu'attends-tu de ma vie ?

Là se situe, dirais-je, la première violence de la vie humaine : celle, pour subsister, d'avoir à se soumettre ou de croire devoir se soumettre aux attentes, au sens, aux pensées des adultes[3]. Mais cette violence «subie» est radicalement incontournable. Un enfant, au départ, ne peut exister qu'à travers le désir de l'autre.

3 C'est ce que la psychanalyste Piera Castoriadis-Aulagnier a nommé, en titre d'un ouvrage remarquable, *La violence de l'interprétation*, Presses Universitaires de France, 1975.

• Très vite et en même temps, en un second temps «logique» en quelque sorte, l'enfant perçoit les dangers de cette soumission, de cette obéissance, de cet empressement, de cette violence subie. Quelque chose en lui s'y oppose. C'est la force de son désir d'exister pour lui-même, comme être différent et singulier. Déjà chez les nouveaux-nés en effet, on observe des refus, des pleurs, des oppositions, par exemple des refus de s'alimenter, sans parler de l'âge du «non» un peu plus tard. Comment ne pas évoquer aussi la période adolescente où le jeune, cherchant sa propre voie, sa propre vie, est amené à se détacher de sa famille et de ses parents presque toujours par des comportements agressifs ou violents. La violence agie permet le dégagement.

Ainsi, le théâtre de la vie humaine voit se dérouler ce débat : d'une part, se couler dans ce que les autres attendent de nous (violence subie); de l'autre, s'en détacher, souvent à haut prix ou à hauts cris (violence agie). Plus grand est le danger de la violence subie, plus grande risque de devenir la violence agie. Deux choses peuvent atténuer cette dialectique de la violence : la loi d'une part, le non-excès de violence subie de l'autre.

La Loi, je l'ai évoquée avec Caïn. Elle vient «faire tiers» entre les deux temps de la violence. Elle empêche l'escalade, la représaille, la vengeance, la symétrie (Dieu empêche qu'il soit touché à un cheveu de Caïn). La Loi, elle, n'est la propriété de personne, mais chacun y est soumis. Elle est simplement à dire, à affirmer. Elle dénonce la violence «subie» (c'est plutôt la loi d'interdit de l'inceste). Elle dénonce la violence «agie» (c'est plutôt la loi d'interdit du meurtre, des coups ou du mensonge).

Mais la dialectique de la violence peut être atténuée également en prévenant l'excès de violence subie. C'est le cas si l'adulte ou le parent n'impose pas à l'enfant un sens excessif, des pensées excessives, des réponses excessives. Mieux vaut s'interroger sur ce que dit un enfant que de vouloir le comprendre trop ou trop vite. Mieux vaut s'abstenir de lui offrir trop généreusement ce qu'il ne demande pas encore. Parler à un enfant n'est pas le combler de réponses, mais plutôt reconnaître ce qu'il dit comme un questionnement personnel.

Je reviens à ma question : la violence, porteuse de mort, peut- elle aussi porter la vie ? Pour tenter d'y répondre, j'avance l'hypothèse suivante. Les situations générant la violence agie sont celles où domine de manière insoutenable la violence subie, ou encore celles où viendrait à manquer l'affirmation de la Loi. Situations de demande de conformité, d'insuffisante différenciation des êtres, de lourds poids d'attentes, de proximité excessive, toutes réalités à entendre, c'est clair, sous leurs divers aspects. Dès lors, comme psychologue, la violence agie me semble pouvoir être comprise comme un cri d'alarme, une tentative de sortir de la confusion avec l'autre sous toutes ses formes, une recherche d'altérité, une promotion de l'identité ou de la singularité du sujet, une sauvegarde de son désir pris dans le sens psychanalytique de mouvement d'avancée propre, personnel, original. En ce sens, comme dans les récits des meurtres de frères, la violence destructrice est aussi génératrice de vie.

3. QUELLES SERAIENT ALORS, CONCRÈTEMENT, DES SITUATIONS «À RISQUE» DE VIOLENCE ?

J'en évoque quelques-unes, largement empruntées à ma pratique de psychothérapeute d'enfants et de familles.

Situations à risque, celles où les adultes attendent trop d'uniformité de leurs enfants, trop de similitude par rapport à ce qu'ils sont eux-mêmes ou à ce qu'ils auraient voulu être.

Situations à risque, celles où les adultes se montreraient outrancièrement attentifs aux enfants. Je pense aux enfants mannequins, aux enfants dont les belles images sont à présent utilisées en abondance pour faire vendre des marchandises. Avec une équipe de notre université, nous avons entamé une recherche sur ce nouveau fait social. Les enfants mannequins sont souvent exagérément amenés à plaire à l'adulte, soumis à son regard admiratif.

Situations à risque, celles où les adultes, par exemple ceux qui vivent seuls avec un seul enfant, sont amenés à faire de celui-ci l'objet de leur intérêt ou de leur amour exclusif. Ils se montrent alors trop aimants, trop aidants et trop proches.

Situations à risque, celles d'enfants insuffisamment respectés dans leur position dans la fratrie : frères et soeurs traités pareillement, les aînés comme les plus jeunes, insuffisance d'espace, de temps ou d'objets individuels.

Situations à risque, celles des groupes sociaux, culturels, nationaux trop peu considérés dans leurs différences. Pensons aux récentes émeutes de jeunes immigrés dans certains quartiers de Bruxelles. J'ai été personnellement très frappé, en les écoutant parler à la télévision, de leur refus absolu du mot «intégration». Ce mot évoque pour eux l'idée d'uniformisation, d'abolition des différences, de négaton de ce qu'ils ont en propre. L'intégration, ils la vomissent littéralement.

Situations à risque, plus subtiles et plus inconscientes : celles, nombreuses, où pèse sur des enfants la pression d'images trop liées à des attentes. Je m'explique et j'illustre. Dans une école ou dans une institution, certains enfants sont la cible de violences répétées de la part des autres. Ces enfants sont constamment victimes, souffre-douleur, boucs émissaires. Qui pourraient-ils être ?

- Par exemple l'enfant-concurrent : celui qui me ressemble par tel ou tel trait que je voudrais posséder seul pour plaire à l'adulte, pour plaire aux autres, pour gagner leur amour, pour répondre à leurs attentes;
- Par exemple l'enfant-modèle : celui qui porte des qualités que je crois ne pas posséder mais que je pense devoir acquérir, encore une fois pour plaire ou pour répondre aux attentes. (L'enfant modèle est souvent perçu par les autres enfants comme choyé par l'adulte);
- Par exemple l'enfant-reflet : celui qui possède des traits qui sont les miens et qui ne correspondent pas à ce que je crois devoir être... pour plaire.

D'autres exemples sont possibles. Pointons brièvement dans ces différentes situations, dans ces différents cas de figure, une forte dose de culpabilité, et faisons le constat que la culpabilité excessive provoque la violence. Ceci est un élément utile en éducation, car les éducateurs pensent habituellement que la violence vient au contraire d'un manque de culpabilité, d'un manque de remords ou d'un manque de conscience morale. En un mot, toutes ces situations à risque de violence agie sont celles où attentes, modèles, proximité sont trop prononcés.

4. NOS SOCIÉTÉS GÉNÉRERAIENT-ELLES DE QUELQUE MANIÈRE CETTE VIOLENCE ?

Le psychologue, comme annoncé, revient sur le terrain de ses collègues sociologues pour la partie terminale de son propos. Ma question est donc celle-ci : quelque chose, dans la structure actuelle de nos sociétés, produirait-elle ces formes spécifiques de violence décrites au début, cette insoutenable légèreté de la violence ? On s'en aperçoit, la question est d'une telle ampleur qu'on ne peut tenter d'en esquisser une réponse qu'avec infiniment de modestie, et au titre de l'interrogation. Je m'y lance cependant.

De nombreux sociologues estiment qu'au cours de ces trente dernières années, nous assistons à un mouvement qui va en s'accentuant. Il s'agit de l'importance croissante prise par la recherche de l'épanouissement individuel, du bonheur individuel, de la satisfaction individuelle. Ce mouvement est celui qui définit classiquement la modernité. Il n'est donc pas récent; il date de près de deux siècles. Cependant, pendant des dizaines d'années, la recherche du bonheur individuel se trouvait en équilibre ou en harmonie avec le souci du bien commun. Or, estiment les sociologues, cette croissance de l'individuel s'opère, depuis trente ans, au détriment des institutions sociales. Celles-ci, on le constate, sont en déclin depuis les années 1960 : institution du mariage, institutions politiques, institution d'Église, institution scolaire...

Comme l'écrit le sociologue Louis Roussel, «ce qui se défait sous nos yeux, c'est la croyance en la légitimité de l'ensemble des institutions et ce qui gagne du terrain, c'est la croyance en la gratification privée»[4].

Mais à mon avis, il se produit ceci. Epanouissement, bonheur, satisfaction, gratification individuels, dès lors qu'ils deviennent des impératifs, dès lors qu'ils sont érigés (notamment par les médias, mais pas seulement) comme «ordre» social, perdent leur sens, perdent leur qualité de valeur. Ces tendances prennent rang, dirait le psychanalyste, parmi les injonctions du surmoi : sois épanoui ! Sois satisfait ! Désire ! Choisis !

On le réalise, nous sommes ici à l'opposé de ce que j'ai voulu définir comme singularité du sujet, mouvement d'avancée personnel avec toute sa part de risque, d'insécurité, d'indétermination, et toute sa chance de créativité, de fécondité, de surprise. Notre société, dans une sorte de «normativité technicienne», ne nous impose-t-elle pas ses images de bonheur, n'exerce-t-elle pas,

4 L. Roussel, *La famille incertaine*, Éditions Odile Jacob, 1989.

au fond, une véritable violence sur chacun de nous, au sens de ce poids d'attentes dont nous parlions ? Laisse-t-elle une place suffisante à la recherche personnelle, à la question ouverte, à la rencontre de l'autre dans son incertitude, à la création sociale ? Ne tend-elle pas à appauvrir l'expérience et finalement à décourager la construction, toujours aléatoire, d'un bien propre à plusieurs, d'un bien commun, d'une institution sociale ?

Le psychanalyste dirait que notre société promeut ***le moi***, instance psychique qui croit posséder et surtout croit se posséder, mais ***non le sujet***, le sujet qui reconnaît que le prix à payer pour vivre et pour désirer est précisément la non-complétude, l'insatisfaction, le manque.

Rappelons-nous les traits de la violence d'aujourd'hui : peu structurée, peu organisée, peu signée, peu parlée, peu saisissable, omniprésente et diffuse. Insoutenable légèreté. Au fond, cette violence-poudre ou poussière ne serait-elle pas, assez précisément, le reflet d'une société composée de petits «moi» de moins en moins reliés entre eux, de petits clones ou de petits clowns ?

Le sujet humain, le sujet du désir, le sujet en quête d'altérité est menacé. Les actes de violence qu'il pose, même s'ils revêtent une forme si peu assumée, si peu symbolisée, si peu soutenue, ne traduisent-ils pas sa détresse et sa révolte ? Certes, ces actes sont par eux-mêmes destructeurs, mortifères et accélèrent la décomposition du tissu social. Mais ne représentent-ils pas pour le sujet un appel, une tentative de se sauver du désastre ?

Alors ? Alors, l'espoir des années qui viennent me semble être à chercher, sans tarder, dans un renversement de la conception du bonheur individuel et dans un profond renouvellement de son lien avec les valeurs communes.

Parentification et prématuration pathologique : convergences entre deux Hongrois, Nagy et Ferenczi[1]

Vaste domaine que celui de l'agressivité intergénérationnelle quand l'agresseur est l'adulte et l'enfant l'agressé.

Pour l'aborder, évoquons un processus décrit aussi bien dans le champ relationnel de la thérapie familiale que dans celui, plus intrapsychique, de la psychanalyse, l'intérêt étant ici de montrer tout à la fois la convergence et la complémentarité des deux théories.

Ce processus, on le trouve nommé par Boszormenyi-Nagy[2] «*parentification d'un enfant*», processus entraîné par un phénomène d'abus familial qu'il appelle «*l'ardoise pivotante*».

En 1931-32 déjà, Sandor Ferenczi[3] identifie le même processus sous le terme de «*prématuration pathologique*» ou encore de «*progression traumatique pathologique*» de l'enfant, parant à l'urgence d'une violence adulte.

1. NAGY : ARDOISE PIVOTANTE ET PARENTIFICATION

Le principe de l'ardoise pivotante est de faire payer par la génération suivante l'agressivité ou l'injustice dont on a été la victime de la part de la génération précédente. Rappelons quelques idées maîtresses de l'approche contextuelle de l'auteur.

Un groupe, une famille ne peut exister sans une «*éthique de relation*», sans un jeu de balance entre **le recevoir et le donner**. Chacun reçoit la vie et rend quelque chose en échange. Autour de ce donner-recevoir, le groupe familial structure un réseau de **loyautés**, d'attentes collectives que chacun se doit d'honorer, à la fois pour maintenir la continuité du groupe, sa survie, son identité et à la fois pour montrer son appartenance au groupe. Ces loyautés sont donc en quelque sorte l'expression de dettes ou de devoirs. Un membre loyal est celui qui incorpore ces attentes.

Le plus généralement, on donne à la génération qui suit ce que l'on a reçu de la génération qui précède, mais comme nous allons le voir, ce peut être exactement l'inverse.

---

1 Publié antérieurement dans *Cahiers des Sciences familiales et sexologiques de l'U.C.L.*, 15, 1991, Louvain-la-Neuve, pp. 139-144.

2 Ivan Boszormenyi-Nagy est un psychiatre hongrois, professeur à Philadelphie (USA). Il est le père de la thérapie familiale contextuelle.

3 Sandor Ferenczi, psychanalyste hongrois décédé en 1933, qui aimait être appelé l'enfant terrible du mouvement psychanalytique.

Pour Nagy, un tel jeu d'échanges constitue les ressources d'une famille. Il peut aussi entraîner des abus, des sources d'exploitation. Ainsi, un membre peut accepter de se voir imposer des tâches trop lourdes, ce qui fait dire à Nagy que la loyauté rend **vulnérable**.

Une illustration simple est celle d'une mère lésée dans son enfance. Elle a été la «*Cendrillon*» de sa famille, acceptant d'être au service de tous, par exemple pour suppléer à la maladie de sa propre mère. Ce faisant, elle a contribué à maintenir l'unité, le fonctionnement, la continuité du groupe; elle s'est montrée loyale vis-à-vis de ses parents. Mais elle a donné plus qu'elle n'a reçu. Elle a été abusée, victime d'une injustice objective de la part de la génération qui précède. La conséquence peut en être qu'elle va attendre de ses propres enfants une forme de restitution, de réparation. Elle va leur demander de payer la dette que ses parents ont contractée vis-à-vis d'elle, de racheter l'exploitation dont elle a été l'objet.

Différents scénarios sont alors fréquemment observés :

- Rendre un de ses enfants responsable des déboires familiaux, par exemple en lui reprochant violemment son comportement ou ses échecs;
- Lui imposer des charges excessives à l'égard de ses frères et soeurs;
- Le maltraiter, le négliger, lui imposer des sévices;
- Ne pas le protéger, si c'est une fille, ne pas la défendre face à un père violeur.

Cet(te) enfant peut lui-même accepter tout cela par loyauté, c'est-à-dire pour rétablir une certaine équité, un certain **équilibre dans les relations familiales** : il fait en sorte que sa mère puisse continuer à se sentir un maillon stable de la suite des générations, avec une bonne balance donner-recevoir.

Mais en prenant ce rôle, l'enfant sacrifie évidemment une grande part de sa propre vie. Il ou elle donne plus qu'il ne reçoit. L'enfant est mis ainsi dans une position de **parent** de sa mère puisque sa mère lui fait payer ou donner ce que ses propres parents auraient dû lui donner.

C'est ce type d'attente qui amène Nagy à parler de **parentification**. L'enfant violenté est hissé à une place générationnelle qui n'est pas la sienne, une place d'adulte ou de parent. Il y est conduit pour maintenir cohérence, identité, maintien du groupe familial. Telle est, de manière très simple, la logique de l'approche familiale contextuelle de Nagy.

Comme analyste, je ne peux éviter de me questionner sur les mobiles **intrapsychiques** qui poussent un enfant à prendre ainsi une position «*d'équilibrateur*», de sauveur et finalement de thérapeute des siens, même et surtout dans le victimat et le sacrifice, en endurant des situations pénibles voire pervertissantes. Qu'est-ce qui peut amener un enfant à subir l'agression des parents, percevant d'une manière ultra-sensible le devoir de loyauté qu'il a à remplir ? Y aurait-il des raisons d'**équilibre individuel** venant en quelques sorte se mettre au service des raisons d'**équilibre familial** ? Je me tourne ici vers un second Hongrois et sa conceptualisation à mes yeux très pertinente.

2. FERENCZI : URGENCE DE L'AGRESSION ET PRÉMATURATION PATHOLOGIQUE

Repartons de l'attente des parents à l'égard de leurs enfants. Associons-y la notion de **demande**.

Un enfant naît des attentes ou demandes de ses parents. Il ne pourrait exister autrement. Un enfant entame sa vie dans la soumission au désir de ses parents. Toute sa croissance, toute son éducation vont se jouer dans l'écart, la marge, la séparation qu'il va pouvoir prendre ou conquérir, que les parents vont lui laisser conquérir ou l'aider à prendre par rapport à eux afin que se forment sa propre vie de pensée, sa propre vie de langage, sa propre vie de désir.

Nombreux sont cependant les cas où la demande des parents à l'égard de l'enfant persiste à se faire intense, massive, violente : *«Sois comme je veux que tu sois»*. Cette demande psychologiquement et physiquement agressante a pour effet de clore ou d'étouffer ce qui germe en l'enfant comme vie propre. Mais l'oppression, il faut le souligner, prend parfois la forme d'un **trop** d'amour, d'un **trop** de protection, d'un **trop** d'attention, d'un **trop** de soins.

L'enfant qui se voit imposer violence en son corps, en sa sexualité, en sa pensée, comment va-t-il se situer, réagir ? Et bien, nous dit Ferenczi, il ne va pas nécessairement protester, se révolter, se cabrer, se dresser. Au contraire, il peut prendre une attitude absolument inverse. Il peut aller jusqu'à **s'identifier à l'agresseur** en faisant siennes les raisons qu'a l'agresseur de l'opprimer, de le violenter. Il épouse sa pensée, sa légitimité (*«il a raison de me battre, il a sûrement raison de me battre»*) et peut vivre les sévices dans une très grande culpabilité (*«c'est de ma faute s'il me bat»*). Plus encore, dans le cas où l'agresseur dénie l'agression *(«Il ne s'est rien passé, ce n'est pas grave du tout»)*, l'enfant peut le suivre sur cette voie et penser réellement : «il ne s'est rien passé». Dès lors, l'enfant abandonnera son vécu des choses, perd confiance en ses propres sens, renonce à ses représentations de l'événement, à son récit. S'ensuit, à la limite, une tendance à la dissociation, jusqu'à la folie.

Pour Ferenczi, voilà le véritable drame traumatique d'une enfance : une agression qui va jusqu'au désaveu par l'adulte de la pensée de l'enfant, plus encore, jusqu'à l'**auto-désaveu** par l'enfant de sa propre pensée. Cette violence de la pensée est sans doute la pire qui soit. L'enfant se montre alors soumis, docile, empressé, acquiesçant, obéissant à son parent, à l'adulte, **jusque dans la recherche même de ses sévices**.

Mais comment comprendre le sens de cette attitude de l'enfant ? Ce sens est en fait celui d'une **protection**, d'une **défense**, celui d'une certaine forme de préservation. C'est un sens positif de sauvegarde, de survie psychique. Comment cela ?

L'enfant se met à répondre complètement à la demande de l'adulte, à le satisfaire le plus adéquatement pour deux raisons. A la fois, pour pouvoir métaboliser, assumer, donner place à la représentation de l'événement malgré sa charge. A la fois pour que ça cesse, pour que ça s'arrête, pour que ça n'aille pas plus loin : «*Je te donne tout ce que tu me demandes, y compris* **d'adhérer à ta pensée, à ta représentation des choses, à ta subjectivité**, *pour qu'on puisse en rester là*».

L'identification à l'agresseur est ainsi pour la psychanalyse, un mécanisme de défense. Mais l'identification à la pensée de l'adulte sous l'urgence de l'agression conduit l'enfant à une **maturation trop rapide**, comme le fruit sur l'arbre entamé par le bec de l'oiseau, dit joliment Ferenczi. Il appelle ce phénomène **progression traumatique pathologique** ou encore **prématuration pathologique**. Généralisant son propos, il parle aussi de ces enfants comme de **nourrissons savants** : ils savent complètement, avec une empathie extrême, ce que veulent les parents et s'y conforment.

L'enfant perd et gagne à ce jeu. Il perd en grande partie son statut d'enfant différent de l'adulte, son statut d'autre d'une autre génération. Il **s'adultéise**, et en s'adultéisant, sacrifie une part de lui-même. Mais il y gagne une forme de protection, une forme de défense. Il dit oui, pour pouvoir assumer cette agression et empêcher qu'elle ne se prolonge, ne s'étende, ne s'accroisse.

3. DEUX HONGROIS EN CONVERGENCE

Le moment est venu de rapprocher les deux pensées, familiale ou contextuelle d'une part, intrapsychique ou psychanalytique d'autre part. Retenons trois points :

a) Sur le plan familial, un enfant peut épouser l'agression et accepter le rôle de victime consentante pour rééquilibrer une famille, sauver sa continuité et son identité. Sur le plan individuel, un enfant peut épouser la même agression pour se sauver lui-même en sauvegardant un peu de propre identité.

b) De ce fait, il change de statut. Pour Nagy, il se parentifie; pour Ferenczi, il se «prématurise», s'adultéise.

c) Le prix à payer est lourd. Sur le plan familial, il est lésé et risque à son tour de faire pivoter l'ardoise vers la génération qui le suit, vers ses propres enfants. Sur le plan individuel, il présente une forme de vie en plus ou moins grand décalage par rapport à ses pairs : absence de joie et de créativité, mutisme, isolement.

Ce processus nous permet d'entrevoir l'une des sources les plus vives... et les plus courantes de la souffrance infantile et de la souffrance humaine. Mais nous constatons aussi toute sa dimension préservante.

Balises d'une pédagogie de la violence en milieu scolaire et institutionnel[1]

Le champ de la violence semble s'étendre dans les écoles et les institutions pour jeunes. Agressivité et rançonnage entre enfants, opposition parfois physique aux adultes et refus d'autorité, vols et destructions laissent parents, éducateurs et enseignants de plus en plus désemparés et interrogatifs.

Le champ de la violence prend de nouveaux visages dans nos sociétés, amplifiés par les médias : attentats et prises d'otages, montée des fanatismes et puis cette autre violence chaque jour tout près de nous, l'accroissement des écarts entre niveaux de vie, entre niveaux de connaissance, entre niveaux d'insertion sociale des personnes et des familles.

La violence aujourd'hui est question éducative et question sociale, mais, présente en chacun de nous, n'est-elle pas d'abord question personnelle ? Car ma propre violence, que puis-je en faire ? Par quelle voie puis-je l'exprimer ? Quel effet a-t-elle sur les autres, et spécialement sur les jeunes ?

Une pédagogie de la violence est avant tout une oeuvre imaginative et personnelle car elle prend source dans ce que nous sommes chacun : notre éducation avec ses valeurs et ses interdits; notre position (consciente et inconsciente) à l'égard de la Loi; nos peurs, nos fatigues, nos découragements; mais aussi la force de notre désir, notre amour et notre espoir.

Une rose des vents, pour se repérer dans les mers tumultueuses de la violence

Je propose ici un schéma psycho-pédagogique formé de deux axes éducatifs et de quatre pôles ou points cardinaux. Il ne s'agit en rien d'un modèle de référence, mais plutôt d'un outil de présentation pour tenter d'ordonner un peu attitudes et interventions dans cet espace vaste et complexe de la violence des jeunes.

---

1 Exposé présenté à l'occasion d'une journée pédagogique à «L'espérance» à Mons, Ecole d'enseignement spécial et IMP, le 12 mai 1986. Publié antérieurement dans *Humanités Chrétiennes*, 1, 1986, Bruxelles, pp. 51-63.

Donnons à ce schéma la figure d'une rose des vents :

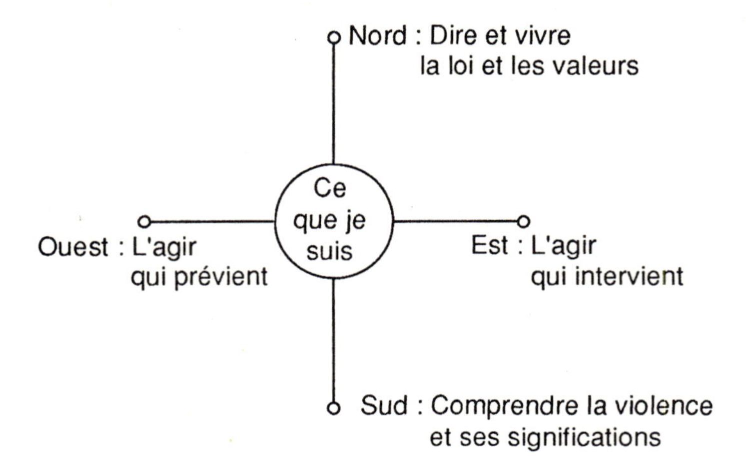

Au Nord, qui n'est jamais à perdre, la place est à la Loi qui fonde toute vie humaine et sa traduction en valeurs : la dire, ou plutôt les dire, en vivre et en témoigner face aux enfants et aux autres adultes.

Au Sud, pour nous occidentaux pôle de la chaleur et du coeur, plaçons la reconnaissance de ce qu'exprime et manifeste la violence, et la compréhension de ses significations.

Et l'axe Nord-Sud, je propose de le nommer «axe du sens» ou de l'intentionnalité, sens donné à notre projet (Nord), sens perçu dans le comportement des jeunes (Sud).

L'axe Ouest-Est devient alors l'axe de l'agir éducatif. Avançant comme notre écriture, de gauche à droite, il paraît logique de placer à l'Ouest l'agir qui prévient, c'est-à-dire qui instaure ou restaure des conditions de vie propices à une expression humanisée de la violence.

A l'Est enfin, l'agir qui intervient : l'agir qui verbalise, qui décide, qui sanctionne, qui tranche.

Notre place à nous, éducateurs, est au centre, avec tout ce que nous sommes individuellement et en équipe.

Si dans notre travail s'interpénètrent continuellement ces quatre dimensions, et si aucune n'est jamais à oublier, nous observons que bien des situations concrètes sollicitent préférentiellement notre mouvement vers l'un ou l'autre de ces pôles[2].

---

2 De petits vols se multipliant dans une classe vont nous pousser, par exemple, à redire clair et fort devant tous la Loi qui les interdit.

Reprenons successivement ces quatre points cardinaux. Cherchons à ouvrir pour chacun quelques pistes concrètes, en commençant par le Sud.

Au Sud : comprendre la violence, chercher ses significations

La violence, porteuse de mort, peut-elle aussi fonder la vie ?

Une équipe d'enseignants et éducateurs se demandait lors d'une réunion préparatoire à cette journée de Mons : pour certains enfants, voler ou détruire ne seraient-ils pas d'ultimes manières de survivre, de rester quelqu'un, d'encore compter pour d'autres ? Et cette question en entraînait une autre : n'avons-nous pas à changer notre regard sur la violence ?

La violence, c'est vrai, est le plus souvent repérée d'abord sous son versant de mort. N'aurait-elle pas aussi un versant de vie ?

A la suite du philosophe R. Girard, rapprochons le récit biblique du meurtre d'Abel par Caïn du mythe fondateur de Rome qui voit Romulus tuer Remus. Deux analogies s'imposent.

Dans les deux cas, voici un meurtre qui fait apparaître du neuf : ville nouvelle, Loi nouvelle, nouvelle lignée.

Rome, on le sait, est fondée par Romulus après la mort de son frère. Le meurtre de Caïn, lui, entraîne la colère divine et le meurtrier est puni d'errance. Quand il se plaint à Yahvé du danger qu'il encourt à vivre ainsi sans feu ni lieu, Celui-ci proclame cette parole de Loi : «Si quelqu'un tue Caïn, il sera vengé sept fois. Et Caïn prend femme, engendre son fils Henok, nom qu'il donne aussi à la ville qu'il se met à construire.

Une première analogie est donc que l'une et l'autre de ces violences meurtrières sont au départ d'un nouvel ordre, d'une nouvelle cité.

La deuxième analogie est celle-ci : il s'agit de meurtres de frères, de jumeaux, de doubles. De manière évidemment tragique, la mort violente de l'un fait sortir les deux frères de la similitude, de la fascination jalouse, de l'indifférenciation. Le meurtre dissocie leurs destins et leur confère une singularité. La violence, dans le drame, fonde l'individu.

Sans plus attendre, conduisons notre pensée vers ces enfants de nos écoles et institutions : Josiane, Sandra, Rachid, Pierre. Qu'entraîne, qu'appelle leur geste violent ?

Quand nous disons si couramment d'eux : «il fait ceci pour demander l'attention», nous intuitionnons à juste titre que sa violence le fait sortir du lot, lui donne poids individuel, le singularise.

Leur violence est aussi, et spécialement à l'adolescence, demande d'interdit et de Loi, appel à la fonction paternelle (que chaque adulte peut et doit soutenir), c'est-à-dire la fonction qui limite, qui tranche, qui fait butoir. Nous ne l'ignorons pas, pour observer si souvent qu'un «laisser-vivre» sans référence, sans le repère des exigences, est littéralement affolant pour les jeunes.

Leur violence enfin, il faut le reconnaître, engendre groupes, collectivités, «bandes» qui ne sont pas que négatives. Autour du mauvais coup se crée une petite société avec ses valeurs, sa hiérarchie et ses normes parfois sévères. Ces petits groupes spontanés, même entachés d'une faute originelle, ne pourraient-ils pas dans les institutions être reconnus par l'adulte comme porteurs de vie ? Cette proposition sera reprise plus bas.

Dans l'acte violent des enfants, on peut retrouver en somme les mêmes ouvertures de vie que celles que nous offrent les deux meurtres mythiques évoqués : différenciation des êtres, appel de la Loi, création sociale.

Mais ne perdons pas de vue pour autant le versant mortifère de la violence et cherchons à le saisir. A l'origine du meurtre de Remus par Romulus et d'Abel par Caïn, il y a le face à face de leurs similitudes et de leurs dissemblances, le regard à la fois fasciné et jaloux qu'ils portent l'un sur l'autre.

De même, chez nos enfants, on peut observer que l'agression s'exerce le plus souvent à l'égard de celui qui de quelque manière incarne une partie de soi-même. Mais cette partie de soi portée par l'autre peut être une partie soit effectivement existante, soit manquante, soit menaçante, ce qui donne trois mobiles distincts au face à face mortifère.

Existante : l'enfant «clown comme moi», par exemple, devient le concurrent immédiat qui brigue le même rôle.

Manquante : celui qui porte un trait, une qualité, un objet qu'on ne possède pas est envié[3].

Menaçante : l'enfant qui présente pour les autres une caractéristique qu'il leur serait dangereux de reconnaître en eux, à laquelle il serait angoissant de s'identifier, est fréquemment persécuté[4].

La violence en définitive porte mort et vie. Elle est au coeur même du conflit humain. Ne peut-on en résumer l'origine et les composantes en ces trois propositions ?

1. L'homme, enfant comme adulte, cherche en son semblable, image de lui-même, l'assurance d'exister, quelque chose comme une certitude de base.
2. Mais sous des formes diverses qui viennent d'être évoquées, cette quête fascinée de soi en son frère enferme dans un rapport duel, générateur d'agression, qui peut aller jusqu'à la mort.
3. Le mouvement violent, s'il rencontre le cran d'arrêt de la Loi, ouvre en même temps à une nouvelle vie : les êtres se séparent, se distinguent, s'individualisent; un groupe se fonde, une ville, une lignée.

La culpabilité renforce parfois la violence

Une des sources «secondes» de la violence se trouve être paradoxalement la culpabilité.

---

3 Il n'est pas rare que dans un groupe par exemple, la victime continuelle soit l'enfant le plus docile, le plus aimé de l'adulte.

4 Etre faible, handicapé, laid, ou simplement lent.

Beaucoup d'adultes croient percevoir que les comportements transgressifs des jeunes sont l'effet d'une absence ou d'un manque de sentiment de la faute, d'un trop peu de remords.

S'il existe bien entendu des jeunes qui prennent jouissance à la destruction, au dépassement des limites, qui cherchent d'une manière quasi perverse les occasions de violence, ils ne représentent, même parmi les enfants dits caractériels, qu'une très petite minorité.

Beaucoup de jeunes au contraire ne souffrent pas de trop peu de culpabilité mais de trop de culpabilité et celle-ci peut entraîner un renforcement de la violence.

A la suite d'auteurs comme Mélanie Klein ou Fritz Redl, cherchons à comprendre ce processus si fréquent.

La culpabilité produit en chacun de nous émotion vive, anxiété, tension intérieure. S'il est très puissant, le reproche inconscient que le jeune s'adresse à lui-même sera continuellement perçu dans le regard d'autrui, et spécialement de tout autrui incarnant l'autorité.

Ces jeunes «hyperculpabilisés» cherchent alors des moyens pour se libérer de leur tension intérieure et des yeux de l'adulte perçus comme lourds de reproches.

Fuir la culpabilité peut prendre deux formes :

Première forme : la haine, l'agressivité, le rejet de celui qui culpabilise, sentiments à la base de tant de comportements de refus d'autorité que nous comprenons souvent si mal. Ce rejet de la personne adulte perçue comme reprochante peut en outre se déplacer ou s'étendre à un enfant «sage» pris comme la représentation de ce qu'on se reproche de ne pas être.

L'autre enfant devient ainsi un véritable bouc émissaire haï et persécuté. (On retrouve ici le processus décrit plus haut).

Deuxième forme qui peut s'additionner à la première : l'enfant, pour se protéger des exigences de sa propre conscience, élabore mille justifications à ses actes. Et l'adulte croit déceler dans ces justifications des preuves d'absence de culpabilité.

Redl et Wineman en citent quelques-unes[5] :

- «Mais... je n'étais pas seul à faire cela».
- «Il fallait bien que je le fasse, sinon je ne sais pas ce que les autres auraient pensé de moi...».
- D'un enfant qui a attaqué un autre : «Il n'était pas si fâché que cela; il n'a même pas répondu».
- «Tout le monde est contre moi, tout le monde m'en veut»[6].
- « J'ai bien le droit (par ex. d'avoir pris ceci), je n'ai rien du tout».

5 Redl et Wineman : *L'enfant agressif*. Voir référence en fin d'article.

6 Pour avoir la paix avec sa conscience, il projette sur d'autres ses tendances agressives.

Ces deux attitudes, rejet haineux et justification, peuvent laisser croire que ces jeunes n'ont pas de culpabilité. Elle est en réalité si intense qu'ils ne peuvent que chercher à la fuir.

Notre pédagogie doit tenter d'éviter de renforcer la culpabilité. Sans nier la gravité d'un acte, il y a lieu d'aider le jeune à *assumer* sa culpabilité, c'est-à-dire, au fond, à assumer ses limites. Par là, on casse un peu la spirale de la violence.

On peut par exemple relativiser un acte : «De rage, tu as détruit cet appareil, et c'est grave. Mais tu n'es pas bandit pour cela. Parfois, les mains font des choses que la tête ne veut pas»[7].

On peut aussi, on en parlera plus loin, reconnaître que nous, adultes, sommes loin d'être sans faille : «Moi aussi par moments, il m'arrive de faire des choses que je regrette, sans les comprendre».

Alors, quelques questions à se poser pour comprendre certains comportements fréquents.

A propos de l'agressivité à l'égard d'un plus jeune, ou d'un plus faible : que trouve-t-il (elle) de particulier chez ce plus jeune, ce plus handicapé ? Quelles émotions ce plus faible suscite-t-il en lui (elle) ? Lui envierait-il (elle) quelque chose ? Se sentirait-il menacé ?

A propos de l'irrespect et du refus de l'adulte : que croit-il lire comme sentiment dans notre regard ? Que nous attribue-t-il comme pensées ? S'il refuse ce qui lui est demandé : à ses yeux, qui lui demande-t-il cela, et donc à qui le refuse-t-il (elle) ?

Pour le vol : que vole-t-il et à qui ? De quoi ce jeune croit-il manquer (aussi sur le plan affectif) ? Qu'espère-t-il compenser ? Supporte- t-il lui-même d'être volé[8] ?

A propos de vandalisme, F. Dolto nous propose cette question : que croit-il pouvoir attendre et qu'il ne reçoit pas, et de qui ?

Enfin, en ce qui concerne le mensonge : quelle éprouvante réalité l'enfant veut-il nous masquer et aussi se masquer par cette illusion ?

Cap Nord : témoigner de la Loi et des valeurs, les dire, les vivre

Nous l'avons vu, la violence est fréquemment appel à la Loi et quête de valeurs. Le jeune semble par son geste nous interpeller : qu'est-ce qui fait vivre, qu'est-ce qui te fait vivre ? De quoi vit-on, de quoi vis-tu ?

Comme personne et comme communauté éducative, que lui disons-nous de l'éthique qui nous soutient, des éthiques qui nous engagent, communes et différentes ?

---

7 F. Dolto recommande de ne jamais assimiler un enfant à son acte.

8 S'il supporte d'être volé, c'est qu'il manque du sentiment de propriété, généralement acquis à 4 ans; et ceci constitue un retard d'identité pour lequel une aide spécifique doit être envisagée.

La Loi et les Valeurs

La loi, elle est la même pour tous car elle fonde l'espèce humaine de tous temps et en tous lieux. Elle est une, avec deux versants : Loi d'interdit du meurtre, et Loi d'interdit de l'inceste.

La Loi de l'interdit du meurtre présente diverses composantes car agresser, détruire, voler sont de l'ordre du meurtre, et même mentir qui tue la vérité. Le meurtre est interdit non pour éviter les représailles ou la punition, mais parce qu'il n'y a pas d'autre voie pour vivre en société. C'est tout.

La Loi de l'interdit de l'inceste, inceste compris au sens très large[9] est, elle, encore plus fondamentale car d'une certaine manière elle engendre l'interdit du meurtre. L'inceste, c'est la tentation de ce qui est trop proche, semblable à soi, qui rappelle le giron, sa propre origine. C'est l'engluement dans ce qui se répète.

Concrètement, l'inceste n'est donc pas seulement la relation amoureuse et érotisée à un parent ou un membre de sa famille. C'est aussi celle d'un être qui en couverait un autre, un adulte qui abuserait d'un enfant (ou un enfant d'un autre enfant) en le tenant sous sa coupe, en le manipulant, en exerçant sur lui un pouvoir de séduction.

L'inceste, c'est tout ce qui confine dans une relation fermée et on a vu ce qu'elle entraîne. Il y avait quelque chose d'incestueux entre Caïn et Abel, mais d'abord peut-être entre Caïn et Ève, sa mère[10].

Les valeurs, elles ne sont pas unes. Nous en avons en commun, mais chacun de nous en a de différentes, en fonction même de nos différences d'histoires et de dispositions. Les valeurs sont souvent la face positive de la Loi et des interdits.

Il est bien important pour chaque communauté éducative d'engager et réengager le débat sur les valeurs, de fixer les valeurs communes et partagées auxquelles se référeront le projet, l'objectif, la charte de l'institution.

Les dire et en vivre

Les dire appartient certes à la fonction de direction, haut et fort, mais c'est aussi bien sûr l'affaire de tous : «Ce qui pour nous ici est le plus important, c'est...».

Ce n'est que si la Loi et les valeurs sont prononcées que le détournement, la transgression, l'écart, toujours existants même chez les adultes, peuvent vouloir dire quelque chose et prendre sens. Si la violence est un appel à la référence, la référence dès qu'elle est posée ouvre une aire (qu'on pourrait nommer aire de liberté) à l'intérieur de laquelle l'acte individuel, aussi déchaîné soit-il, porte un sens humain.

---

9 Inceste a d'ailleurs le sens général de ce qui est impur, non conforme aux règles.

10 Caïn, veut dire « j'ai acquis » et ce nom lui a été donné par sa mère. « J'ai acquis » laisse penser à un rapport de propriété, de possessivité, entre Caïn et sa mère.

L'éducateur peut imaginer des activités, des discussions avec support de récits, de mythes, de films sur la Loi et les valeurs, et s'y engager comme adulte. Comme le suggère mon collègue Jean-Yves Hayez, parler de la violence permise et non permise peut être notamment d'un grand intérêt.

Plus largement, comme adultes enseignants et éducateurs, nous avons à dire nos convictions, sans les imposer et avec une attention active pour celles des autres : convictions religieuses et philosophiques, opinions politiques et syndicales, les choix qui nous font vivre.

Au-delà ou plutôt en deçà du dire, il y a le vivre et le véritable témoignage, l'enfant ne s'y laisse pas prendre, est celui du vivre.

Je cite quelques points qui me tiennent à coeur autour du respect vivant des personnes, mais que de pistes possibles !

Il y a d'abord le respect des collègues et de leurs opinions, surtout si elles sont différentes : «Tu vois, c'est vrai, Mme A et moi nous ne pensons pas pareil. Elle pense ceci, et moi cela, nous sommes d'avis différents sur ce point. La critique destructrice, le mépris de nos collègues sont parfois très subtils (un sourire, un regard), et nous portent dangereusement vers la recherche de «connivences» avec les jeunes. Ces attitudes de l'adulte, n'hésitons pas à le dire, provoquent la violence des jeunes.

On cherchera aussi à se demander quel témoignage nous apportons aux enfants de la manière dont entre adultes nous disons nos conflits, notre agressivité (Hayez).

Il y a ensuite, vaste et difficile chapitre, le respect des parents des enfants.

Donner prix à ce que sont ses parents, à ce à quoi ils tiennent, à leur histoire, à leurs manières de faire, c'est donner valeur à l'enfant lui-même. Car être fier de ses parents entre pour une grande part dans le désir de l'enfant de devenir adulte, homme ou femme.

Là aussi, comment parlons-nous des différences ? Et elles sont souvent très grandes entre les principes des parents et les nôtres, leurs manières d'être et les nôtres, parfois même opposées. Comment par exemple garder respect à l'égard de parents qui incitent leur enfant au vol, tout en désapprouvant et interdisant très clairement ces actes ? «Tes parents sont des gens qui font des choses très valables et t'apportent beaucoup (on peut citer quoi concrètement), mais quand ils ne t'empêchent pas de faire cela, je les désapprouve. C'est encore plus difficile pour toi que pour un autre de ne pas voler».

Il y a enfin le respect des enfants eux-mêmes, avec ces quelques suggestions :

- Ne jamais humilier un enfant (le ridiculiser aux yeux des autres, l'enfoncer dans son ignorance...).
- Parler vrai à l'enfant : dire nos sentiments; faire ce que nous disons et ne rien promettre de ce que nous ne pensons pas pouvoir tenir. (Notamment respecter notre engagement si nous avons promis à un enfant de ne rien

dire à un collègue ou à ses parents de ce qu'il a fait mais ne pas promettre le silence s'il n'est pas possible à tenir).

- Comme le propose encore J.-Y. Hayez : être fidèle aux enfants même s'ils nous déçoivent, et inversement leur donner raison quand nous nous sommes trompés, reconnaissant par là nos limites, faiblesses et échecs.

Mais il y a tant d'autres modes à imaginer pour témoigner de la Loi et de nos valeurs, autant de thèmes vivants pour nourrir les réunions pédagogiques.

A l'Ouest : un agir qui prévient la violence excessive

Mon propos, ici, se résumera en quatre idées :

Première idée : il y a lieu de chercher à donner place, dans notre institution, à des expressions symbolisées et socialisées de l'agressivité. L'absence de toute manifestation agressive chez un enfant ou un adulte est tout aussi préoccupante que son excès. L'agressivité doit trouver des canaux humanisés pour se montrer. Dans ce sens, comment permettrons-nous aux enfants de nous dire leurs mécontentements, et aussi de se les dire entre eux ? Quelle tolérance avons-nous de leur «non» ? Pouvons-nous accepter leur déplaisir, leur colère ? Les autorisons-nous à évaluer ce que nous leur proposons ?

Deuxième idée, qui reprend ce que font tant d'éducateurs : un ensemble d'activités pédagogiques est à déployer, de nature à mettre en valeur ce que sont les jeunes dans leurs goûts, leurs dispositions, leurs aptitudes (si minimes soient-ils). Des responsabilités sont à confier aux enfants dans ce qu'ils font de mieux, et ils réussissent parfois des choses mieux que nous, c'est à souligner.

Les plus âgés d'un groupe ont droit à des privilèges d'aînés. Les reconnaissons-nous ?

L'effort d'imagination doit principalement porter ici sur tout ce qui peut aider les enfants à se différencier les uns des autres, à prendre dans un groupe ou une classe une place bien à eux et pour cela, il faut partir de ce qu'ils nous révèlent de leurs intérêts.

Rien sans doute dans cette idée que de banal !

Troisième idée, peut-être moins souvent explorée : un ensemble d'activités est à imaginer, destinées à mettre en valeur cette fois ce qui fait le passé des enfants, leur histoire qui s'origine dans celle de leurs parents, leurs racines, leur culture, tout spécialement quand il s'agit d'enfants immigrés.

On peut apprendre à faire un arbre généalogique, à le compléter avec sa famille à la maison, parler à cette occasion du métier de grand-père, des repas de la tante. Une enseignante racontait avec quel visage radieux un groupe d'enfants marocains de sa classe, l'interrogeant sur la signification du mot «mesquin» qu'ils venaient d'entendre, avait découvert son rapport avec le mot arabe «Miskin» qui veut dire «pauvre» !

Quatrième idée, qui est loin d'être simple : nous disions qu'à l'instar du meurtre de Caïn suivi de la création de la ville d'Henok, le «mauvais coup» pouvait lier des jeunes en groupes spontanés, ou en bandes.

Ces groupes spontanés dans lesquels un nouvel ordre apparaît à l'initiative des jeunes, n'est-il pas possible de leur permettre une existence socialisée dans l'institution ? Le chemin, je m'en rends compte, est bien étroit entre le risque de «récupérer» ces groupes et le risque de «cautionner l'acte mauvais». C'est à réfléchir.

A l'Est enfin : un agir qui intervient dans les situations dangereuses et gravement transgressives

Plus nombreuses qu'on ne croit, je pense, sont les situations où nous n'aurions pas à intervenir. Si nous le faisons malgré tout, c'est pour toutes sortes de raisons bien compréhensibles liées à nos craintes, à notre seuil de tolérance, ou tout simplement à cette idée si répandue que par profession, nous avons à nous occuper beaucoup des enfants; à leur être le plus présents possible.

Dans l'agir qui doit intervenir au vif de ces situations violentes et émotionnellement compliquées[11] je mettrais d'abord *l'intervention par rapport à soi-même adulte* : le temps du recul, de la distance, en équipe et de manière privée.

Je veux dire ceci : en équipe, les possibilités existent-elles de parler de ce qu'on vient de vivre, d'avoir l'écoute, la reconnaissance, le soutien des autres, de pouvoir en discuter sans se sentir jugé ? De se demander aussi quelles sont les différentes attitudes possibles et parmi celles auxquelles pensent mes collègues, laquelle me convient le mieux ?

En équipe, mais aussi, si nécessaire, de manière plus privée, dans et hors de l'institution : y a-t-il telle ou telle personne auprès de laquelle je puis dire mon émotion, mes questions, mes doutes, voire mon amertume ou mon désespoir ?

Par rapport au jeune lui-même et au groupe, l'intervention consiste d'abord à reconnaître par des mots l'acte et sa gravité.

Encore une fois, une transgression ne peut prendre sens dans la vie d'un enfant que si la Loi est dite et son écart marqué.

«Tu as fait une grosse bêtise. C'est un vol. Mais ce n'est pas parce qu'on vole une fois qu'on est un voleur...».

Reconnaître par des mots, et reconnaître par des actes la gravité d'un fait ou d'une succession de faits : «ceci est très grave parce que c'est loin d'être la première fois. Je dois en parler au directeur, à tes parents... »[12].

---

11 Pensons par exemple à un enfant qui vient de nous insulter en pleine classe.
12 Voire même : «L'école doit déposer plainte à la police...».

Si l'acte doit être dit et marqué, il doit aussi dans nombre de cas être sanctionné.

Comme le fait remarquer Jean-Yves Hayez, la règle d'or, dans le domaine des sanctions, est de tenir parole, de faire ce qu'on annonce.

Il y a les sanctions punitives qui doivent être rapides, jamais humiliantes ni sadiques.

Il y a aussi tout ce nouveau registre des dédommagements et réparations.

Le dédommagement est un acte qui cherche à combler partielle- ment le préjudice causé : rendre l'objet, le racheter, payer ce qui est cassé, etc.

Il peut n'être parfois que symbolique, mais d'une valeur psychologique très grande.

La réparation est un acte positif sans liaison nécessaire avec ce qui a été commis, mais de nature à restaurer le jeune aux yeux des autres et aux siens propres : quand le préjudice est davantage moral (par exemple avoir humilié un autre enfant de manière dégradante), on laissera chercher au jeune l'idée d'un geste de service à la communauté, une réalisation utile, susceptible de lui rendre une image positive.

Permettez-moi de conclure en vous rapportant une sanction vraiment originale et exemplaire à plus d'un titre : un juge de la jeunesse des Pays-Bas a proposé à deux adolescents, grands délinquants, internés en maison fermée, de lever la sanction si les jeunes acceptaient de cheminer à pied avec un éducateur jusqu'à Saint-Jacques de Compostelle. Ces deux jeunes ont accepté. Le voyage à trois a duré plusieurs mois et s'est fort bien passé. Le juge a levé la mesure d'internement et ne semble pas s'être repenti de son audacieuse idée.

Ce pèlerinage un peu spécial n'est-il pas métaphorique du travail éducatif avec des enfants violents ?

Que sommes-nous prêts, nous, éducateurs, à engager de nous-mêmes pour faire route avec l'enfant, une route certes bien longue, mais peut-être pas sans fin si les balises existent, et le cap maintenu ?

BIBLIOGRAPHIE

Livre de la Genèse de la Bible. Ch. 4. versets 1 à 24.

DOLTO F., *Lorsque l'enfant paraît.* Tomes 1, 2 et 3, Seuil, 1977-78-79.

GIRARD R., *La violence et le sacré.* Grasset, 1972.

Hayez J.-Y., Peut-on imaginer une pédagogie de l'agressivité ? Revue de l'O.N.E «L'enfant» n° 6/1984.

KLEIN M., Le développement précoce de la conscience chez l'enfant, in «Essais de Psychanalyse», Payot, 1933.

REDL F. ET WINEMAN D., *L'enfant agressif.* Tomes 1 et 2. Collection Pédagogie psychosociale, Fleurus, 1964.

Les enfants souffre-douleurs[1]

1. Je vous propose une réflexion sur les enfants qui, dans les écoles, les institutions, les groupes constitués ou même les groupes naturels, (comme les parcs publics), sont constamment pris comme souffre-douleurs, têtes de turcs, boucs émissaires, victimes des autres. Ils sont en quelque sorte des **exclus de l'intérieur**, puisqu'ils continuent à faire partie du groupe. Ils ont leur place dans le groupe qui est cette place-là, un peu spéciale, un peu à part. Dans certains cas, reconnaissons-le, ils s'y prêtent ou même s'y poussent, y trouvent une forme de satisfaction, de jouissance peut-être, bref, ils y sont aussi pour quelque chose.

Le phénomène du souffre-douleur ou du bouc émissaire est loin d'être propre aux groupes d'enfants. On le trouve dans les groupes d'adultes, de manière très générale. N'est-il pas d'ailleurs universel ? Tout groupe, par quelque nécessité, ne fabrique-t-il pas son souffre-douleur, son exclu ?

2. Je propose l'hypothèse suivante: la succession de gestes qui désigne l'autre, le stigmatise, le violente parfois cruellement, physiquement ou psychologiquement, puis l'exclut, est à comprendre comme **un cri d'alarme de la part de celui qui le pose, une tentative de se sortir d'un danger, d'un péril.**
Et, par voie de conséquence, si l'on veut atténuer ces phénomènes de désignation puis d'exclusion, c'est vers ce que j'appellerais «le danger» ou «la menace» qui les fondent qu'il faut se tourner.

3. Repartons des groupes d'enfants. **Qui sont ces enfants qu'on ne «rate» pas ?** Ils se démarquent par un signe, un trait. Ces signes, ces traits peuvent aller dans des directions multiples et surtout contradictoires.

Retenons, dans une première approche, deux grandes catégories. Mais on pourra affiner ensuite.

- Il y a tous les enfants qui présentent des signes de faiblesse ou d'insuffisance : enfants frêles, chétifs, petits de taille, très attachés à leurs parents, dépendants, parlant difficilement, sales, nouilles, en retrait, silencieux, présentant un handicap, les enfants lents aussi. J'insiste sur la lenteur.
- Il y a, à l'inverse, des enfants qui se distinguent par le haut : enfants doués, obéissants, dociles, ceux qui connaissent le succès ou qui possèdent plus de choses.

Je pense que ces deux catégories d'enfants provoquent la violence ou l'exclusion parce qu'ils présentent, par le trait (éventuellement les traits mais qui se ramène probablement à un trait premier) qui les distingue, un **danger** pour les autres. Pour tous les autres, pour une partie des autres, pour un ou deux autres, ou même pour un seul autre.

---

1 Exposé présenté le 22-5-92 lors de la journée d'étude consacrée aux exclusions, organisée par le Centre de Santé Mentale «Le Sas» à Bruxelles.

Le danger serait celui-ci : à travers leur trait, ces enfants **renvoient les autres** enfants (de manière bien évidemment inconsciente) aux **attentes qu'«*ON*» a sur eux** ou, plus exactement, **à ce qu'ils pensent être les attentes qu'«*ON*» a sur eux.**

Le «*ON*» peut être incarné par exemple par l'adulte: le parent, le prof, l'éducateur, le flic, le juge. Le «*ON*» peut aussi être incarné par **d'autres enfants.**

Mais c'est aussi une instance intérieure qu'on peut nommer **l'idéal du moi.**

Ce renvoi aux attentes du «*ON*» peut se faire **de plusieurs manières**:

- En ce qui concerne l'enfant excellent, modèle, doué, fort : il porte des qualités **que je pense ne pas posséder mais que je pense devoir acquérir** pour répondre aux attentes, pour plaire à x ou y, à l'adulte, pour obtenir son amour. L'enfant modèle est, dit entre parenthèses, souvent **perçu** par les autres enfants comme choyé par l'adulte. Je dis bien : **perçu.** Sa présence exerce sur moi une certaine **violence.** La violence de **la pression de ces attentes.** L'enfant excellent menace donc mon narcissisme. Il représente en chair et en os ce que je crois ne pas être et que j'aurais à être. Il avive la plaie de mon manque à être. Je cherche à le détruire ou l'exclure, à l'ôter de ma vue.
- En ce qui concerne l'enfant faible, laid, lent, défectueux, il est porteur de traits qui correspondent à **ce que je pense que je n'ai surtout pas à être** pour répondre aux attentes du «*ON*», pour plaire au «*ON*», pour plaire à l'adulte par exemple. Le voir en face de moi, c'est être confronté, en quelque sorte, à une contre-image, à un contre-idéal. La violence qu'il exerce, c'est encore une fois la violence des attentes, mais cette fois par leur négatif, dirait-on en photographie. L'enfant petit ou faible, il me menace par ce que je **risquerais d'être** si je lui ressemblais, si j'étais identifié à lui.
- Une sorte de variante est celle-ci : l'enfant faible peut correspondre **à ce que je crois que je suis moi-même** et que **je n'ai surtout pas à être.** Je suis frappé, par exemple, de constater que les plus durs à l'égard des derniers, ce sont les avant-derniers. Les faibles sont souvent les souffre-douleurs des «*moyens-faibles*». En ce qui concerne le racisme, il n'est pas rare que les plus excluants, les plus rejetants sont ceux qui ont un petit doute quant à leur appartenance au groupe dominant ou même une petite certitude sur leur non-appartenance au groupe dominant. On dit qu'Hitler aurait eu des ascendances juives. La menace est dans ces cas celle-ci : «*Il*» possède des traits qui sont bien les miens et qui correspondent à ce que je crois que j'ai à gommer, effacer pour plaire. Encore une fois, violence constituée par la **sévérité** des attentes.
- Une autre variante encore, mais qui relève de la fabrication d'un souffre-douleur par un seul : je m'attaque **à mon concurrent** et tente de l'exclure. Dans notre schéma, le concurrent est celui qui me ressemble par tel ou tel trait que je voudrais posséder **seul** pour plaire à «*ON*», pour répondre aux attentes. Si je ne possède pas ce trait, **moi tout seul dans un groupe,** c'est comme si je ne le possédais pas. Comme si je pensais que j'ai à être comme ci ou comme ça, mais seul, en exclusivité et seulement seul pour satisfaire le «*ON*», le grand On. Je pointe cette situation car elle peut survenir lors-

qu'un prof est menacé par exemple par un élève perçu comme concurrent, entraîner son bannissement par le prof, puis en relais par l'ensemble de la classe.

- En dehors des deux catégories des forts et des faibles pris comme souffre-douleurs, il y a d'autre cas. Par exemple **le cas des enfants roux**. Il est difficile de savoir ce qu'ils représentent et pourquoi ils sont exclus. Ils ne sont d'ailleurs pas toujours exclus, mais parfois très recherchés, et même faits rois comme le petit David. A un premier niveau, ils seraient menaçants parce que perçus comme laids et donc, dans mon schéma, assimilés à ceux qui sont en position basse. Mais la rousseur c'est le feu, et donc la force (voir David contre Goliath). Plus inconsciemment, c'est donc peut-être un trait que je crois avoir à posséder pour satisfaire à...

De même il n'est pas facile de savoir pourquoi un enfant basané ou noir est exclu. Que représente-t-il comme menace pour les autres ? Il peut représenter, d'ailleurs, des choses très différentes.

4. Pour ramasser mon propos, je dirais donc que les enfants souffre-douleurs, boucs émissaires, victimes ou «*exclus de l'intérieur*» sont des enfants dont la présence est porteuse d'une certaine violence à l'égard des autres, fait **mal** aux autres, blesse les autres dans la constitution de leur identité. Ce mal, nommons-le : c'est **l'angoisse de culpabilité. Je m'en veux de n'être pas ce qu'on attend de moi, d'être ou de risquer d'être ce qu'on n'attend pas de moi. Culpabilité**.

Faisons donc le constat que la **culpabilité excessive** engendre l'exclusion. Un groupe culpabilisé, une société culpabilisée, une famille culpabilisée, c'est-à-dire qui se vivent en deçà de fortes attentes, produisent l'exclusion. Voilà un premier élément utile en éducation, car les éducateurs sont tentés de penser et pensent habituellement que la cruauté exercée par un groupe d'enfants à l'égard de l'un deux vient au contraire d'un manque de culpabilité, d'un manque de conscience morale.

Pointons ici, mais on ne va pas entrer dans la définition des boucs émissaires, que précisément, le Christ a été exclu, s'est fait exclure pour prendre à son compte la faute des autres, pour éponger leurs péchés, leur culpabilité.

LOURD POIDS D'ATTENTES ET CULPABILITE AFFERENTE FONT DONC LE LIT DE LA PRODUCTION DE SOUFFRE-DOULEURS OU D'EXCLUS.

5. **Que peut-on ouvrir comme pistes éducatives ? J'en ouvrirai seulement deux ici.**

a) Fondamentale est l'éducation qui porterait à reconnaître **son manque, ses limites, à pouvoir en parler**. C'est ça qui vient atténuer l'angoisse de culpabilité.
L'éducation aux limites. Nous sommes des êtres de manque. Nous n'avons pas à viser à être trop comme ci ou trop comme ça ou trop tout à la fois.
L'éducateur, l'enseignant, le parent, sans renoncer à ses valeurs, sans renoncer à la conviction qu'il a des choses à transmettre, a, par contre, à renoncer à

avoir un projet trop précis sur tel ou tel enfant. Diminuer la pression des attentes.
L'éducateur peut lui-même témoigner de son propre rapport au manque, à la limite, à l'erreur, à l'échec.
Les enseignants éducateurs qui dans leur classe provoquent les phénomènes d'exclusion ne sont-ils pas des éducateurs qui eux-mêmes ont posé très haut la barre de leurs propres exigences, s'assument mal dans leurs propres insuffisances ? Le travail d'équipe peut être là d'une grande aide.

b) Une autre piste éducative, très importante, c'est de parler les différences. Autrement dit, ces différents traits qui heurtent le narcissisme et entraînent la violence, ces différents traits qui s'installent dans la tête comme de fortes images, c'est-à-dire d'abord à un niveau imaginaire, pourquoi ne pas **les relier dans le langage à d'autres choses**, les remettre dans une chaîne (symbolique), au fond, **les faire sortir de l'exclusion, les mettre, je dirais, en circulation dans le groupe**.
- Un enfant roux : pourquoi ne pas parler en classe de la rousseur ?
- Un enfant noir : pourquoi une classe n'aurait-elle pas toute une discussion sur: qu'est-ce que c'est pour vous être noir, ou pour vous être blanc.
- Quand on constate un enfant brimé pour son excellence : pourquoi ne pas en parler en groupe ?

Tout est dans la manière de lancer les choses, l'opportunité. On n'est pas obligé d'en parler avec tout le monde. Peut-être aussi faut-il que l'enfant souffre-douleur accepte. Une préparation. A ce propos, vous vous souvenez, je disais au début qu'ils s'y poussent parfois eux-mêmes dans cette position d'exclus. Peut-être certains caricaturent-ils eux-mêmes un de leurs traits, parce que, d'une certaine façon, ils en jouissent. Et bien, ceux qui ne s'y poussent pas, ne seraient-ils pas ceux qui, d'eux-mêmes, sont capables de relier par exemple leur difficulté d'audition avec d'autres choses, des événements de leur histoire. Et même parfois de faire ces liens, explicitement, devant les autres, en parler, comme cela, avec les autres, sur n'importe quel mode, le meilleur étant évidemment celui de **l'humour**.

Pour conclure, les malades de l'exclusion, ceux qui souffrent, qui ont mal, **ne sont peut-être pas à chercher d'un seul côté**.

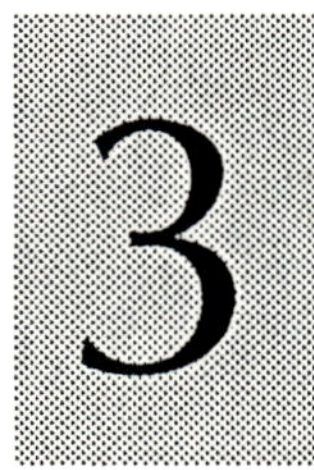

ÉMOTIONS ET RELATIONS

Sommaire

Envie et jalousie[1]

Envie et jalousie, entend-on encore aujourd'hui, sont des **démons** à combattre, chez soi et chez les autres. Identifiés parfois au **mal personnifié**, ces sentiments occupent une place en vue dans la liste des **péchés capitaux**.

Envie et jalousie menacent-elles, plus que d'autres tendances, la vie sociale ? Ou entraînent-elles chez ceux qu'elles «*saisissent*» des **souffrances** telles que l'expérience et la sagesse populaires recommandent à ce point de les écarter.

Si, à un certain degré, elles sont les **compagnes quotidiennes** de toute vie humaine, elles peuvent par moments, il est vrai, devenir l'une et l'autre de véritables **passions**, envahir tout l'être, le démanger ou l'enflammer, mobiliser ses forces et ses pensées, le détourner du reste des choses.

Les réflexions qui suivent cherchent à en préciser la portée. Envie et jalousie se rejoignent en certains points mais ne sont cependant **pas à confondre**.

1. L'ENVIE

L'envie a été particulièrement étudiée par Mélanie Klein qui lui a consacré un livre «***Envie et Gratitude***»[2]. Elle implique une relation à **une** personne. Elle est, nous dit Klein, «*le sentiment de colère qu'éprouve un sujet quand il craint qu'un autre ne possède quelque chose de désirable et n'en jouisse. L'impulsion envieuse tend à s'emparer de cet objet ou à l'endommager*».

J'envie donc l'objet, détenu par un autre, non seulement parce qu'il n'est pas en ma possession, mais à cause **du bienfait**, du plaisir, de la jouissance que cet objet **procure à son propriétaire**. Il m'est insupportable de ne pas posséder moi-même la source d'une telle richesse.

Qui n'a observé un enfant de trois ans s'arrêter soudain dans ce qui l'occupe pour dévisager un autre enfant prenant un plaisir (souvent ostensible) à manipuler une superbe petite voiture. Quel **noir regard** il jette sur ce spectacle, ses yeux passant de la voiture convoitée à son si heureux propriétaire[3]. Le pull de la copine, la maison du voisin prennent le relais. Comme dit la vache : l'herbe est toujours plus verte ailleurs!

Jusque là, l'envie est **naturelle et répandue**. Mais elle peut aller plus loin : la fascination du bien de l'autre peut être à ce point submergeante **qu'elle arrive à m'empêcher de tirer avantage**, plaisir ou profit **de ce qui m'appartient ou de ce qui peut m'être apporté par autrui.** Plus rien de ce qui est ou

---

1 Publié antérieurement dans Les dossiers du Journal de votre enfant, 1994, pp. 28-29.

2 Aux éditions NRF-Gallimard, coll. «Connaissance de l'inconscient».

3 Envie vient du verbe latin Invidere qui signifie : regarder par-dessous.

vient à moi n'est bon à mes yeux. Il ne me reste qu'une voie pour survivre : **m'emparer de ce qui est à l'autre et le détruire**. On ne sait que trop où peuvent conduire ces tendances poussées à un tel degré.

Pour faire bref, disons que dans le moment de l'envie, c'est comme s'il n'existait plus qu'**une seule chose bonne**, qui ne pouvait être qu'entre **les mains d'un seul.**

Comment **réagir** devant l'envie qu'on sent monter chez l'autre, si tant est qu'elle n'est pas mutuelle, empêchant alors la prise de distance nécessaire ?

Voici deux voies parmi d'autres :

La première : tenir dans ce qu'on a de bon, y tenir, s'y maintenir solidement : «*tu n'arriveras pas à détruire ce que j'ai de bon, ni à me détruire*». Ces paroles viennent faire limite aux impulsions envieuses et affirment la non-confusion absolue entre ce qui est à moi et ce qui est à l'autre, entre moi et l'autre.

La deuxième, qui complète: «***Tu possèdes des choses bonnes** dont, à l'occasion, tu pourrais me faire profiter*». En d'autres mots, il existe plus d'une bonne chose. Les bonnes choses peuvent circuler sans annuler l'existence de leur propriétaire.

2. LA JALOUSIE

La jalousie implique, pour sa part, une **relation à deux** personnes. On pense immédiatement à l'enfant qui craint que l'amour reçu d'un **parent** ne lui soit ravi par **le plus jeune.** Dans la sphère amoureuse adulte, la jalousie s'exerce, c'est une banalité, à l'égard du **rival** qui, par quelque trait, viendrait me supplanter dans le coeur de **l'aimé(e)**.

A tout âge, l'être épris de jalousie se demande : qu'a donc **de plus que moi** celui-ci (celle-là) qui puisse intéresser celle (celui) à qui je veux plaire ?

Prenons un groupe d'enfants en présence d'un adulte, par exemple une situation de classe. Les enfants obéissants, dociles, sages ou doués excitent souvent la jalousie des autres. Ils portent un **trait** ou une **qualité** que les autres enfants, inconsciemment, **pensent ne pas posséder**, mais pensent **devoir acquérir pour répondre aux attentes** du professeur, pour lui plaire, pour **gagner ou conserver son amour**.

L'enfant jalousé représente ce que je crois ne pas être et que j'aurais à être **pour un autre**, pour les beaux yeux d'un autre.

Dans la jalousie, on est donc **trois**. Et la force de mon sentiment jaloux à l'égard du deuxième sera fonction de l'intensité des **attentes supposées** de la part du troisième auquel je veux plaire ou continuer à plaire.

Variante : dans une classe, la jalousie peut aussi survenir dans le chef d'un professeur à l'égard d'un élève perçu par lui comme concurrent, un élève qui, par exemple, serait aussi calé que le prof en algèbre. Le concurrent est celui qui possède tel ou tel trait **que je crois devoir posséder en exclusivité** pour répondre à ce qu'on attend de moi. Et ce que je crois, comme prof de math, que des élèves ou des parents, ou un directeur, ou un inspecteur attendent de moi, c'est la **souveraineté algébrique** !

Une des **faces** de la jalousie est, certes, à aborder du côté de la **culpabilité** : je **m'en veux** de n'être pas comme cet autre, qui est comme **je suppose** que X ou Y attend que je sois.

Mais il faut souligner cette autre **face** de la jalousie, bien plus **positive** : je suis jaloux d'un rival réel ou potentiel en raison de **l'attachement** qui me lie à quelqu'un, du fait que je **compte** ou espère compter pour lui, de **la place** que j'occupe ou voudrais occuper par rapport à lui et à laquelle je tiens.

On ne peut aimer et vouloir être aimé sans jalousie.

Posons à présent une **question sociale** : une société comme la nôtre «***à haute teneur de compétition***», au sein de laquelle la pression des attentes dans les entreprises, les écoles, les universités est particulièrement forte, n'exacerbe-t-elle pas la jalousie ? Indiscutablement oui, car elle soumet constamment l'individu au **regard** modélisant qui le **compare** à ses proches.

Atténue au contraire la jalousie une société qui promotionne activement la reconnaissance et la mise en valeur des **différences**, d'une part, **de l'acceptation des limites**, d'autre part.

Chaque enfant, chaque adulte ne peut advenir comme sujet humain **singulier** que s'il est respecté et apprécié dans **sa** pensée, **sa** parole, **sa** créativité propre, que s'il est aussi reconnu dans son **droit à l'erreur et même à l'échec** qui, s'ils sont parlés, peuvent devenir d'utiles **repères**.

En conclusion, envie et jalousie sont le lot inévitable (et douloureux) de toute vie individuelle qui ne peut **devenir sociale** sans se mesurer à celle d'autrui, directement ou à travers le regard d'un troisième. Mais ces sentiments, s'ils sont excessifs ou durables peuvent rendre l'individu **captif de l'avoir ou de l'être d'un autre**, et le détourner de son propre devenir. Un projet éducatif, un projet de société peuvent, on l'a vu, y être attentifs.

Levons le voile sur la pudeur et l'intimité[1]

«Il serait terrifiant de la proscrire. Il est absurde de la prescrire. La pudeur ne se commande pas. Elle est souvent imprévisible comme la rougeur. Ses limites sont particulièrement indécises. Elle varie selon les individus. Elle varie aussi en chacun selon l'âge, selon l'heure, selon les circonstances infimes du moment. Dans ces conditions de variabilité, comment faire place à la pudeur dans le monde commun ? Comment ménager le respect du retrait, la possibilité de l'espacement entre les êtres et le loisir d'une réserve ? La tâche semble impossible. Elle est pourtant requise.» (La pudeur, la réserve et le trouble – Revue «Autrement» – octobre 1992).

Pour introduire cet exposé, j'évoquerai quelques réflexions issues de ma pratique de thérapeute analytique d'enfants.

1ère réflexion

Nous, thérapeutes d'enfants, nous faisons du secret des autres et en particulier du secret des enfants, notre pain quotidien. Nous vivons du secret des autres. Dans quelle mesure n'y a-t-il pas toujours dans notre métier quelque forçage d'intimité, en thérapie, en consultation ?

Quand un enfant nous dit «je suis d'accord d'être là, je suis d'accord de parler», est-ce bien son oui qu'il nous adresse ?

N'est-ce pas dans un grand nombre de cas le oui des autres, le oui des parents qui l'amènent, le oui d'autres personnes bien intentionnées qui l'ont orienté, lui et ses parents, vers nous les thérapeutes ? Et quand il nous dit non, son non n'est-il pas parfois, non pas un refus de nous parler mais peut-être un non à trop d'empressement de l'adulte au oui qu'il pourrait dire ? C'est-à-dire un «non, je ne désire pas vous parler sur commande». C'est là toute la question de la position personnelle, de la position subjective, de la demande de l'enfant dans une consultation, dans une cure. Et derrière cette question des thérapeutes et de ceux qui travaillent avec les enfants, s'en cache une autre : parfois, ou même souvent, n'en faisons-nous pas un peu trop pour les enfants ? Ne sommes-nous pas un peu trop empressés à leur service ?[2]

2ème réflexion

Je voudrais à présent relever un paradoxe de la psychanalyse. C'est elle qui a «levé le voile» sur la sexualité infantile. Freud a révélé l'existence et a

1 Exposé présenté en 1992 au F.R.A.J.E. (Centre de formation permanente et de Recherche dans les milieux d'accueil du Jeune Enfant, Bruxelles). Publié antérieurement dans Corps, accords et désaccords, recueil de textes du Centre de Formation et de Recherche dans les milieux d'accueil du jeune Enfant (FRAJE), Bruxelles, 1992, pp. 17-38.

2 *Le jeu de la demande.* De Boeck-Université, 1991.

même mis l'accent sur l'importance des avatars de la sexualité infantile dans notre devenir adulte, dans nos souffrances d'adultes, dans nos névroses d'adultes. Mais en même temps, Freud a nommé l'inconscient, il l'a formalisé, l'a théorisé : un espace d'extrême intimité, une intimité qui échappe à tout le monde, un jardin secret qui échappe même à son propriétaire.

3ème réflexion

A l'Université de Louvain, nous menons actuellement une recherche sur les enfants mannequins, sur les enfants dans la publicité commerciale ou non commerciale. Il suffit de se promener dans les rues pour constater à quel point on y utilise l'image de l'enfant. Sur les affiches, dans les spots télévisuels, les publicités de magazine, l'enfant est de plus en plus souvent dévêtu, nu et jeune. Il est souvent associé à des produits qui n'ont absolument rien à voir avec l'enfance, comme des voitures, des machines à laver, comme des banques même.

Dans notre recherche, nous nous interrogeons : quand l'enfant pose pour des films ou pour des photographies, quand son corps est dévoilé, exhibé, souvent, régulièrement, cela entraîne-t-il des effets sur sa vie psychique ? Nous nous demandons également si dans certaines conditions de préparation, d'accompagnement, de déroulement, de respect, ces prestations d'enfants mannequins ne peuvent pas parfois être très positives. Nous ne partons pas avec l'a priori qu'elles sont négatives. Parmi les enfants déjà rencontrés, certains en ont manifestement retiré plus de confiance et plus d'affirmation de soi, mais peut-être précisément à certaines conditions. Nous voulons étudier ces conditions-là.

Pour illustrer ces réflexions, je vous présente deux situations d'enfants :

– Une petite fille de deux ans est hospitalisée pour une maladie très grave. Le service pédiatrique qui l'accueille est très sophistiqué. Les infirmières – débordées par le nombre d'enfants, par les examens-viennent trouver la psychologue, et lui disent que cette petite fille ne cesse de faire des caprices, des simagrées; elle ne veut plus se laisser déshabiller, ni laver, ni même toucher son corps Elle ne veut plus qu'on l'approche, alors qu'à l'occasion de séjours précédents aucun problème ne s'était posé.
  Très curieusement, ni les infirmières pédiatriques, ni la maman ne font le lien avec la série d'examens en cascade, très intensifs et douloureux que cette petite fille a subis lors de ce séjour-ci. Personne n' a pu préparer l'enfant par la parole. Ces «simagrées» sont des réactions d'extrême pudeur, d'extrême défense très compréhensibles.

– En contrepoint, une autre situation rencontrée dans notre recherche sur les enfants mannequins.

  Un père vient avec sa fille de 12 ans en consultation : les parents sont séparés depuis près de dix ans, depuis que la fillette a deux ans. La garde principale de cette enfant est confiée à la mère, mais le père conserve un contact très régulier avec sa fille, le week-end et même un peu plus. Cet homme vient chez nous alarmé. Depuis quelques années, sa fille adopte des comportements de plus en plus écartés de ceux d'enfants de son âge. Elle se conduit, dit-il, comme une petite femme adulte, dans sa manière de s'habiller, de se coiffer, de parler; elle s'adresse à lui, son père, comme s'il était un copain; les centres d'intérêt de cette fille se réduisent à la lecture de magazines de mode, fréquentation de boutiques, télévision. Simultanément, dit le père, elle délaisse progressivement les amis de son âge, qui ne l'intéressent plus. Par contre, elle est de plus en plus intéressée par les jeunes filles plus âgées de son école. Depuis quelque temps, les choses s'aggravent. La fille adopte parfois à son égard des attitudes provocantes, voire séductrices. Elle lui fait des yeux doux, s'approche de son corps, se glisse sur ses genoux, se fait caresser, recherche le contact physique. A très juste titre, cet homme perçoit le danger d'une telle évolution, il cherche à poser des limites à sa fille, il ne laisse pas tout faire, mais n'arrive pas à se faire entendre d'elle. Il vient avec elle nous apporter ses interrogations.

Depuis la séparation des parents, quand la petite fille avait deux ans, la maman la conduit très régulièrement, pratiquement chaque semaine, dans des agences de casting, puis de publicité. Les choses ont très bien marché. C'était un beau bébé, une jolie petite fille et maintenant une grande fille plaisante. Elle a été sélectionnée d'âge en âge pour accompagner les produits les plus variés. Une sorte de complicité s'est établie entre mère et fille autour de ces prestations. La mère en est fière, la fille en est heureuse, heureuse aussi de plaire à sa mère et trouve beaucoup de satisfaction dans ce métier de mannequin.

Ce cas, extrême parmi ceux que nous avons rencontrés, peut nous aider à avoir des repères précis pour la question des enfants mannequins, et aussi des repères précis quant à la sauvegarde de la vie affective, familiale, sexuelle, relationnelle, sociale d'un enfant.

Il n'est pas difficile d'imaginer le processus familial qui peut conduire à ce genre d'évolution. Au départ, une séparation de couple, une maman qui vit cette séparation très difficilement, comme une blessure intime faite à sa féminité, à sa fierté d'être femme. Elle est mère d'une jolie petite fille et la garde de cette petite fille lui est confiée. Cette petite fille devient à ses yeux une nouvelle source d'espoir, un baume sur son narcissisme abîmé, la réalisation possible d'un rêve déçu. De plus, les problèmes d'argent s'ajoutent à la souffrance psychique de la mère. Et l'occasion se présente d'une double restauration, à la fois narcissique et financière, parce que ces prestations sont bien payées (les enfants peuvent gagner jusqu'à 10 - 15000 F.B. par jour) : la fille devient un petit mannequin publicitaire avec la satisfaction pour l'enfant de combler ainsi le manque maternel. Et puis les choses se multiplient, pendant 10 ans, de manière répétitive. Le reste de la vie, l'école, les liens sociaux de la mère et de l'enfant passent à l'arrière-plan. Au fond, cette fillette s'identifie à ce qu'on attend d'elle, à ce que des adultes attendent d'elle. Elle présente un comportement de docilité, de soumission, elle est très facile (comme on dit) devant les photographes, obéissante au scénario, aux poses demandées, aux mimiques. «Sage comme une image» dirions-nous, l'image du rêve féminin d'une mère meurtrie. Mais le prix à payer par cette enfant est lourd puisqu'à son insu elle renonce progressivement à sa singularité d'enfant, à sa créativité, aux liens avec sa génération. Plus encore, elle se décentre de sa place dans la famille, se pose en véritable «petite femme» pour son père, glissant, si son père n'y avait pris garde, vers une véritable relation incestueuse avec lui. La consultation du père a constitué un cran d'arrêt. La force de cet homme de s'opposer à cette dérive a permis qu'un travail familial s'engage. Nous avons rencontré la mère dont la souffrance est à présent reconnue. La jeune fille témoigne, par son acceptation, de venir parler du malaise diffus qu'elle ressentait en elle et peut aujourd'hui mettre en mots les images dont on pourrait dire qu'elle était devenue captive.

Avec ces deux illustrations, je voudrais faire apparaître deux choses axiales : d'un côté la possibilité pour un enfant de protéger son intimité mais aussi, l'incompréhension des adultes qui ne décodent pas ou mal. Les adultes parlent d'enfant capricieuse, de simagrées, de petites manières de ne pas se laisser toucher. D'un autre côté, l'impossibilité pour cette grande fille, ex-petite fille, de se protéger et l'heureuse alarme du père qui, à un certain moment, met là un interdit, un cran d'arrêt.

Il faut souligner que l'intimité des enfants, surtout des plus jeunes, est à la fois corporelle et psychique. On ne peut dissocier les deux. L'enveloppe corporelle trace la limite entre l'intérieur et l'extérieur, entre le social et l'intrapsychique. Le corps appartient aux deux; le corps est bi-face, l'enveloppe corporelle est bi-face. La petite fille de l'hôpital, en protégeant son corps, nous dit non seulement l'effraction corporelle des examens, mais aussi l'effraction de sa vie de pensée, de sa vie psychique. Nous ne l'avons pas aidée à penser, à se représenter tous ces examens qu'elle a subis. Et la petite jeune fille mannequin, elle aussi, est prise dans une proximité excessive avec tous ces adultes au niveau corporel et au niveau psychique. Proximité corporelle, bien sûr, par tous ces adultes agglutinés autour d'elle, les photographes, les publicitaires. Proximité psychique, par les attentes, les regards des adultes, et les attentes de sa mère, les projections de sa mère.

Après cette introduction, j'en viens au coeur de mon exposé. Il comprendra trois parties.

Première partie : l'étymologie et la définition des deux termes, pudeur et intimité

Pudeur vient du verbe latin *pudere*. Ce verbe latin est un verbe impersonnel. C'est à la fois avoir honte et faire honte. Avoir honte pour soi-même et faire honte, c'est-à-dire provoquer la honte chez les autres, honte qui s'installe entre deux ou plusieurs personnes, qui engage deux ou plusieurs personnes. En français, il y a deux sens au mot pudeur : il y a la gêne, en particulier dans le domaine sexuel, et aussi la délicatesse, la retenue dans l'expression, la réserve des sentiments. On utilise le mot pudeur d'une manière impersonnelle. Dans la phrase : «Il a parlé avec beaucoup de pudeur», on évoque la pudeur mise dans l'expression de la pensée et des émotions mais aussi le respect à l'égard de l'autre.

La pudeur est donc une réalité *intrapersonnelle et interpersonnelle,* ce qui mérite d'être souligné et qui nous aidera pour la suite.

L'intimité vient de l'adjectif latin *intimus*, c'est ce qu'il y a de plus intérieur. L'intimité est le superlatif de l'intériorité.

Je propose d'appeler pudeur l'attitude par laquelle on cherche *à protéger chez soi et chez l'autre ce qu'il y a de plus intérieur*. La pudeur vient avec l'intimité. Si l'intimité est menacée d'effraction, comme dans les deux cas présentés, cette réserve qu'est la pudeur risque de prendre des formes sortant de l'ordinaire et contradictoires. En simplifiant, on pourrait dire que la menace d'effraction de l'intimité peut amener soit une accentuation, soit une atténuation de la pudeur.

- Montée de l'impudeur, comme chez cette petite fille mannequin devenant impudique avec son père, qui amène à se demander si l'impudeur n'est pas un ultime rempart ? L'on reviendra sur cette question.
- Pudeur intense voire très intense, ce qu'on pourrait appeler une sorte de puritanisme, de rigidité, de fermeture.

Ajoutons ceci : l'effraction de l'intimité peut provoquer aussi une pudeur trop peu personnelle, une pudeur figée, une pudeur conventionnelle, une pudeur non modulée.

En conclusion de ce point sur l'étymologie, je pourrais dire que la pudeur est éminemment variable car précisément l'intimité s'ouvre et se ferme selon les circonstances.

Deuxième partie : deux repères en psychologie et en anthropologie pour comprendre comment se construit l'intimité : le concept d'espace transitionnel de Winnicott et celui de l'interdit de l'inceste.

Avant de parler d'espace transitionnel, je partirai d'une autre notion de Winnicott, celle du «self», *du vrai «self»*. Le vrai «self» est le soi réel, le noyau de l'intériorité, de l'existence humaine. Winnicott le définit comme le «noyau de continuité de l'existence», ce qui nous donne le sentiment que la vie en vaut la peine. Quand je me lève le matin, une double question se pose : «Suis-je le même qu'hier ?» et «est-ce que ma journée en vaut la peine ?». En général on répond oui à la première question. Il se peut qu'on ne réponde pas oui à la seconde. Ne pas y répondre oui pendant un temps long est une des grandes souffrances de l'existence : cela s'appelle «dépression». La dépression c'est le vrai «self» menacé. Pour construire le vrai «self», l'identité, l'enfant a besoin d'un espace de quiétude et de détente, dit Winnicott. Il l'appelle *l'aire transitionnelle, l'espace transitionnel*. Il le définit comme un espace intermédiaire qui n'est ni un espace intérieur, ni un espace extérieur. C'est un espace dans lequel et par lequel le nouveau-né va à la rencontre du monde, de la réalité qui l'entoure. Un espace par lequel le nouveau-né apprend à distinguer progressivement ce qui est interne et ce qui est externe, ce qui est soi et ce qui est non-soi. Cela amène évidemment à la création d'une intériorité, d'une intimité. L'aire transitionnelle, dit Winnicott, est une aire de créativité, de jeu, une aire qui donne place au mouvement, qui donne place au geste spontané. Les gestes spontanés qui peuvent se déployer, si l'aire transitionnelle, de quiétude, de détente est respectée autour du nouveau-né sont, par exemple, tous ces petits gestes qui font la vie d'un jeune enfant : cette petite main qui tente de s'emparer d'un objet, qui cherche, qui trouve ou ne trouve pas, les jeux de vocalise qui, peu à peu, deviendront des mots. Winnicott insiste sur l'aspect de repos, de détente mentale, à l'intérieur desquels l'enfant peut se laisser aller. Je le cite : «Il faut donner une chance à l'expérience informe, aux tâtonnements du nouveau-né, aux pulsions créatives, aussi bien motrices que sensorielles». La vie pulsionnelle, en effet, n'est pas seulement une vie motrice, c'est aussi une vie sensorielle, une vie d'audition, une vie de palpation, une vie de goût. Il faut donc laisser aux pulsions l'occasion de se manifester, car elles sont la trame du jeu.

Puis vient un point important. Cette aire transitionnelle, cet espace doit être respecté, par la mère, par l'adulte, par l'environnement, par nous tous. Winnicott dit : «Il ne doit pas être contesté». C'est ce qu'il appelle un environnement de confiance. La mère, certes, doit être là, la puéricultrice, le père, les adultes, d'autres enfants, mais sans trop d'empiétement, sans trop d'exigence. Le geste spontané de l'enfant se voit alors accordé par l'adulte une signification pour lui-même, et en lui répondant, l'adulte donne à l'enfant un moment d'illusion et de toute-puissance, tout à fait nécessaire au début de la vie. L'adulte répond à l'enfant en accordant une signification à son geste, comme la mère qui reprend une vocalise, ou qui va faire écho à un geste posé par l'enfant. Mais si au lieu de répondre au geste du nourrisson, la mère lui substitue le sien, le self doit alors réagir, le self doit faire appel à des moyens de réaction qui le détournent de la continuité de son être, pour faire cesser ces excitations : devant tant de sens, tant de désirs venant de la mère et qui répondent si peu aux siens, l'enfant se soumet, comme notre petite fille mannequin, sage, docile à ce qu'on lui demande. Il se met à emprunter des manières de faire qui ne sont pas les siennes, des manières de penser qui ne sont pas les siennes, des significations qui ne sont pas les siennes. C'est cela le «faux self» : les attentes des autres, l'interprétation, la pensée empiétantes des autres. Le «faux self» exerce une fonction de défense; il recouvre le vrai self pour le protéger de l'annihilation. On peut illustrer cela de manière caricaturale : c'est un peu comme si l'enfant disait à sa mère «oui, oui, je pense comme toi, c'est sûr que si je pleure c'est parce que je désire être pris dans les bras, tu as bien raison, maman». Il lui dit sa docilité, sa soumission pour «qu'elle la boucle», comme s'il veut lui dire «cause toujours, mon lapin». Ou encore : «Je t'aurai dit oui, tu as raison, pour qu'à un certain moment, peut-être, quand même, tu acceptes de prendre la bonne distance et laisser à mon vrai self l'aire transitionnelle dont il a tellement besoin pour respirer». Le «faux self» n'est donc pas quelque chose à bannir, nous avons tous un «faux self», et il est positif parce qu'il protège le vrai self de l'annihilation. Mais si la mère ne s'arrête pas là, si elle continue à causer, les choses peuvent s'aggraver et entraîner l'enfant vers des formes psychotiques.

Le «faux self» peut aboutir à une vie très réussie, très normale, très adaptée, comme ces comportements de pudeur qui conviennent très bien à la société d'aujourd'hui : les jeunes cadres dynamiques de l'avenue Louise ne rougissent pas quand ils voient une femme nue sur les écrans parce qu'il est de bon ton aujourd'hui de ne pas en rougir, et ils savent y faire avec les dames. Leur vie est très réussie, très normale, très adaptée, Winnicott appelle cela la «fuite dans la santé». Pour ma part, j'aurais envie d'appeler cela «la normopathie». Mais, il s'agit d'une fausse santé. Winnicott distingue la vraie et la fausse santé. La vraie santé c'est le mouvement, la création, le geste spontané, la découverte, le jeu.

En conclusion de ce premier repère conceptuel, je dirais que le self ne peut se constituer que si l'aire transitionnelle, l'espace d'échanges entre le corps de l'enfant et le monde est inviolé. La santé psychique de chacun de nous exige un espace intérieur, une intimité qui se prolonge dans un espace transitionnel d'expériences. Pour nous adultes, cela évoque plein de choses : notre maison, notre chambre, notre fauteuil, notre chaise, notre voiture. Ces objets ne sont-ils pas des figurations de notre espace transitionnel ?

L'interdit de l'inceste vient recouper les notions décrites plus haut : aucune vie sociale n'est possible sans limite entre les êtres.

Première idée : la loi de l'interdit de l'inceste est, avec la loi de l'interdit du meurtre, au fondement même de l'espèce humaine; de tout temps, en tout lieu, même avec des nuances, elle individualise les êtres. En interdisant («tu ne peux pas coucher avec ta mère ou avec ta soeur»), elle nomme : c'est ta mère, c'est ta soeur. Elle désigne des singularités, des identités, elle établit des liens de parenté, des règles d'échange, des générations, des positions sociales. Cette loi organise la société et elle individualise les êtres puisqu'elle leur donne une place, un nom, une position à chacun.

Deuxième idée : je vous suggère de prendre la notion d'inceste dans un sens large. L'inceste ce n'est pas seulement le fait de coucher avec des gens qui ont un lien biologique avec soi, mais aussi la tentation de ce qui est trop proche, ou de tout ce qui est trop semblable à soi, autre forme de proximité; la tentation de tout ce qui rappelle sa propre origine, son giron. L'inceste c'est au fond déjà la tentation de rester dans du même, de s'engluer dans la répétition. Concrètement, l'inceste doit être entendu beaucoup plus largement que la relation amoureuse et érotisée avec un parent. C'est déjà la relation d'un être avec un autre qu'il couve. Par exemple, un adulte qui aimerait trop un enfant, qui en ferait sa poupée, sa peluche, qui le manipulerait. L'inceste est tout ce qui confine dans une relation fermée.

Troisième idée : les lois d'interdit de l'inceste et du meurtre (qui est aussi blesser, mentir, tuer la vérité...) doivent être prononcées. Cela vous paraît banal et évident mais il faut rappeler ces choses. Nous sommes dans une société où l'on ne rappelle pas assez l'importance d'affirmer ces deux lois. La loi de l'interdit de l'inceste doit être prononcée. C'est une des fonctions du père, de tirer le rideau entre l'enfant et sa mère. Et dans les crèches, et les pouponnières, cette fonction doit s'exercer également. Le corps d'un enfant, même sans qu'on s'en aperçoive, attire l'adulte. Nous tous, adultes, nous avons une attirance vers le corps des enfants, très séduisant car plein, tout en rondeur. Et cette rondeur, cette complétude, cette autosatisfaction, ce polymorphisme, cette possibilité de prendre plaisir à tout ce que nous avons perdu, (parce que nous y avons renoncé par notre éducation), nous ré-attire chaque fois que nous voyons un enfant et en particulier un petit enfant. Le danger n'est pas tant qu'il puisse y avoir de temps en temps entre nous et les enfants quelques privautés, des choses qui sont un peu plus qu'un contact corps à corps chaste, voire même des moments d'intrusion, d'empiétement. Ce n'est pas cela le danger le plus grave. Le plus grave serait que personne ne dise la loi de l'interdit de l'inceste, sur des tas de modes différents. Quand la loi d'interdit de l'inceste n'est pas prononcée ou plus encore quand elle n'est pas respectée par ceux-là mêmes qui devraient la prononcer, l'enfant cherche alors à se la donner à lui-même tant il en a besoin. Parfois il n'y arrive pas. Et c'est le cas de la petite fille mannequin qui n'était pas parvenue à se donner à elle-même les limites. Elle glissait vers l'impudeur, vers l'érotisation de ses relations à son père, vers l'inceste. Mais parfois, nous le savons bien, l'enfant se met des barrières beaucoup trop sévères. En psychanalyse, on appelle cela le surmoi drastique, qui peut parfois se mettre en place chez de tout petits enfants et ces barrières trop sévères risquent d'emporter chez l'enfant, maintenant et pour sa vie d'adulte, toute sa vie de plaisir, toute sa vie sexuelle et être la cause, par exemple, d'impuissance sexuelle, de frigidité.

Conclusion : l'interdit de l'inceste est donc une loi qui permet de sortir de la répétition, du confinement, de la mêmeté, de ce qui tourne en rond sur soi. C'est une loi qui ouvre l'espace, qui ouvre l'altérité, qui ouvre au déplacement, à la nouveauté, à l'étrangeté. C'est une loi libérante. Elle permet l'émergence du désir sexuel; elle est garante de la naissance de la personne humaine dans son intériorité, dans son espace intime. Pas d'intimité sans loi.

Troisième et dernière partie de mon exposé : quelques moments sensibles dans les relations adultes-enfants

Je voudrais aborder trois groupes de moments sensibles dans les relations adultes-enfants autour de la pudeur et de l'intimité. Premier groupe : le registre des contacts corporels. Deuxième groupe : l'intrusion dans la vie de pensée et dans la vie sociale de l'enfant. Troisième groupe : certaines manifestations signifiantes de l'enfant autour de la pudeur.

Dans le registre des contacts corporels, Dolto a souvent évoqué ces parents dévoreurs de leur enfant par baisers, ces mères qui ne savent pas s'empêcher, tout le temps, de dévorer leurs enfants jusqu'à les mordre parfois. C'est assez évocateur, notamment à l'occasion des soins corporels. J'évoque aussi des soucis trop grands de l'adulte à l'égard de la propreté de l'enfant, la propreté sphinctérienne. L'adulte trop attentif : «Oh, quelle belle petite crotte tu m'as faite aujourd'hui !» J'évoque aussi toute la question de la nudité des parents devant leurs enfants et de la nudité des enfants devant leurs parents et puis des enfants entre eux aussi. Je n'ai pas de réponse toute faite à ces situations et je pense qu'il faut être modulé, modulé comme la pudeur est modulée, comme l'intimité est modulée. Mais tout de même, à propos du registre des contacts corporels, je voudrais planter deux ou trois petits drapeaux éducatifs, pédagogiques.

1. Dans ce domaine-là, comme repère, le respect des attitudes de refus des enfants. Ne jamais forcer les enfants qui refusent, même si le refus de l'enfant nous semble, comme à ces infirmières de la clinique, pas compréhensible, pas

normal, étrange. Toujours respecter les attitudes de refus des enfants par rapport aux contacts corporels qu'on voudrait avoir avec eux. Ne rien imposer. L'enfant ne vit pas nécessairement un geste comme nous le vivons. Quand nous posons un geste sur l'enfant, quand nous le touchons, quand nous le soignons, le caressons, ce geste peut être éprouvé très différemment par l'enfant. Ferenczi a écrit un très bel article en 1932, il y a 60 ans déjà, qui s'appelle : «Confusion de langue entre l'adulte et l'enfant». En deux mots : on croit qu'on s'entend, qu'on se comprend entre un enfant et un adulte autour des contacts physiques et corporels et au fond on parle une autre langue, parce qu'on a des désirs différents, parce qu'on n'en est pas au même point dans l'évolution de la sexualité, bien que l'enfant soit un être sexué, mais pas de la même manière que l'adulte.

2. Je pense qu'il y a lieu d'être attentif à la part de satisfaction de nos désirs sexuels d'adultes. Les enfants, je l'ai dit, sont attirants par leur côté autosatisfait, polymorphe. Vous savez que nous vivons dans une société où les abus sexuels et les maltraitances sexuelles à l'égard des enfants sont nombreux. Je crois que notre repère doit être une interrogation sur notre vie sexuelle d'adulte. Trouve-t-elle sa satisfaction avec d'autres adultes ? Je pense que beaucoup d'adultes qui sont trop proches corporellement et sexuellement des enfants sont des adultes dont la vie sexuelle est problématique, fait question.

3. Les soins au corps d'enfant, dans la mesure du possible, devraient être médiatisés par des mots, sans gaver l'enfant de mots, car là aussi il s'agirait d'un empiétement. Je crois utile, quand on soigne un enfant, quand on le lave, de mettre des mots de-ci de-là, c'est un média. C'est quelque chose entre l'enfant et nous et Winnicott le disait très bien quand il parlait de transitionnalité. Les mots sont des objets transitionnels, comme le chant. Laver un enfant en chantant, c'est tout à fait respecter la transitionnalité, comme lors de jeux faits ensemble, en corps à corps, mais le corps à corps est alors médiatisé.

Deuxième groupe de situations : intrusion dans la vie de pensée, dans la vie sociale

Cherchons à ne pas désavouer les sentiments, les pensées ou les paroles d'un enfant. Par exemple : «Tu n'es pas triste, voyons, avec tout ce que tu as à ta disposition». Je pense en effet que certains enfants, comblés à un certain niveau, ne le sont peut-être pas du tout à d'autres. Ou encore, dans le domaine du mensonge et de la vérité, tout de suite dire à un enfant : «Tu mens, ce n'est pas vrai». De fait, les enfants nous disent parfois des choses qui sont abracadabrantes, qui sont des fantaisies, mais je crois que ce que nous, adultes, appelons des mensonges d'enfant a un sens, donc ne pas tout de suite démentir. Cela ne veut pas dire qu'il faut acquiescer, mais il faut entendre, il faut se demander ce que cette histoire vient faire entre lui et nous. En ce qui concerne le secret, un enfant doit pouvoir se confier à un adulte, en sachant que ce ne sera pas immédiatement diffusé à d'autres, et notamment dans les équipes de pouponnières, de crèches, de maisons éducatives, je pense que l'enfant doit savoir qu'il y a des adultes à qui il peut se confier sans que ce ne soit immédiatement partagé par toute l'équipe. Et même, je dirais qu'en enfant doit pouvoir se confier à son père ou sa mère en sachant que ce ne sera pas nécessairement dit à l'autre parent. Ce n'est pas la même chose que ce qu'on pourrait appeler des moments de connivence, de complicité entre un adulte et un enfant, où l'adulte jouirait de recevoir les confidences de cet enfant (moi, le père et pas sa mère..).

Autre point : ne pas exiger une réponse aux questions. Toute question peut être posée, du moment qu'elle n'est pas blessante, du moment qu'elle respecte l'interdit du meurtre, enfin, beaucoup de questions peuvent être posées, mais aucune question n'exige une réponse. Et cela, je suggère que vous le disiez aux enfants. Ils ne sont jamais obligés de répondre à une question venant de notre part. C'est cela qui leur permettra de s'introduire dans la vérité et de ne pas se réfugier dans le mensonge. Et surtout comme le font certains adultes en leur disant : «Regarde-moi dans les yeux». Inversement, ne pas imposer une réponse à un enfant, ne pas imposer un savoir tout fait à un enfant, pouvoir dire à un enfant, quand il nous pose une question : «Et bien, je ne sais pas, je ne comprends pas» ou bien, «je n'ai pas envie de te répondre». Les enfants pourront alors prendre la liberté de réagir de cette façon avec leurs parents. Je souhaiterais évoquer aussi l'apprentissage de la solitude sur laquelle Winnicott a écrit énormément de choses. Je voudrais épingler le mot solitude qui n'est pas l'isolement. L'isolement est quelque chose de négatif. La solitude est tout à fait nécessaire à la créativité humaine, et rejoint l'idée d'espace transitionnel.

Intrusion dans la vie sociale, à présent. La crèche et l'école sont des milieux autres que la famille, c'est le côté positif de la multiplication des crèches et des écoles évidemment; l'enfant ne vit pas complètement dans un seul milieu, mais dans une diversité de milieux. Par rapport à la présence des parents dans les crèches et les écoles, il y a tout un débat. Présence, d'accord, mais pas envahissement des parents. Je ne suis personnellement pas toujours d'accord avec des parents qui, dans certaines écoles et notamment dans certaines filières d'enseignement, s'organisent en associations avec parfois de très grandes exigences à l'égard des projets pédagogiques, des programmes, voire même de la sélection des professeurs. Il y a des excès. Il est certain que ce n'est pas la même chose pour un enfant à la crèche, ou pour un enfant plus grand à l'école primaire ou à l'école secondaire, voire à l'Université, où maintenant nous invitons les parents au moment de la remise du diplôme. Une fois en cinq ans mais pas plus. Il est certain qu'à la crèche la présence des parents est tout à fait nécessaire afin qu'il y ait ce moment de transition de l'enfant qui passe du milieu familial au milieu crèche et que ce ne soit pas une rupture brutale et abrupte, mais d'année en année ces choses sont à moduler.

Enfin, je terminerai, troisième groupe de situations, par *quelques manifestations signifiantes de l'enfant.*

Je voudrais pointer deux âges de très grande pudeur qui sont l'âge du non, autour de 2 ans et l'adolescence, où spontanément l'enfant est plus pudique que dans d'autres âges. Pourquoi ? Ce n'est pas compliqué à comprendre. Ce sont les âges des grandes montées pulsionnelles. C'est la montée de l'Oedipe à 18 mois, 2 ans et donc la montée des pulsions incestueuses et, à l'adolescence, la reviviscence des mêmes pulsions. Donc par rapport à ce qu'il sent être très bouillonnant à l'intérieur de lui, le petit enfant de cet âge-là ou l'adolescent vont adopter des comportements de plus grande pudeur. Par exemple, tout d'un coup, une petite jeune fille de 10, 11 ans n'acceptera plus de se laver devant ses frères.

Et je reviens, en finale, à l'impudeur. Je reviens avec ma question du début : je me demande si l'impudeur n'est pas un dernier rempart, c'est-à-dire un comportement exagérément exhibitionnant de la part d'un enfant qui interpelle l'adulte, le saisit, et lui pose question. A une petite fille qui vient en consultation chez moi et s'assied dans le fauteuil en ouvrant les jambes, je dis tout de suite que cela me gêne et je lui demande de se tenir correctement. C'est important que je mette cet interdit, même comme thérapeute, mais il est important aussi que j'entende ce qu'elle veut dire. Si au début d'une consultation, elle prend tout à coup une pose érotisée, si elle ne l'a pas fait auparavant, c'est évidemment une question qu'elle m'adresse, une question dans le transfert qui se réfère certainement à des choses qui sont en train de se passer intrapsychiquement, ou dans sa famille à ce moment-là.

En conclusion générale, l'identité d'un enfant s'origine de toutes façons dans nos attentes et à partir de nos désirs sur lui. Au départ, il ne pourrait pas en être autrement. Un enfant ne peut vivre et survivre que si nous avons des attentes, des désirs sur lui, que si nous prêtons sens à ce qu'il manifeste, à ce qu'il exprime. C'est incontournable, nous ne pouvons pas faire grandir cet enfant sans cette proximité de notre corps, de nos pensées, de nos désirs, de nos attentes sur lui. Mais il importe que tout adulte, parent, éducateur, citoyen laisse progressivement à l'enfant cet espace, cette intimité dont j'ai tant parlé, où puisse croître son propre désir, sa propre pensée, sa propre parole, son propre vécu corporel. Nous savons que l'enfant trop choyé, trop adulé, trop entouré, trop amené à plaire à l'adulte, soumis à des regards trop admiratifs ne bénéficie pas de cette bonne distance. Pour grandir dans ce qu'il a de particulier et d'original, un enfant doit pouvoir bénéficier d'affection pour ce qu'il est singulièrement et d'encouragement pour ce qui vient de lui. Ainsi pourra se développer sa vie intérieure, personnelle, créatrice, son désir de partager ses idées, de communiquer d'égal à égal avec ses pairs et ses aînés.

BIBLIOGRAPHIE

Ferenczi S., Confusion de langue entre les adultes et l'enfant. Le langage de la tendresse et de la passion in Psychanalyse 4, Paris, Payot, 1982, pp. 125-135, 1ère publication allemande : 1932.

Habib C., La pudeur. La réserve et le trouble, numéro spécial de la Revue *Autrement*, Paris, Autrement, 1992

Molitor V., Renders X., Les enfants mannequins dans la publicité, *Neuropsychiatrie de l'Enfance*, 40(11-12), 1992, pp. 644-652.

Renders X., *Le jeu de la demande*, Bruxelles, De Boeck-Université, Collection Oxalis, 1991.

Winnicott. D., Jouer. L' activité créative et la quête de soi, in Jeu et réalité, Paris, NRF Gallimard, 1975, pp. 75-90.

La course au meilleur parent[1]

Un danger qui guette les parents divorcés : vouloir être celui ou celle qui comble tous les manques de l'enfant

Maïté, treize ans, est l'unique enfant de parents divorcés depuis qu'elle a six ans. Elle partage son temps, entre père et mère. Elle vient en consultation à la demande de sa mère, inquiète de la voir, depuis des années, isolée, morose, montrant peu d'intérêt pour tout, bref, **déprimée**. L'entrée de l'adolescence entraîne, ce qui n'est pas négatif, une attitude plus hargneuse et revendicative à l'égard de sa mère et c'est ce qui décide cette dernière à effectuer la démarche.

Je rencontre la jeune fille avec sa mère puis avec son père, et je suis frappé par la stricte **similitude** de son comportement au cours des deux entretiens. Avec chacun, elle est passive, en retrait, presque silencieuse. Elle ne manifeste pas de réelle demande personnelle, mais elle paraît prendre un certain plaisir à se trouver là, entre un parent et moi – c'est-à-dire entre deux adultes – dans une position de type «wait and see».

Parlant avec chaque parent, je constate à quel point l'un puis l'autre évoque son rôle avec des accents, voire des mots identiques. «*Je me sens à la fois père et mère*», disent-ils tous deux symétriquement. Chacun veut faire le maximum pour Maïté, chacun veut s'occuper d'elle dans tous les secteurs de sa vie (école, loisirs, soins médicaux, achats de vêtements, etc.), chacun aspire à la combler. Peu à peu, je sens poindre la rivalité entre eux, rivalité qui, je m'en aperçois, est bien antérieure à la séparation et pourrait même en constituer un des points d'origine. A qui en accomplit le plus auprès de l'enfant ! A qui sera le parent idéal ! Course au meilleur parent !

1. LA DÉPRESSION, UN RÉTRÉCISSEMENT DE L'ESPACE DU DÉSIR

Maïté est déprimée, sans grand désir, passive entre deux adultes. Ce n'est pas le fait du divorce lui-même, mais bien plus de n'avoir pu bénéficier d'un espace propre, bien à elle, entre père et mère. Un espace de pensée, un espace de désir, un espace de parole.

Le désir vient du manque, pour les enfants du divorce comme pour tout enfant. Il vient d'avoir à se débrouiller avec des parents imparfaits, non présents pour tout, limités. Le désir de l'enfant naît au creux des insuffisances de ses parents. C'est en ce point que voit le jour une demande d'enfant portant ses questions, ses attentes, son propre mouvement de vie.

---

1 Publié antérieurement dans *Nouvelles feuilles familiales*. Dossier 1/93, Namur, pp. 51-53.

Mais il y a plus dans la passivité morose de Maïté. Il y a la volonté des parents de superposer leurs rôles, de les faire coïncider: «père et mère à la fois», les mêmes pour l'enfant, parents jumeaux. Coïncidence coinçante pour l'identité de la jeune fille, immobilisante, assujettissante. Et pourquoi ?

L'individualité, la singularité de chaque enfant tient à son inscription dans sa **double** lignée et est conditionnée par sa **double** appartenance. Chaque enfant devient différent par les questions particulières qu'il se forge sur lui en rapport à ses deux côtés, dans l'écart, **dans la différence entre père et mère**, entre les sexes, sur les liens ou non-liens entre les deux familles, histoires, lignées, dans leur comparaison, dans leurs points de ressemblance et d'opposition. *«Papa, quel garçon étais-tu à mon âge ? Comment c'était d'être un enfant de mon âge chez tes parents ? Et chez toi, maman, quelle fille étais-tu à mon âge ? Ou pour tes frères, être garçon chez tes parents ?»*.

L'enfant se construit comme différent, son identité devient singulière et forte par les questions qu'il pose sur les différences, et d'abord sexuelles. Très petit, on le sent à l'affût des différences entre deux tonalités de voix, deux manières de recevoir à manger, la rapide et la lente, deux modes de contact corporel. Il se met alors à **chercher**, même s'il n'a pas encore accès à la parole active, par le regard, la mimique. Il se met à reconnaître. Il se met en route pour son compte. **Telle est la voie du désir humain.**

Le désir naissant de l'enfant est désir de savoir, d'en savoir plus sur le désir de papa et sur le désir de maman. Le désir, fondamentalement, **est quête de mots disant la différence**. Encore faut-il, précisément, que deux conditions soient remplies, fût-ce un peu :

- que l'adulte reconnaisse l'enfant comme questionnant
- et que cet adulte ne croie pas devoir donner réponse à tout ou combler l'enfant, mais qu'il puisse aussi envoyer l'enfant chez l'autre, chez un autre.

Les situations de séparations parentales offrent quelque chose de **paradoxal.** On pourrait imaginer, précisément, que le fait de vivre à distance, dans deux maisons, avec deux modes d'organisation, deux types de valeurs ou de choix, donne du relief à la dualité parentale, à la dualité familiale, poussant ainsi l'enfant, parfois très jeune, à **interroger activement les différences**. Mais ce n'est vrai que si chaque parent respecte la singularité de l'autre, et renonce à «couvrir tout le terrain». Le divorce peut aussi engendrer, comme chez Maïté, une course à la symétrie, un **mythe de l'égalité de bons parents**, un déni de la différence. Avec, pour effet, un empiétement de l'espace nécessaire à la croissance de la vie propre de l'enfant, et l'apparition de symptômes de dépression.

2. ÊTRE UN PÈRE, ÊTRE UNE MÈRE

Etre un père, être une mère, spécialement dans les situations de divorce qui attisent toujours peu ou prou la culpabilité inconsciente, c'est **tourner résolument le dos aux stéréotypes** de parents idéaux ou complets, au «devoir impératif d'amour». Un père est celui qui s'engage **de tout son manque** dans l'éducation de son enfant. Une mère sait qu'elle n'est **jamais tout à fait bonne,** tantôt trop, tantôt trop peu. Mais l'un et l'autre peuvent alors dire à l'enfant : «*Tu peux chercher ailleurs ce que je ne peux te donner, chez ton autre parent, ou son nouveau compagnon, ou chez tout autre adulte. Tu verras comme il est intéressant d'entendre et de voir des choses qui ne se ressemblent pa*».

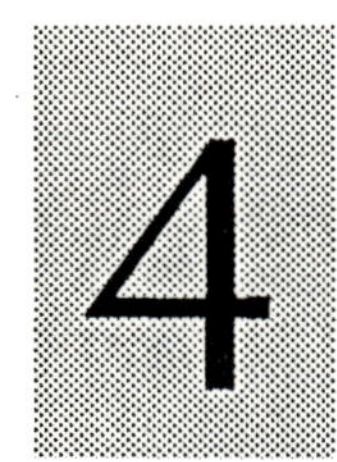

INTERVENTIONS INSTITUTIONNELLES ET VIE SCOLAIRE

Sommaire

Fonctions et rôles dans l'institution[1]

Une question revient avec acuité dans les discussions d'équipes institutionnelles, celle de la spécificité ou de la polyvalence des personnes au sein de l'équipe.

Fonctions et rôles ont-ils à être précisément délimités ? Est-il préférable que chacun n'exerce qu'un rôle relevant d'une seule fonction ? Est-ce même possible ? Ou, à l'inverse, vaut-il mieux qu'il y ait moins de distinction, que chacun tienne dans l'institution plusieurs rôles au sein de plusieurs fonctions ? (Dans les petites maisons, ceci est fréquemment le cas vu le nombre réduit de personnes qui ont à se partager toutes les tâches).

On le réalise immédiatement, aucune formule ne l'emporte en soi. Mais nous en avons la ferme conviction: définir les finalités d'une institution, découper et partager les fonctions puis les rôles de chacun est un travail de thérapie institutionnelle, peut-être le premier de tous.

Définir les notions de fonction et rôle

Une première remarque s'impose : fonction et rôle sont des notions à ne pas confondre avec celles de profession, de diplôme ou de formation. Psychologue, médecin, infirmière, logopède, assistant social, éducateur, ne sont ni des fonctions ni des rôles. En effet, et c'est spécialement vrai aujourd'hui, ces professions ou formations peuvent conduire à des fonctions variées et à des rôles variés. Il n'est pas rare que des psychologues exercent un rôle, parfois exclusif, dans la fonction éducative, ou dans la fonction de direction.

Cette première remarque entraîne d'ailleurs une question très intéressante, celle de se demander dans quelle mesure telle profession, tel diplôme ou telle formation est indispensable ou convient mieux à l'exercice de telle fonction.

Ceci dit, proposons nos définitions qui valent ce qu'elles valent mais qui, nous semble-t-il, peuvent servir d'appui à un débat sur le fonctionnement institutionnel.

Décrivons les premières étapes du processus de fondation (ou de refonte) d'une institution.

Une institution commence par se donner des finalités ou des visées. Par exemple, celle d'assurer l'éducation résidentielle et la prise en charge thérapeutique d'enfants psychiquement très perturbés. Mais ces finalités lui sont aussi données en partie par l'extérieur, par les pouvoirs qui agréent ou subventionnent l'institution, par les «demandeurs» ou clients et leurs proches, et même, de manière plus diffuse, par le contexte social environnant. Ajoutons qu'une institution qui n'est pas nouvelle mais cherche à repréciser ses finalités ne peut complètement se délester de l'héritage de ses finalités anciennes.

1 Texte de séminaire inédit.

La finalité, c'est de faire de l'institution un être de vie. Ou plutôt, d'une certaine vie, d'une certaine qualité de vie. «L'être institutionnel», si l'on peut parler ainsi, n'est pas différent en cela de l'être individuel que nous sommes chacun.

Pour que puisse vivre cette institution, pour qu'elle puisse tenter de réaliser ses finalités, il faut qu'elle fonctionne, c'est-à-dire qu'un certain nombre de mouvements ordonnés, articulés entre eux, soient assurés par ses membres.

Par analogie aux fonctions du corps (respiratoire, digestive, circulatoire), proposons de nommer fonctions ces mouvements vitaux et coordonnés d'une institution.

Donnons quelques exemples de ce que peuvent être les fonctions d'une institution : fonction de direction, fonction éducative, fonction de relation avec les familles, fonction de traitement individuel, fonction de questionnement (nous allons l'expliciter), fonction de maintenance ou d'entretien, fonction de relation avec l'extérieur, fonction de transmission du savoir, fonction de communication des informations, fonction d'évaluation, etc.

Un mot d'explication, au passage, sur la fonction de questionnement : c'est celle qui consiste à relancer les questions au sein de l'institution. Questions à propos des finalités globales, précisément; questions à propos du projet éducatif concernant un enfant; questions sur les relations entre les personnes; questions sur la cohérence théorique ou méthodologique; il existe évidemment bien d'autres questions.

En évoquant tous ces mouvements vitaux, toutes ces fonctions, on constate immédiatement la nécessité de les définir clairement, mais en même temps, la possibilité de les définir ou de les découper de manières très diverses. Ceci est très heureux. Chaque institution fait oeuvre créatrice en précisant, définissant et découpant ses fonctions, à sa manière, en rapport avec ses finalités.

Dans les exemples cités, nous avons pris le parti de dégager seulement une dizaine de fonctions. On peut en reconnaître beaucoup plus. On peut subdiviser la fonction éducative en fonction de soutien aux enfants, fonction d'affirmation de la loi, fonction d'interdit. On peut subdiviser la fonction de direction en fonction de gestion financière, fonction d'admission des enfants, fonction de responsabilité du personnel, fonction de décision...

Le mouvement de découpage des fonctions, de même que le mouvement qui en garantit la coordination appartiennent d'ailleurs eux-mêmes à une fonction, peut-être à celle de direction mais peut-être à une autre. C'est à réfléchir.

Toutes ces fonctions sont forcément en frontière les unes avec les autres, et même fréquemment en superposition quel que soit le degré de leur délimitation (formons le voeu qu'il ne soit pas trop élevé). Ainsi, certaines interventions relèvent évidemment de plusieurs fonctions. Faire respecter les règles institutionnelles relève, selon les circonstances, de la fonction éducative, de la fonction de direction, et même de la fonction de questionnement. On remarque que certaines personnes sont particulièrement attirées dans leur travail par des interventions qui se situent dans des zones-frontières ou dans des zones de recouvrement, alors que d'autres, au contraire, s'y trouvent fort mal à l'aise[2].

Soulignons le rapport essentiel, l'adéquation nécessaire entre fonctions et finalités d'une institution. Si une institution se donne, parmi ses finalités, de devenir partenaire des parents dans l'éducation d'un enfant, la fonction de relation avec les familles sera importante et cherchera à nouer avec les parents des liens marqués par le partenariat.

Et les rôles ?

Le rôle est pour nous à la jonction des fonctions et des personnes.

Sur le plan étymologique, rôle a la même racine que rouleau. C'est un morceau à dérouler. C'est l'idée du rôle dans une pièce de théâtre ou mieux encore dans une pièce de musique orchestrale.

Proposons de **nommer rôle la partition d'une fonction attribuée à une personne par d'autres et interprétée par cette personne**. La partition est la partie d'un ensemble; elle est écrite, fixée ou prévue; elle est confiée à quelqu'un mais elle est aussi jouée ou interprétée par ce quelqu'un.

L'exercice d'un rôle se trouve dès lors déterminé par trois composantes que voici:

1. Une **première** composante est **la partition elle-même**, au sens orchestral du livret mis entre les mains d'un instrumentiste. En effet, le rôle participe d'une fonction et, à ce titre, il s'origine dans un **texte**, dans une définition. Mais le rôle n'est cependant qu'une partie de cette fonction.

Prenons un exemple : le rôle confié à la secrétaire participe à la fonction de direction, notamment dans sa mission d'informer les membres du personnel. Mais le rôle de la secrétaire n'implique qu'une partie (ou partition) de cette fonction : préparer, agencer, clarifier les documents et les distribuer, par exemple.

Cette première composante du rôle trouve son ancrage dans ce qui est explicitement transmis. Le rôle tient là à du dit, du défini, du décidé, ce à quoi on va pouvoir se référer.

«Ce rôle, cette partie de la fonction, vous avez à l'assurer. A bon entendeur...».

2. Mais le rôle tient à une **deuxième** composante qui en détermine l'exercice : ce sont les **attentes et les voeux des autres personnes**.

---

2 Il existe différents «modèles» de fonctionnement institutionnel (hiérarchique, rigide, participatif, collectif...) et différents «modèles» de fonctionnement personnel. Certaines personnes supportent bien n'importe quel modèle, mais il faut habituellement une congruence suffisante entre modèles individuel et institutionnel.

Quand un psychologue se voit attribuer un rôle dans une institution, on lui met en main son texte ou sa partition. Mais il est évident que tous les membres de cette institution, en particulier ceux qui le nomment, sont habités, consciemment et surtout inconsciemment, de manière manifeste ou latente, d'images, de représentations sur la manière dont ils pensent (espèrent, souhaitent, craignent...) que ce rôle sera assumé. Ces représentations pèsent déjà sur le choix de la personne. Elles vont peser d'une incidence certaine sur le rôle attribué et son exercice.

On attend du psychologue qui vient d'être engagé qu'il soit plus en horizontalité avec les éducateurs, qu'il ne les étouffe pas de théories universitaires, ou encore qu'il fasse le moins possible entendre sa voix.

Cette deuxième composante relève pour nous de l'imaginaire de chacun des partenaires institutionnels.

3. La **troisième** composante est celle des attentes, des désirs et en fin de compte de la personnalité de **celui à qui l'on confie un rôle**. C'est la composante interprétative, créatrice du rôle. C'est son jeu. Cette composante tient à de nombreux éléments conscients et inconscients chez cette personne : son histoire, ses aptitudes, son expérience, sa formation, ses espoirs.

Le rôle est donc une position à occuper dans une institution, mais une position très vivante, très mouvante. En effet, même si la partition ou le texte demeurent identiques, le public ne cesse de changer dans ce qu'il demande et l'interprète dans sa manière de jouer. Le rôle est donc en modulation continuelle.

De là les **heurs** de l'institution intéressée de remanier les rôles en fonction des personnes, laissant ainsi la porte ouverte à la créativité mais aussi à l'imprévu. De là les **malheurs** de l'institution attachée à son organigramme dans une pseudo-sécurité, ne réalisant pas le danger qu'elle court à ignorer la vie qui sourd en elle.

Remarquons pour terminer qu'une même personne exerce presque toujours plusieurs rôles au sein d'une même institution. Ces rôles participent d'une seule ou de plusieurs fonctions. Des problèmes d'incompatibilité peuvent surgir de cette pluralité, mais pas nécessairement s'ils sont suffisamment reconnus et parlés.

Ainsi, un psychologue (encore lui !) peut avoir à jouer un rôle d'animateur de réunions d'éducateur (fonction de questionnement), un rôle d'accompagnateur individuel d'un enfant (fonction de traitement individuel), un rôle de garant de l'ordre à la table de repas (fonction éducative). Ces trois rôles peuvent être exercés sans trop d'incompatibilité à la condition que nous venons d'émettre. Plus difficile, voire impossible serait pour lui d'exercer simultanément le rôle de sélection des membres du personnel ou d'évaluateur du travail éducatif qui appartient à la fonction de direction.

Une institution qui «fonctionne» bien ?

L'institution idéale serait-elle :

- l'institution qui a des finalités bien définies, dont les objectifs fixés par elle de l'intérieur correspondent à ceux que lui fixe ou lui attribue l'extérieur (pouvoirs subsidiants, textes ministériels, utilisateurs, instances de placement...);
- l'institution qui a découpé clairement ses fonctions, avec l'accord de tous; dont les dites fonctions, articulées avec cohérence et sans trop de chevauchement, tendent toutes vers ces mêmes finalités;
- l'institution qui a confectionné un bon organigramme, c'est-à-dire un bon inventaire des fonctions et des rôles; qui a distribué les rôles le plus clairement possible en exprimant aux attributaires ses attentes les plus secrètes; attributaires qui eux mêmes ont, à leur tour, exprimé leurs désirs les plus intimes; et où il s'avère, par dessus le marché, que tout cela coïncide;
- l'institution, qui n'a pas pu éviter(!) que chacun ait plusieurs rôles (tout de même), mais où personne ne confond jamais un de ses rôles avec un autre, où tous les rôles d'une même personne restent parfaitement compatibles;
- l'institution, enfin, dans laquelle personne ne cherche à déborder de son rôle ou de sa fonction, à les contester ou à contester ceux des autres, etc.

Enfer ou illusion que ce paradis institutionnel !

Quittons cette voie pavée de bonnes intentions pour en chercher une autre qui mène vers un bon fonctionnement en prenant mieux en compte la vie de «l'être institutionnel». Et la vie de l'être institutionnel est faite de santé et de maladie, comme toute vie.

Voici une triple proposition: nous suggérons de définir l'institution qui fonctionne bien comme celle où l'on parle, où l'on décide et où l'on reconnaît (et l'on cherche à guérir!) ses maladies.

1. Où l'on parle : des finalités, des fonctions, des rôles, de ce qui marche, ne marche pas et fait souffrir. Qu'on en parle ne veut pas dire en parler tout le temps ni partout. Sont donc à prévoir des **lieux** et des **temps** d'échange. Permettre l'échange peut d'ailleurs être considéré comme une fonction ou faire partie d'une fonction et donc être attribué à tel ou tel sous forme de rôle. Où, quand et sous la conduite de qui peut-on repréciser à quoi l'on sert vraiment ? Quel est le type de personnes pour lesquelles l'institution peut faire quelque chose et celles pour lesquelles elle n'est pas vraiment compétente ou utile ? Où et quand peut-on se demander quelle(s) nouvelle(s) fonction(s) est (sont) à assumer pour permettre une meilleure insertion des jeunes dans le tissu social du quartier ? Pour approfondir ce que les relations avec les parents apportent au travail éducatif ? Pour déterminer ce que le thérapeute individuel peut, doit, ou ne doit pas partager avec l'équipe éducative ? Pour aborder ce que l'équipe attend d'un de ses membres, de ce qui me satisfait ou me déçoit dans le rôle que j'exerce ? Qu'est-ce qui est prévu pour que les résidents puissent s'exprimer, donner leur avis, participer ?

Ces lieux et ces temps d'échange ne sont pas nécessairement des réunions mais aussi des conversations plus individuelles, des moments plus informels, avec ou sans retransmission en équipe.

2. **Où l'on décide :** où des procédures existent pour arrêter, trancher, couper. C'est une fonction que la fonction tranchante. Elle doit être assumée.

Par qui ?

Par tous, à un certain niveau, mais elle appartient peut-être plus spécifiquement à la fonction de direction et entre donc davantage dans le rôle de certains (le président, le directeur...).

Elle implique aussi le suivi et l'évaluation de la décision.

3. **Où l'on reconnaît (et l'on cherche à guérir!) ses maladies de fonctionnement** (ce sur quoi une institution achoppe répétitivement) et où l'on se donne les moyens de s'interroger sur le sens de ses symptômes. Voici quelques maladies institutionnelles parmi tant d'autres. Une première : telle institution dans laquelle trois personnes se succédant pour le même rôle ont quitté en moins de cinq ans, l'une par licenciement, la deuxième par maladie, la troisième par démission. Une autre maladie : chacun exerce toujours son rôle de façon figée. Une autre encore : on croit devoir suppléer continuellement aux carences de rôle des autres. Une autre encore: un temps considérable est consacré aux réunions. Une dernière maladie, mortelle celle-là : plus personne ne croit au projet institutionnel, à ses finalités ou encore celles-ci sont tout simplement oubliées.

Qui assure la fonction d'aider une institution à reconnaître le sens de ses maladies ? Permet-on que cette fonction soit assumée ? Cette fonction ne dérive-t-elle pas elle-même vers la pathologie quand des institutions se regardent indéfiniment dans leurs maladies... ou leur santé ?

Effets thérapeutiques sur les résidents du travail de définition et de partage des fonctions et des rôles

Répétons-le : nous n'hésitons pas à avancer que le premier travail thérapeutique d'une institution ou d'une équipe est celui-là. Citons quatre de ses principaux effets, mais ceux-ci sont bien plus nombreux.

1. Une institution qui cherche à nommer ses finalités, à **se** nommer, à dire ce qu'elle est **et n'est pas**, ce qu'un enfant, un adulte, sa famille, la société peuvent en attendre ou ne pas en attendre, cette institution témoigne de ses limites et de son désir. Elle montre qu'elle n'est pas le **tout** de la vie du résident : matrice toute puissante, toute bonne ou toute mauvaise mère. Elle montre tout simplement qu'elle n'est qu'un jalon, qu'un moment de la vie du résident parmi d'autres moments de son histoire; un seul apport à son développement, mais un apport auquel elle croit. Elle montre surtout que c'est au résident lui-même à assumer la continuité de son histoire.

Nommer les fonctions et les rôles entraîne le même effet, celui de préciser objectifs et limites : l'éducation n'est pas la psychothérapie; l'apprentissage n'est pas l'expression spontanée; l'interdit n'est pas le soutien compréhensif, etc.

2. Une institution qui considère la fonction et le rôle de ses membres accorde à chacun une place, une place qui compte, une place respectée. Impossible de demander aux professionnels le respect des résidents si ce professionnel n'est pas lui-même respecté.

3. Une institution qui consent à ce travail d'intégration de son identité amène les résidents à en faire autant pour eux-mêmes et entre eux. On sait que les relations qu'élaborent des enfants entre eux sont bien souvent en réplique à celles des adultes, celles des résidents en réplique à celles des membres de l'équipe. Pourquoi ? L'enfant éprouverait-il le désir de faire voir aux adultes qui ils sont, comme pour pousser ces adultes à demeurer le plus possible différents d'eux, les enfants ? C'est banal mais utile de le répéter : l'évolution positive du groupe des professionnels provoque quasi automatiquement une évolution positive du groupe de résidents. Et inversement.

4. Dans le fil de ce propos, ajoutons ce qui suit. Un enfant ne s'identifie pas seulement à des personnes mais aussi (surtout ?) à la relation que nouent entre eux deux ou plusieurs adultes impliqués dans son devenir et auxquels les enfants sont attachés. Différentes théories ont formulé cette proposition avec leurs concepts propres, notamment la théorie psychanalytique et ses différents courants (M. Klein, J. Lacan).

Si les membres d'une équipe s'efforcent de préciser qui ils sont l'un par rapport à l'autre à propos d'un résident, même difficilement, si les membres d'une équipe cherchent à mettre leurs questions à propos d'un résident en paroles, on peut logiquement penser que tous les traits qui constituent l'identité de ce résident se trouveront en liens.

Finalités, fonctions et rôles nous concernent tous sans exception, et d'une manière doublement affective. Ces dimensions touchent en effet au rapport intime que nous avons avec notre travail, nos espoirs, attentes, plaisirs, déceptions. Elles touchent aussi aux relations aux autres, à la place que nous avons pour eux, à ce qu'ils représentent pour nous. En un mot, ces dimensions ont un rapport étroit au désir.

Travaillant en institutions psycho-médico-sociales, nous appartenons à un secteur où l'implication personnelle est l'essentiel de «l'outil». Quoi d'étonnant que la vie de nos institutions soit, bien plus que dans d'autres champs professionnels, traversée de mille élans pulsionnels. Ces élans confèrent à notre travail toute sa créativité, toutes ses passions, toutes ses surprises.

La personne handicapée mentale, ses parents et les professionnels[1]

Il y a quelques années, un groupe de jeunes handicapés mentaux du centre dont je m'occupais terminait une joyeuse soirée dans un quartier de Bruxelles. Ils causaient un joli vacarme en rue, suffisant en tout cas pour que des policiers de passage les interpellent. Comme ils étaient sans papiers, les policiers les ont priés de les suivre au commissariat quand l'un des jeunes, au comble de l'indignation, leur lança : «Mais vous n'avez pas le droit de m'emmener, moi je suis «handicapé» vous savez...».

Que voulait dire au juste ce garçon ? Que représentait pour lui ce handicap grâce auquel il se sentait, semble-t-il, doté d'un statut spécial, d'une sorte d'immunité ou de privilège ? Je me le suis souvent demandé. En présentant son handicap comme tout le contraire d'une insuffisance ou d'une défaveur, cherchait-il à donner de lui l'image d'une personne qui possède quelque chose, qui est dépositaire de quelque chose : «ce handicap, il est à moi». Peut-être témoignait-il à sa manière de ce que nous disent parfois ceux qui ont connu la maladie, l'accident, la souffrance : que ces événements de leur vie ne sont pas seulement manques, pertes, échecs, mais qu'ils deviennent aussi une part de leur personne, un repère dans leur histoire.

1. DÉFINIR LE HANDICAP

Dans l'histoire des sociétés, on trouve maints exemples de marques de considération spéciales que recevaient malades, infirmes, hommes et femmes différents. S'il est vrai que souvent ils ont été entourés de moquerie et d'hostilité, écartés ou enfermés, on trouve aussi l'attitude opposée : qu'on pense, par exemple, à l'importance accordée parfois aux propos du fou, du délirant; qu'on pense aussi aux paroles des aveugles qui ont été souvent entendues comme paroles prophétiques ou de visionnaires, chose, soit dit en passant, bien paradoxale pour des êtres privés de vision.

L'étymologie du mot handicap est révélatrice à ce sujet, car précisément, elle fait apparaître le handicap comme une réalité paradoxale, ou à deux faces. «Handicap» vient de l'expression anglaise : «hand in cap», en français : «main dans le chapeau».

Le «hand in cap» en Angleterre, avant le XVIIIe siècle, est un jeu de hasard, une loterie : plongeant dans le chapeau, la main tire au sort les noms ou les numéros gagnants, mais fatalement, elle fait des perdants, ceux qui restent au fond. Handicap, hasard chanceux ou malchanceux, on voit surgir, c'est le cas de le dire, l'ambiguïté du mot.

---

1 Texte publié antérieurement dans *Acta Ergotherapeutica Belgica*, Bruxelles, 2, 1991, pp. 61-66.

Puis, ce terme est utilisé, à partir du XIXᵉ siècle et encore aujourd'hui dans le vocabulaire hippique : le handicap est une course dans laquelle on donne aux chevaux qu'on estime avantagés, un poids supplémentaire à porter ou une distance de plus à parcourir, pour les mettre à égalité de chances avec les autres. Le handicap est somme toute, dans ce contexte, le désavantage imposé aux avantagés, on pourrait même ajouter : la sanction ou le prix à payer à l'avantage.

Dans le jeu du chapeau comme dans la course de chevaux, on trouve donc un handicap à deux faces : gain et perte, faveur et défaveur, avantage et désavantage. On peut se demander si dans l'usage que nous faisons maintenant du mot handicap, une des faces ne s'est pas estompée au profit de l'autre, car le handicap désigne surtout, pour la plupart d'entre nous, le poids supplémentaire à porter, l'entrave qui donne du retard. Handicap, disons-le, est devenu synonyme de déficience.

On peut aussi se demander si le regard posé sur la personne handicapée, l'image qu'on se fait d'elle, ne sont pas, par voie de conséquence, atrophiés. Car si le handicap n'est plus qu'une déficience ou un défaut, le risque est grand de ne plus aborder la personne dite handicapée qu'au travers de ce qui lui manque.

Ce risque d'escamoter, si j'ose dire, une moitié ou une face de la réalité du handicap guette principalement les professionnels, dont je suis, que toute leur formation a conduit à privilégier ce qui ne va pas chez l'être humain pour le circonscrire, le mesurer et tenter de le transformer. Nous, les enseignants, éducateurs, médecins, psychologues, pourrions être amenés, même à notre insu, si nous n'y prenons garde, à réduire le handicap à un vide à combler, une marque négative à atténuer, et la personne handicapée à un être de soins, d'apprentissage ou de rééducation.

L'affinement actuel du savoir et des techniques dans les différents domaines de la médecine, de la psychologie et de la pédagogie peut, plus qu'avant, nous y porter. Et la limitation des moyens financiers que nous connaissons accroît encore, je pense, la tentation de rechercher les voies les plus courtes pour produire une image d'homme répondant le mieux aux attentes sociales.

Les professionnels, heureusement, disposent d'un garde-fou ou d'un butoir pour éviter la dérive vers une technicisation atrophiante du handicap. Ce garde-fou se trouve être la rencontre avec la personne handicapée, ses parents et ses proches, pour peu qu'elle ait lieu.

Car ceux que touche dans leur chair, au plus intime d'eux-mêmes, l'épreuve du handicap, ne se tournent pas vers les professionnels avec la seule demande de compétence, de savoir ou même d'aide. Si on leur prête écoute, ils demandent également et peut-être surtout que soit reçue et reconnue leur expérience humaine du handicap, ce en quoi leur vie a été modelée par elle, le poids de vérité qu'elle leur a donné.

Sans oser la nommer faveur ou avantage, force nous est de reconnaître cette autre face du handicap dont témoignent la personne handicapée et sa famille. Pour reprendre ce que disait un jour le père d'un enfant : «Le fait d'avoir un enfant handicapé nous donne quelque chose à dire».

2. LA RENCONTRE DES PARENTS ET DES PROFESSIONNELS

Pour répondre aux premières questions : qu'attendent les parents des professionnels et que leur disent-ils, je fais appel à deux sources d'information :

- D'une part, une enquête que j'ai réalisée avec l'aide de l'APEPA, association de parents d'enfants psychotiques, dans laquelle j'ai interrogé des parents d'adultes hébergés en institution, sur leurs relations avec les équipes éducatives.
- D'autre part, le mémoire qu'une étudiante en psychologie de l'UCL Mlle Véronique Boland, a consacré à l'accompagnement des parents d'enfants handicapés mentaux, mémoire dans lequel les parents sont interviewés et apportent des témoignages du plus grand intérêt sur leurs rapports aux professionnels.

Sur différents points, les parents expriment à l'égard des professionnels, des services et des institutions, des sentiments, des attentes ou des demandes que j'appellerais bipolaires, c'est-à-dire qui oscillent entre deux pôles parfois opposés, pôles qui me semblent rejoindre justement la double réalité du handicap, les deux faces que j'évoquais à l'instant. Je retiens ici quatre de ces points à propos desquels je formulerai, au fur et à mesure, l'une ou l'autre hypothèse.

1. Un premier point : que représente pour des parents, le fait même de demander à une personne dont c'est la profession ou à une institution de prendre leur enfant en charge ?

A un pôle, les parents nous disent que cette prise en charge est pour eux un grand soulagement : soulagement de se sentir moins seuls avec l'enfant, soulagement de ne plus devoir le porter à chaque minute, que d'autres prennent le relais, soulagement de pouvoir prendre du temps pour soi, et pour les parents d'adultes, soulagement d'envisager l'avenir avec moins d'inquiétude.

Mais à l'autre pôle, les mêmes parents nous disent que confier l'enfant à d'autres, c'est la séparation, la perte, ressenties d'autant plus fortement qu'on a fait beaucoup pour lui, et accompagnées de divers sentiments que je cite : «on cède son enfant», «on n'a plus entièrement la maîtrise des décisions», ou comme le disait une mère : «j'ai un peu le sentiment d'abandonner mon enfant et démissionner de mon rôle de parent».

2. Un second point sur lequel s'expriment bien des parents : leurs sentiments à l'égard du travail effectué par les professionnels et les équipes avec leur enfant. Les réponses laissent apparaître ces deux pôles plus nettement encore.

D'une part, les parents disent qu'ils sont très reconnaissants envers les équipes, qu'ils admirent leur travail, leur dévouement, leur générosité. Mais d'autres réponses sont sévères, revendicatrices, exigeantes à l'égard du travail. J'en lis une : «mon fils n'a fait aucun progrès depuis qu'il est là, au contraire, on l'a mis dans un groupe de plus handicapés que lui, et il a perdu des choses que nous lui avions apprises». Comment comprendre ces sentiments qui peuvent habiter les mêmes parents ? Les professionnels et les services, les parents sont tout heureux de les trouver et ils leur vouent gratitude. En même temps, ils ne peuvent s'en passer et ils vivent dans une dépendance craintive à l'égard de ceux qui, comme dit un père, «ont tant de pouvoir sur notre enfant et sur nous-mêmes». Il devient alors compréhensible que des parents désirent reprendre le dessus en exprimant des appréciations sur la qualité du travail ou en demandant des comptes, parfois durement.

3. Reprendre le dessus, reprendre place : c'est ce même mouvement que nous retrouvons dans un troisième point que voici.

Les parents attendent des professionnels un maximum de compétence, au double niveau des connaissances sur le handicap et du savoir-faire.

«Dites-nous ce que vous savez sur notre enfant, ce que vous pensez de lui, de ses possibilités»; «Dites-nous ce qui est à faire pour remédier, restaurer, guérir.»

Les parents prêtent parfois aux professionnels un grand savoir, et voudraient pouvoir leur accorder toute confiance. Mais demander ce savoir, cette compétence aux professionnels, c'est implicitement reconnaître leurs propres limites, leur impuissance. On constate alors, que de façon très saine, de nombreux parents, pour ne pas se laisser envahir par le doute ou la culpabilité, se redressent et nous disent, comme ce père : «nous voulons marcher la main dans la main avec les membres de l'équipe, si possible dans un rapport d'égalité»; ou un autre : «comme parents d'adultes, nous avons, ma femme et moi, une longue expérience d'éducation de notre enfant handicapé et nous voudrions pouvoir la communiquer si l'équipe nous le demandait». Dans ces trois premiers points déjà, on sent émerger derrière ces deux pôles des attentes des parents, les deux faces du handicap. Les parents disent aux professionnels : le handicap de notre enfant est pesant et impose qu'on agisse. Nous faisons appel à votre aide, vos connaissances, vos techniques. Mais ils disent aussi et en même temps : nous tenons à notre rôle de parent; l'éducation et la vie de notre enfant nous a apporté quelque chose : nous voudrions pouvoir communiquer cette expérience… si on nous le demande; nous les parents, demandons à être reconnus et sollicités, nous demandons… qu'on nous demande.

4. Je voudrais enfin parler d'une quatrième attente des parents, que je mettrais un peu à part tant la demande d'aide technique et professionnelle s'y efface derrière la demande de reconnaissance : c'est l'attente des parents et des familles d'être ECOUTES.

Les deux enquêtes nous apprennent que les parents, avec insistance, demandent à être écoutés par les professionnels. Cette demande d'écoute revêt pour eux différents aspects. Je cite des parents : «Pouvoir parler du quotidien, raconter toutes ces minutes qui font une journée avec notre enfant handicapé, et être reconnu dans ce qui fait notre vie au jour le jour».

Ou : «Pouvoir exprimer nos sentiments sans être jugés, y compris les sentiments négatifs que nous pouvons avoir à l'égard de notre enfant».

Ou encore : «Nous voudrions savoir si les éducateurs rencontrent les mêmes limites, connaissent les mêmes lassitudes, les mêmes découragements».

Les parents interrogés disent chercher à partager leurs émotions avec les professionnels. Ils demandent à être reconnus dans leur souffrance, et rassurés sur ce qui les habite.

Ils demandent, en un mot, d'être acceptés tels qu'ils sont. Mon sentiment profond est d'ailleurs qu'ils pourront d'autant mieux accepter leur enfant, quel que soit son âge, qu'ils se sentiront eux-mêmes acceptés.

Seulement, voilà : si cette attente d'écoute est fort générale, souvent les professionnels ne la perçoivent pas car, certains parents le reconnaissent eux-mêmes, ils n'osent ou ne veulent pas l'exprimer, et elle reste à l'intérieur d'eux-mêmes. Ils n'osent pas parce que, comme le dit un parent, «l'équipe nous paralyse par son langage, son pouvoir, son statut. Eux, c'est leur métier, ils ne vivent pas la même chose que nous, ils ne peuvent pas nous comprendre». Ils n'osent pas ou ils ne veulent pas : «vous savez, au bout d'un certain nombre d'années, nous avons accumulé tant de désillusions en parlant à des médecins, à des psychologues, tout ça, nous avons encaissé tant de réactions négatives, jugements... on est sur la défensive».

Cette réserve ou cette méfiance de nombreux parents donne évidemment aux équipes l'impression qu'ils n'en demandent pas plus. Les équipes hésitent à aller de l'avant si elles ne perçoivent pas de demande, car elles ne veulent pas être intrusives, et puis, elles ont elles-mêmes leurs peurs. Et les parents, à leur tour, peuvent en déduire que l'équipe n'a pas de temps pour eux.

On entre là dans une sorte de spirale de «non-rencontre».

Non-rencontre qui peut aller loin : des parents peuvent être à ce point meurtris qu'ils cherchent à éviter tout contact avec les professionnels. Leur absence devient leur seule parole. Nous voici au coeur même de la question car attendre et demander d'être écouté, c'est ouvrir très directement aux professionnels une porte sur l'autre face du handicap que leur métier, comme nous l'avons dit, leur occulte parfois. C'est d'un autre savoir dont les parents peuvent témoigner et ils attendent de le faire

J'en arrive à la deuxième série de questions de cette première partie : comment, comme professionnels, faire écho à ces attentes des parents ?

Comment, dans nos relations à eux, à la fois apporter les repères scientifiques et techniques nécessaires et donner place à la valeur de leur témoignage et de leur expérience ?

Comment, en d'autres termes, observer une éthique qui fasse de notre intervention une rencontre ?

Parmi tant de choses qui ici mériteraient d'être développées, je me limiterai à trois propositions que j'estime fort importantes et que voici :

1. En écho aux craintes exprimées par les parents d'être pris sous le regard dépréciant et réducteur des professionnels, ces derniers ont à écarter radicalement de leur démarche tout ce qui serait de nature à mettre plus ou moins subtilement les parents en cause dans l'apparition de certaines formes de handicaps ou dans les vicissitudes de leur évolution.

Je pense, par exemple, à la dangereuse utilisation qui est faite de l'étiquette de «familles à risques» dont on désigne parfois des familles dans lesquelles on s'attend à voir survenir un retard de développement ou un handicap mental à composante socio-culturelle.

L'impact d'une telle étiquette sur ces familles, la mise sous surveillance dont elles sont l'objet ne présentent-ils pas d'autres risques ?

Je pense aussi au lien de cause à effet qu'on établit parfois si facilement entre les lenteurs d'évolution, ou plus banalement les manques de progrès d'un enfant, et ce qu'on croit pouvoir percevoir comme manque de stimulation, ou excès de protection de la part de la famille.

Il n'est pas question bien sûr de nier l'existence de facteur sociaux, relationnels, d'environnement dans le devenir de l'enfant handicapé, et ces facteurs peuvent du reste être mobilisés positivement dans tant de cas.

Mais il faut prendre garde à toute attitude simpliste et culpabilisante qui présenterait les choses de manière telle qu'elle induise chez les parents un sentiment de faute ou de responsabilité, et tendrait encore à accroître leur angoisse et leur souffrance.

Ces attitudes de reproche plus ou moins direct de professionnels traduisent souvent d'ailleurs leurs propres difficultés à comprendre ce qui se passe, leurs propres déceptions, leurs expériences d'échec ou d'impuissance dont ils n'ont pas davantage à se sentir coupables.

La rencontre parents - professionnels ne doit-elle pas être envisagée comme un temps de partage : s'y trouveraient échangés les espoirs de chacun, et leurs ressources, différentes, et pourraient aussi s'y exprimer les doutes, les inquiétudes, les limites des uns et des autres.

2. Dans le vaste champ de l'accompagnement éducatif également, les professionnels s'érigent facilement en experts et juges des familles sans interroger suffisamment le bien fondé de leur propre savoir et le sens de leur intervention. Un domaine en pleine expansion dans lequel l'éthique de l'intervenant doit être soigneusement réfléchie me semble être celui de l'aide précoce aux très jeunes enfants handicapés. Les programmes d'aide précoce destinés à stimuler le développement de l'enfant cherchent presque tous à associer les parents, à encourager leur participation.

Mais il peut y avoir bien des manières, et bien des questions. Comment l'intervenant conduira-t-il sa démarche dans la famille dans un moment où le retard de l'enfant, son handicap sont des révélations récentes et tellement douloureuses ? Prendra-t-il le temps, pour proposer son aide, d'expliquer non seulement qui il est et ce qu'il peut apporter mais aussi et surtout les limites de son rôle par rapport à celui des parents ? Même si la famille acquiesce à sa proposition, cherchera-t-il à comprendre qu'il demeure des difficultés à l'accepter, des réticences à ses conseils ? Quelle place donnera-t-il dans son travail aux valeurs des parents, à leurs choix, à leurs solutions, à leurs manières de faire ?

En fin de compte, quelles seront ses priorités ? L'avancée du programme et la réalisation des apprentissages ou l'établissement, entre parents et enfant, d'une relation dans laquelle le parent puisse donner prix à ce qu'il fait et prendre confiance en ses ressources ?

3. Troisième proposition : d'une manière générale, il importe que toute équipe et tout professionnel définissent clairement les relations qu'ils entendent proposer aux parents et aux familles, la place qu'ils entendent leur réserver dans leur travail.

Certaines institutions ont inséré ce chapitre des rapports aux parents dans le texte de leur projet pédagogique, si bien qu'en inscrivant leur fils ou leur fille, les parents ont une idée plus claire de la place et du mode de relation qui leur sont proposés et ils peuvent en parler avec ceux qui les reçoivent. De leur coté, certains parents préconisent que soit établi, au moment de l'accueil du jeune handicapé, une sorte de contrat institution-famille, précisant les rôles et les devoirs respectifs. Ces idées, selon moi, vont dans la bonne direction. Mais il ne s'agit pas seulement de rendre des relations plus harmonieuses, plus fonctionnelles, moins conflictuelles, de faciliter la transmission des informations ou l'organisation de la vie.

Bien plus fondamentalement, et c'est là le sens de tout mon propos, la présence des parents est nécessaire au professionnel à la fois pour tenir sa juste place et pour s'ouvrir, comme je le disais tantôt, à un autre savoir sur le handicap.

Sa juste place dans le sens où la continuité des parents et de la famille atteste que le professionnel, ou le centre, n'est qu'un jalon dans la vie de la personne handicapée, un jalon parmi bien d'autres.

Un autre savoir car, j'en répète l'idée, l'expérience des parents les rend porteurs d'une vérité différente de l'explication scientifique et de la maîtrise technique.

3. LA RENCONTRE DE LA PERSONNE HANDICAPÉE ET DES PROFESSIONNELS

Comment, comme soignant, comme éducateur, promouvoir avec l'enfant ou l'adulte handicapé mental un travail qui prenne mieux en compte les deux faces du handicap mental, c'est-à-dire un travail qui favorise à la fois l'amélioration de ses capacités et le respect ou la reconnaissance de ce qui fait sa personnalité ?

Ici encore, je me bornerai à évoquer trois points, trois attitudes, qui plus que d'autres me semblent prioritaires et d'actualité :

1. Aujourd'hui, nous l'avons dit, foisonnent les approches, les services, les modes d'intervention, et le danger est grand de réduire la personne handicapée à un objet de connaissances et de traitements cheminant d'un spécialiste à un autre, d'un avis à un autre, d'une relation d'aide à une autre.

Si l'on parle en particulier des prises en charge, il n'est pas rare que l'enfant ou l'adulte handicapé mental se trouve littéralement saucissonné entre divers traitements et rééducations, dans le même centre ou dans des centres différents, qui se juxtaposent l'un à l'autre, parfois au cours d'une même journée. Or, l'utilité d'une aide réside pour l'essentiel dans la motivation de celui qui l'entreprend et dans le lien thérapeutique noué. Perdue dans un réseau compliqué d'intervenants, la personne handicapée, comme quiconque, ne se sent plus concernée et se retire. On la comprend.

Le respect de sa personnalité et la sauvegarde même de l'efficacité de la prise en charge passe, je pense, par deux questions au moins :

- Les intervenants, qu'ils appartiennent au même service ou à des services différents, se sont-ils concertés pour envisager des priorités dans les formes d'aide à proposer, avec à la clé, l'éventualité d'un renoncement temporaire ou définitif à leur propre mode d'intervention ?
- Se sont-ils interrogés sur le sens que l'aide proposée peut avoir pour le jeune handicapé, son intérêt, voire sa demande pour tel ou tel travail, son attachement à tel ou tel intervenant ?

Ces deux questions ne sont pas mineures sur le plan éthique. La question de la concertation entre professionnels de disciplines différentes est en rapport étroit avec le respect de la personne handicapée. Car faire appel dans le diagnostic, dans l'élaboration de la prise en charge et peut-être même dans l'évaluation, à l'avis des autres, à leurs modèles de pensée, c'est rendre les siens plus relatifs. C'est donc renoncer un peu à une position de maîtrise dans le savoir et dans l'action à l'égard de la personne handicapée.

L'autre question, celle de la motivation et de la demande d'aide des handicapés mentaux est fort complexe et délicate.

Je ne peux ici que l'ébaucher.

Un enfant ou un adulte ne peut, au départ, être motivé pour quelque chose dont il ne connaît pas l'existence et même pour quelque chose qu'il n'a pas expérimenté.

C'est le plus souvent dans le cadre de premières rencontres avec un thérapeute, d'un essai de travail d'apprentissage, qu'un intérêt ou une demande peuvent s'éveiller, pour peu que l'aide proposée soit référée à l'enfant lui-même et à ses difficultés : «Tu vois, quand tu parles, on ne te comprend pas toujours très bien, et c'est fort ennuyeux pour toi et pour nous tous. Il y a là un monsieur qui aide à bien parler. On te propose d'aller chez lui deux ou trois fois pour voir si ça peut t'aider toi, puis on en parlera ensemble avec ce monsieur, tes parents et toi».

Les signes d'une demande ou d'un refus, tous en conviendront, ne sont pas souvent à rechercher dans les questions : «as-tu envie ou pas ?», «es-tu d'accord ou pas ?», auxquelles on répond tant de fois pour plaire ou pour avoir la paix (le silence est parfois une vraie réponse). Ces signes sont bien plus dans la place que prend la personne handicapée dans l'activité, le bénéfice qu'elle en retire et surtout dans la relation qu'elle y élabore, à condition ... à condition qu'en face d'elle se trouve quelqu'un pour les percevoir.

2. Seconde attitude que concerne plus particulièrement le travail éducatif dans un cadre institutionnel : ce travail se doit d'apporter, à mon sens, une aide à la personne handicapée mentale qui s'inscrive dans son histoire, qui fasse suite à ce qui a précédé. La tentation peut être grande pour l'équipe qui accueille un enfant et plus encore un adulte handicapé, de l'introduire dans un programme élaboré à partir d'un bilan de ce qu'il est aujourd'hui, sans prendre en compte explicitement, sans reconnaître de manière parlée, ce qui a fait son existence jusqu'ici.

Je garde à ce propos le souvenir d'un adolescent que nous venions d'accueillir dans un centre de jour où j'ai travaillé : pendant des semaines, il conservait son manteau toute la journée et ne s'engageait que du bout des doigts dans les activités. Nous ne comprenions pas pourquoi. Un soir, l'un d'entre nous a eu avec sa mère un long entretien au cours duquel elle a raconté la vie de son fils, la sienne, et ce que représentait pour lui et pour elle cette arrivée au centre. Ce garçon n'était pas présent à l'entretien, mais le lendemain, il se débarrassait de son manteau.

Pour se sentir respectée dans le projet éducatif ou thérapeutique d'un centre, la personne handicapée demande à être considérée et je dirais plus, mise en valeur, dans tout ce qui a fait sa vie jusqu'alors et dans tout ce qui fait sa vie en dehors de l'institution. Sa famille, ses parents, sa maison, ses objets, ses habitudes, son histoire, les personnes rencontrées, les autres institutions qui l'ont aidée et l'aident encore, c'est son identité, c'est elle-même. Ceci est vrai pour chacun de nous. Plus encore peut-être pour les personnes aux capacités moindres dont la personnalité tient moins à leurs réalisations et à leurs performances et plus à ceux qu'elles connaissent ou ont connus. L'enfant ou l'adulte handicapé se sentirait d'ailleurs menacé par une institution qui se refermerait sur lui, qui sans s'en apercevoir, tendrait à devenir «tout pour lui», à organiser complètement sa vie, à tout prévoir, à tout décider. Alors, accorder de la place à ceux qui se sont occupés d'elle, aux relations antérieures nouées, aux objets ou photos du passé, aux souvenirs racontés, aux manières de faire de la maison ou d'ailleurs, c'est faire sentir à la personne handicapée le respect qu'on lui porte, c'est promouvoir son existence.

3. *Last but not least* : troisième attitude qui contribue à faire une rencontre de la relation avec la personne handicapée : une place plus grande donnée à la communication et à la parole.

Depuis sa naissance, l'être humain se nourrit de paroles autant que de lait tant son désir est grand de communiquer. Les parents le savent bien qui, sans se demander si le nouveau-né comprend ce qui lui est adressé, le nomment, lui parlent, désignent les objets, expliquent les situations, bref l'enveloppent d'un bain de langage. Ils savent que parler à un enfant et aussi entre eux, parents, parler de l'enfant, parler l'enfant, c'est le faire entrer dans le circuit des échanges, c'est donc le reconnaître comme humain.

La question que l'adulte ne se pose pas avec le nouveau-né, il arrive pourtant qu'il se la pose, de manière diffuse, avec l'enfant ou l'adulte arriéré mental, surtout si celui-ci n'a pas (ou pas encore) accès au langage actif : que comprend-il de ce que je lui dis ? Est-ce bien la peine de lui parler de tout cela, de chercher à lui faire comprendre ?

Mon expérience de travail pendant quelques années avec des enfants très profondément handicapés, qui eux-mêmes ne parlaient pas, m'a fait découvrir comme à beaucoup d'entre vous, que parler avec eux avait non seulement une vertu apaisante, diminuait leurs peurs, augmentait leur bien-être, mais bien plus, les faisait se tourner vers moi, provoquait parfois un sourire, des sons, des mimiques ou des gestes qui avaient valeur de réponse. Une relation entre humains s'ébauchait.

Sur la base de cette expérience, je plaide avec force pour plus de communication parlée avec les personnes de tous niveaux de handicap, en épinglant quelques moments-clés :

– Lors d'un premier contact, d'une première rencontre, et peut-être de manière renouvelée, se présenter. Dire son nom, qui on est dans le service, qui on est pour la personne et sa famille. Je pense ici en particulier aux nombreux examens de tous poils que subissent les handicapés, sans que suffisamment, des mots, une explication n'aient cherché à leur être donnés.

Je pense aussi à toutes ces consultations et entretiens auxquels assistent les handicapés sans être vraiment intégrés dans les échanges.

– Dans les domaines importants qui concernent leur existence comme l'orientation d'école ou de travail, le choix du lieu de vie, nous avons, je pense, parents comme professionnels, à nous poser plusieurs questions : jusqu'où nous semble-t-il possible d'aller dans les explications à leur fournir d'une part, dans l'interrogation de leur désir d'autre part ? Jusqu'où croyons-nous utile d'aller, et jusqu'où nous sentons-nous capables d'aller ? Jusqu'où pouvons-nous tenir compte de leurs réticences et de leurs refus ? Jusqu'où pouvons-nous accepter leurs souhaits et leurs demandes quand ils ne correspondent pas aux nôtres ?
– Rencontrer la personne handicapée, communiquer avec elle, n'est-ce pas, enfin, être attentif à ce qu'elle peut nous dire de son handicap, de sa différence ?

Il est bien rare que dans sa relation à nous, la personne handicapée prononce ce mot, par elle pourtant si souvent entendu. Mais beaucoup de propos que nous tiennent les handicapés sur l'avenir, la vie sexuelle, le mariage, la santé, ne sont-ils pas, indirectement, des demandes d'aborder les questions diffuses qui les habitent à propos de leur handicap ? Il n'y a pas alors à se lancer dans de grandes déclarations, ni de grandes explications. Il y a d'abord à être vrai dans les éléments de réponse qu'on peut apporter, mais plus encore dans l'écoute qu'on peut leur prêter. Telle est en définitive leur demande : qu'un ou plusieurs lieux de rencontre leur soient offerts dans leur cheminement quotidien avec leur handicap.

CONCLUSION

Pour ceux qu'elle touche intimement, l'expérience du handicap mental est certes une expérience de grande souffrance.

La souffrance du handicap pour les parents, et ici je les cite à nouveau, c'est notamment : «l'effondrement quand on l'apprend», «l'injustice inacceptable», «le mur d'incertitude de l'avenir» et puis comme le dit une mère : «recommencer chaque matin».

La souffrance du handicapé mental, nous en savons peu de choses : est-ce le harcèlement incessant, la dépendance pour tant de choses, le retrait devant l'échec, la colère de ne pas être compris, et par dessus tout, le regard des autres ? Mais dès qu'elle trouve à se dire, si elle est écoutée, la souffrance n'est plus seulement douleur, comme le handicap n'est plus seulement déficience. Ils peuvent devenir le lieu d'un savoir et d'une vérité.

Comme le dit Denis Vasse, dans son livre magnifique «Le poids du réel, la souffrance» : «En tant que lieu de parole, la souffrance doit s'entendre comme le cri d'un sujet confronté à la fois à la mort et au désir de vivre : le cri d'un sujet naissant».

«Avoir un enfant handicapé nous donne quelque chose à dire», s'écriait ce père. Et nombreux sont les parents et même les personnes handicapées dont la parole a pris forme d'écrits, de livres, de poèmes, et qui y ont trouvé la joie. A la belle phrase de Freud, reprise elle aussi par Vasse : «Tant que l'homme souffre, il peut encore faire son chemin sur terre», on serait tenté d'ajouter : pour autant qu'il trouve dans la rencontre, une reconnaissance de sa vérité.

Réunions bimensuelles à propos des enfants dans une maison d'accueil : La Porte ouverte (Bruxelles)[1]

Il s'agit d'interventions faites par un psychologue extérieur dans des réunions qui ont lieu deux soirées par mois, dans le cadre d'une maison qui héberge pour des durées temporaires des femmes en difficulté, souvent accompagnées d'enfants. Ces réunions sont centrées sur les questions que se posent ces femmes à propos de leurs enfants, mais elles y parlent aussi d'elles-mêmes comme mères et comme femmes.

Ce type d'intervention s'inscrit dans le travail de prévention des centres de santé mentale en Belgique.

1. LE CADRE DE LA MAISON ET DES RÉUNIONS

a. «La Porte ouverte» : les séjours des femmes et leurs motifs

«La Porte ouverte» est une maison à Bruxelles qui accueille pour des durées allant de quelques jours à quelques mois des femmes en difficulté, avec ou sans enfants.

Problèmes de couple ou pour les plus jeunes de relations avec leurs parents, violences, alcoolisme, perte d'emploi, perte de logement, sortie d'hôpital, manque de ressources, telles sont le plus souvent les circonstances qui les conduisent à «La Porte ouverte».

Leur séjour est un répit : reprendre souffle, assimiler ce qui s'est passé, parler avec l'équipe, mais aussi avec les autres femmes, envisager l'avenir et s'y préparer, l'avenir du couple en particulier (retour, séparation ou procédure de divorce à entamer), chercher un logement, un travail, régulariser les situations administratives, penser aux problèmes des enfants, avant de repartir.

Il est fréquent que des femmes reviennent car les mêmes difficultés resurgissent, les mêmes drames se reproduisent.

Après treize années d'expérience, l'équipe estime que peu fréquents sont les cas où le séjour peut amener la femme à une réelle prise de conscience de ses difficultés, une remise en question d'elle-même, un changement durable dans sa vie, Le plus souvent, il s'agit d'un accueil pendant une phase difficile, d'une pause, d'un havre, d'un renflouement provisoire qui les aide à poursuivre leur chemin. Et ce travail qui a sauvé la vie à plus d'une est déjà en soi bien difficile.

---

1 La Porte ouverte, 30, rue du Boulet, 1000 Bruxelles, Belgique. Publié antérieurement dans *Sauvegarde de l'enfance*, 2, 1983, Paris, pp. 350-363.

Beaucoup parmi ces femmes ont peu de qualification professionnelle et appartiennent à des milieux socio-économiques défavorisés, parfois au quart-monde. Plusieurs sont des femmes immigrées.

Pour des raisons difficiles à préciser, la durée moyenne des séjours a diminué sensiblement ces dernières années et est passée de quelques mois à quelques semaines. Faut-il voir un effet de la crise économique dans l'accroissement de la stricte demande d'hébergement et d'aide matérielle ? Autre hypothèse : les séjours plus courts résultent-ils d'un élargissement de la demande, lui-même lié à la liberté plus grande que se sentent aujourd'hui avoir les femmes de rompre avec leurs conditions de vie ? Quoi qu'il en soit, cette rotation plus grande rend la vie du groupe plus difficile et moins aisées les interventions de l'équipe.

Ajoutons que la maison peut accueillir une douzaine de femmes et sept enfants. L'équipe est composée de cinq travailleurs sociaux dont un homme depuis peu. Elle est soutenue dans ses réunions par la présence d'un psychologue autre que moi.

b. Les réunions avec un psychologue pour parler des enfants et leur évolution

En avril 1980, l'équipe a estimé qu'une attention plus grande devait être portée pendant le séjour des femmes à l'aide qu'elles pouvaient recevoir dans leurs relations avec leurs enfants.

Nombreuses étaient leurs difficultés et leurs questions à propos de leurs enfants et l'équipe a pensé que quelqu'un d'extérieur, moins impliqué dans les interactions quotidiennes, pourrait plus facilement les rencontrer. Il a donc été fait appel à un psychologue expérimenté dans le travail avec les enfants et les parents à qui l'équipe a demandé d'animer, deux fois par mois, le soir après le repas, une réunion d'échanges avec les femmes.

Au départ, les réunions étaient exclusivement centrées sur les questions des enfants. Les femmes sans enfant pouvaient y participer, mais elles se sentaient peu concernées.

Le centrage a évolué : comme on le devine, parler de la relation mère-enfant a amené dans les échanges de nombreux éléments sur la relation des mères à leurs propres parents, leur enfance, leur histoire, tout elles-mêmes en définitive. Et progressivement, la place des femmes sans enfant s'est ouverte.

On gardait cependant à coeur de débuter la réunion sur un ou plusieurs thèmes précis de l'éducation pour éviter une trop grande dispersion des questions : l'enfant et son père (ce qui est revenu de très nombreuses fois), les difficultés de sommeil, d'alimentation, les jeux, les punitions, frapper l'enfant, la vie sexuelle...

Avec l'accroissement de la rotation des femmes dans la maison, il est devenu de plus en plus difficile de maintenir la succession de thèmes et même de partir toujours de questions qui concernent les enfants. Pour beaucoup de femmes présentes dans la maison pour des séjours brefs, qui viennent parfois d'arriver le jour même, les réunions sont une des premières occasions de se raconter, de nouer des liens avec les autres, de s'intégrer dans le groupe.

Aujourd'hui, je présente chaque fois pour les nouvelles la réunion de la manière suivante : «Nous nous réunissons pour parler de ce qui vous tracasse à propos de vos enfants, à propos de vous-mêmes comme mamans, et aussi comme femmes».

Il y a donc une très grande souplesse dans le déroulement de la réunion. Il est plus important pour moi que chaque femme puisse faire l'expérience, parfois tout à fait nouvelle pour elle, de prendre la parole et d'être écoutée dans un groupe pour y dire quelque chose de sa souffrance, plutôt que de vouloir à toute force ordonner des échanges sur tel ou tel thème éducatif.

c. Quelques points de complément

• *Un psychologue masculin ?*

L'équipe et moi nous étions demandé au départ si les multiples expériences négatives des femmes dans leur rapport aux hommes ne rendraient pas difficile la relation de confiance avec un psychologue masculin.

Cette difficulté a sans conteste été présente dans certains cas. Sans pouvoir en comprendre tout à fait les causes, je pense à des femmes qui en réunion n'arrivaient pas à me parler ni à me regarder et s'adressaient toujours aux autres femmes quand elles prenaient la parole.

Mais dans l'ensemble l'expression des femmes est assez aisée avec moi et il me semble même y avoir deux avantages à la présence d'un homme : d'une part, les femmes ont ainsi l'occasion de nouer un lien positif avec un homme et de constater que ce type de lien est encore possible et ouvert; d'autre part, dans de telles réunions à propos des enfants, la présence d'un homme évoque symboliquement le père dont la parole peut plus facilement trouver un relais. Cela est très nécessaire. Nous y reviendrons plus loin.

• *La présence aux réunions d'un membre de l'équipe d'animation*

La personne de l'équipe présente dans la maison ce soir-là participe généralement aux réunions. Sa participation est discrète, mais sa position n'est pas celle d'un observateur. Elle n'a pas de fonction particulière dans la réunion. Il lui arrive de parler à son tour de ses enfants ou d'elle-même.

• *L'absence des enfants*

Les enfants ne participent jamais aux réunions. Il est important que les mamans puissent disposer de ce moment où elles se retrouvent entre adultes, tranquillement, plus à l'aise pour parler de certaines choses, et cela aide les enfants à reconnaître la limite des générations. Cela est particulièrement un bien pour des enfants uniques ou des enfants qui ont toujours partagé la totalité de la vie de leur mère.

• *La liberté de participation*

La participation aux réunions est libre mais encouragée, surtout pour les mamans. Il n'est pas rare que des femmes choisissent de sortir, d'aller dormir ou de regarder la télévision.

En revanche, certaines qui ont quitté la maison y reviennent parfois les soirs de réunions.

• *Les réunions d'évaluation avec l'équipe d'animation*

Une fois par an au moins, l'équipe et moi parlons ensemble du travail effectué, reprécisons les objectifs, échangeons nos impressions et nos échos. La fréquence de ces réunions me semble bonne : suffisante pour alimenter le travail et en même temps pas trop intense pour garantir mon «extériorité».

2. AU CENTRE DES ÉCHANGES

a. L'homme et le couple

L'homme est souvent présenté par les femmes comme exigeant, tyrannique, velléitaire, violent, alcoolique, et en même temps dépendant d'elles pour la vie quotidienne, sinon pour les revenus du ménage, généralement peu capable de s'occuper des enfants mais en tirant cependant une certaine fierté, supportant extrêmement mal le départ de sa femme, la suppliant de revenir, promettant de s'amender pour refaire une vie nouvelle. Plusieurs femmes concluent en disant qu'il est avec elle comme un enfant avec sa mère.

Le séjour à «La Porte ouverte» est un acte de rupture qui accroît par certains aspects l'inquiétude de la femme : crainte de se mettre en défaut à l'égard de la justice en quittant le ménage, crainte des représailles du mari sur elle ou sur les enfants, culpabilité et tristesse de la perte de leur cadre de vie, de leur maison, et des enfants quand ils sont restés là-bas ou chez d'autres.

Mais pour de très nombreuses femmes, ce départ leur donne d'abord force et fierté. Elles se sont rendues capables de se soustraire à l'emprise de l'homme sur leur vie et sur leur corps :

«Il n'aurait jamais pensé que je pouvais faire ça !»

«Il voit maintenant ce qui lui manque».

«On me dit qu'il maigrit, il pleure pour que je rentre, il ne peut se passer de moi».

On a souvent le sentiment en fait que le départ s'inscrit dans un jeu de force et de pouvoir à l'intérieur du couple. Beaucoup de ces femmes possèdent un certain ascendant sur l'homme : par leur niveau d'étude, par leur travail si lui n'en a pas, par leur bonne gestion du ménage, par leur lien étroit avec les enfants, par leur attrait physique. La violence des hommes à leur égard (brutalité, insultes, humiliations de toute espèce) est alors une tentative de combler leur infériorité et de conquérir une apparence de domination virile.

Quitter l'homme, c'est bien souvent l'obliger à reconnaître sa dépendance, son insuffisance, sa détresse. Cela peut donner à la femme un goût de victoire, mais passager, car s'il y a retour les représailles ne manqueront pas.

Dans ces couples, un jeu dominant-dominé se perpétue où les rôles se renversent d'une position à l'autre.

b. Les enfants

Ces sortes de liens qui mêlent dépendance et domination se reproduisent dans la relation mère-enfant :

a) ***Marc***, fils de Danielle, a 4 ans. «Il a un terrible pouvoir sur moi», reconnaît la mère, spécialement en présence d'autres personnes. Quand quelque chose ne lui plaît pas, il casse. Il pleurniche, il crie, il donne des coups de pied jusqu'à ce qu'il obtienne ce qu'il veut. Il refuse ce qu'on lui demande en disant : «Si moi je dis non, c'est non».

«Marc ressemble beaucoup à mon père. Quand il me regarde, il me fait des yeux comme ça, je me sens surveillée par lui. Encore maintenant, mon père me regarde comme si j'étais une enfant. Mais il s'est toujours occupé de moi plus que ma mère qui, elle, criait et me battait. J'ai d'ailleurs fui ma famille très jeune pour me marier. Mon mari était un gars gâté par sa famille, mais qui a connu un grand malheur : sa mère s'est suicidée quand il avait quinze ans. Cet homme me méprisait énormément».

Danielle s'est séparée de son mari quand elle attendait Marc. Elle a fait un séjour à «La Porte ouverte», a quitté la maison et vit depuis avec Pierre, mais elle revient aux réunions.

Elle ne sait quelle place laisser à Pierre auprès de l'enfant («Comment faut-il qu'il l'appelle ?», demande-t-elle). Elle dit qu'elle supporte mal que Pierre s'occupe de lui.

Danielle ne sait en fait quelle place donner auprès d'elle-même à son nouveau compagnon. Elle se sent très coupable de sa nouvelle liaison à l'égard de son mari, mais aussi de son père. Ces deux visages, elle les retrouve probablement en Marc. Elle dit même que plus tard, elle serait prête à demander à Marc s'il est d'accord qu'elle reste avec Pierre.

Ce pouvoir qu'elle accorde à Marc déclenche en même temps chez elle des sentiments très violents : «Parfois, devant Marc, je n'arrive plus à me contrôler. Une nuit Pierre dormait, j'ai failli étrangler mon fils».

b) Patricia a un fils de 4 ans également, ***Fabrice***, né d'un père nord- africain. Sa mère le décrit : «Il se laisse aller en tout, il parle mal (peu de mots de vocabulaire, pas de phrase, mauvaise articulation), il a besoin de moi pour se laver, s'habiller. Quand il descend les escaliers, il faut le tenir fermement ou se mettre devant lui, sinon je crois qu'il marcherait dans le vide et se laisserait tomber. Il est tout à fait distrait; quand on lui parle, il a le nez en l'air, il n'écoute pas. Quand je lui demande de dessiner, il tient mollement le crayon et n'appuie pas sur la pointe, il n'arrive pas à faire des traits. Et cependant, ajoute-t-elle, quand il aime quelque chose, il y met plus de force : il arrive à mettre des disques et à actionner le tourne-disque, construit des tours en légo, etc.».

Patricia parle beaucoup de la couleur de la peau de Fabrice : «Les enfants de l'école le rejettent à cause de cela. Dernièrement ils lui ont craché à la figure en le traitant de singe».

Elle est persuadée qu'il n'arrivera pas à faire sa vie en Belgique à cause de sa peau et qu'il partira vivre en Afrique à sa majorité. C'est la raison pour laquelle elle ne veut pas lui parler de son père avec qui elle a rompu et qui est rentré là-bas. Mais Fabrice appelle papa tous les hommes qu'il croise dans la rue et Patricia ne sait que lui dire.

Patricia n'ose pas se montrer ferme et exigeante avec Fabrice. «S'il est en retard, c'est peut-être parce qu'il a eu des convulsions étant petit, dit-elle, je ne sais si je peux lui demander quelque chose qu'il ne peut pas faire».

Cette maman est habitée par un noeud de tendances : d'une part, elle se montre fort couvante et fait tout à la place de Fabrice; d'autre part, les termes qui lui viennent en parlant de lui sont : non-acceptation, rejet, séparation, incapacité.

L'enfant lui répond par son inertie, sa lenteur, sa mollesse, sa distraction, en imposant à sa mère de s'occuper de lui. Mais il cherche aussi par son comportement à se rapprocher d'elle.

c) *«Mon enfant est tout pour moi»*, dit la mère

Pour beaucoup de femmes, leur enfant représente «tout pour elles».

Leur attachement à l'enfant passe avant celui à l'homme et compense les échecs du couple.

«Les hommes m'ont trop fait souffrir», disent-elles.

Elles supportent souvent fort mal aussi que d'autres femmes s'occupent de leur enfant à leur place, ou leur donnent des conseils.

Tout cela provoque parfois une forte opposition de la part de l'enfant qui cherche à se dégager de l'emprise de sa mère. Il refuse de manger, refuse de s'endormir, refuse d'obéir. «Il ne se retourne même pas quand je l'appelle», m'ont déjà dit plusieurs.

L'agressivité de l'enfant se déplace aussi parfois sur d'autres femmes du groupe, semant comme on le devine la zizanie entre elles, ou sur d'autres enfants.

Mais à ces attitudes de refus ou d'opposition se mêlent des demandes intenses de présence maternelle («il exige que je l'habille, il ne veut pas aller dormir si je n'y vais pas aussi») qui répondent en écho à cet attachement.

d) *«Et papa ?»* demande aussi l'enfant

Les enfants, pas tous, posent à leur mère des questions sur leur père :

«Où est-il ? Pourquoi je ne le vois pas ? Quand pourrai-je le revoir ?» Ces questions les embarrassent, les mères ne savent comment y répondre.

Il est difficilement supportable, voire même incompréhensible pour certaines femmes, que les enfants reparlent de leur père, désirent le revoir «après tout ce qu'il nous a fait subir».

Pour toutes celles qui sont bien décidées à ne pas rentrer, il y a le danger que le père, s'il revoit l'enfant, ne veuille plus le rendre ou disparaisse avec lui. Je pense en particulier aux pères d'Afrique du Nord dont certains sont rentrés dans leur pays avec l'enfant, et les mères, belges, ne les ont plus revus.

Mais derrière cette crainte s'en profile une autre : celle de l'attachement de l'enfant à son père, celle aussi qu'il ne préfère vivre avec lui : «Si je lui parle de son père, cela ne va-t-il pas lui donner envie de le voir plus souvent ?» ou encore : «Si mon enfant revoit son père, que va-t-il lui payer comme cadeau pour se l'attacher ?».

A un niveau plus inconscient, on peut se demander si ces femmes ne ressentent pas les questions des enfants sur leur père comme un reproche agressif, les rendant elles-mêmes responsables de la désunion familiale[2].

Certaines femmes, en particulier celles qui enfants ont été elles-mêmes privées de la présence d'un des deux parents, expriment des remords et estiment important que l'enfant puisse continuer à garder contact avec le père. «Une mère a-t-elle le droit de séparer un enfant de son père ?» demandait quelqu'un, ou «A qui appartient l'enfant, au père ou à la mère ?».

Il y a aussi toutes les questions à propos des nouveaux couples : «Comment faire pour réintroduire un homme dans ma vie ? Comment le présenter à mes enfants ? Est-ce que l'enfant doit dire papa à d'autres hommes ?». Toutes questions qui, bien entendu, les concernent d'abord elles-mêmes dans la place qu'elles désirent donner à l'homme.

Certaines femmes m'ont déjà dit que le courant de haine à l'égard de l'homme est tel chez elles que parler à l'enfant de son père sans le charger leur semble impossible. Elles préfèrent se taire, ce qui est déjà bien sûr une forme de respect que je souligne comme tel.

Mais quelques enfants ne disent rien de leur père, ce que la mère peut interpréter comme «ça ne lui fait pas grand-chose de ne pas voir son père, il n'en parle plus». Ces enfants, probablement, sentent les choses comme trop brûlantes pour en parler, ou leur mère trop vulnérable, et ils la protègent par leur silence.

---

2 Un peu comme un enfant peut reprocher le décès d'un parent au parent survivant : c'est celui qui est présent qui est pris à partie.

e) *«Le mien n'est pas ici»*

Il y a aussi toutes les mamans de «La Porte ouverte» qui sont séparées de leur enfant ou qui vont l'être.

- Les mamans dont l'enfant est resté avec le père et plus souvent chez les grands-parents paternels : «Je n'ai plus de nouvelles de lui depuis mon départ; mon mari ou ma belle-mère ne voudra jamais que je le revoie; que sont-ils en train de lui dire de moi ? Que va-t-il penser de sa mère ?».

Vient alors la tentation de revivre avec le mari pour pouvoir revoir l'enfant, associée à la culpabilité de l'avoir laissé à cause des problèmes de couple.

Et quand l'enfant peut passer quelques heures avec elle, quel moment divin! «Vous auriez dû voir comme il aimait rester sur mes genoux, comme il a déballé le cadeau que je lui ai offert». Ou, pour les plus petits : «Il m'a tout de suite reconnue». Miracle, elles sont toujours mères !

- Les mamans dont l'enfant ou les enfants sont placés, parfois depuis des années. Dans certains cas, elles n'ont plus de nouvelles de lui depuis longtemps. Très vraisemblablement, elles n'ont entrepris aucune démarche pour le revoir. Et cependant, ceci m'a frappé dans plus d'un cas, elles sont émues, parfois en larmes, quand elles me disent leur prénom et leur âge.

Ces mères qui ne donnent plus signe de vie à leur enfant sont loin de l'indifférence ou du rejet, comme peuvent le penser certaines instances de placement ou parfois le personnel de maisons d'enfants. Elles ont un vécu de mère coupable, mauvaise, indigne de son enfant, pensant ne plus pouvoir lui apporter quelque chose de bon si elle le revoyait, craintive de ce que l'enfant pourrait penser d'elle ou lui dire si elle le rencontrait, honteuse vis-à-vis de ceux qui s'occupent de l'enfant dans le home. Plus profondément, il y a chez certaines femmes une absence intime de référence quant à la relation parentale, en rapport avec leur propre enfance, une sorte de vide de représentation sur ce qu'une mère peut être avec son enfant. Tout cela est chargé de souffrance et très éloigné de l'oubli ou de la froideur.

- Il y a aussi le cas pénible de cette jeune femme souffrant d'une insuffisance intellectuelle légère. Elle a un enfant de 8 mois qu'elle oublie de nourrir, qui est à deux doigts de tomber de sa chaise haute alors qu'elle se trouve à quelques mètres de lui, qui a été hospitalisé pendant un mois il y a peu quand elle vivait avec lui, parce qu'il était tombé de la table.

Elle est en sortie continuelle et cherche, dit-elle, un papa pour son enfant. Celui qui a accepté de lui donner son nom et qui n'est pas son père de naissance est resté trois semaines avec elle.

L'équipe lui a proposé de confier provisoirement l'enfant à une famille d'accueil tout en conservant des contacts avec lui. Elle était au départ très hésitante : elle ressentait elle-même ses difficultés à s'occuper de son enfant, mais elle était hantée par les menaces de sa mère qui lui disait : «Si tu n'éduques pas toi-même ton fils, tu n'es plus ma fille, tu ne mettras plus les pieds dans ma maison». Une mère dont elle avait été pourtant pendant des années l'enfant maltraitée, battue, blessée. Mais avec laquelle elle était en recherche désespérée d'un lien positif.

Elle a fini par accepter et aujourd'hui va régulièrement rendre visite à son enfant dans la famille d'accueil. Elle me semble depuis plus épanouie comme femme, et même comme mère : je suis par exemple frappé d'entendre qu'elle peut décrire les comportements, les jeux, l'évolution de son enfant avec plus de précisions et de nuances qu'elle ne le faisait quand elle en avait la charge.

Il était et il continue à être important de lui dire qu'elle a pris là une décision de bonne mère, attentive au bien de son enfant et à ce qui lui est nécessaire pour grandir. Car confier son enfant à d'autres peut être un geste de véritable amour.

3. VISÉES ET LIMITES D'UN TEL TRAVAIL

a. Visées des interventions

a) *Permettre un espace de parole, en groupe, où il est question des enfants*

Le but premier des réunions est de constituer un espace de parole supplémentaire où des choses actuelles et anciennes qui ont tant de fois été agies, et notamment leur départ, puissent être dites, symbolisées, partagées, et circuler. C'est ce qui se fait déjà dans les entretiens avec les membres de l'équipe, c'est ce qui se fait entre elles chaque jour, et pour l'une ou l'autre c'est ce qui se fait dans des entretiens thérapeutiques à l'extérieur[3].

Cependant, ces réunions présentent plusieurs particularités :

- D'une part, le groupe y est important : parler à plusieurs, être écoutée sans être jugée, s'arrêter de parler, céder la parole, percevoir à travers les mots le caractère personnel et singulier de leur expérience et à la fois les points de proximité avec l'expérience des autres, tout cela est essentiel.

«Je vois qu'on a toutes de gros problèmes»; «On est toutes ici un peu pour la même chose», mais aussi : «Mon mari n'est pas tout à fait comme le tien» et «Ma fille a fait cela aussi à 5 ans mais pas pour les mêmes raisons».

Il m'arrive souvent de demander : «Entre ta situation et celle dont Monique vient de parler, est-ce que tu vois des points communs, des points différents ?».

---

3 La majorité des femmes ne reçoit pas d'aide psychothérapeutique à l'extérieur. Il semble y avoir de nombreuses barrières : manque d'accessibilité, difficultés d'une démarche régulière, méfiance à l'égard des psychologues, etc. Les entretiens avec les membres de l'équipe portent essentiellement sur la réalité : travail, logement, situation sociale et matérielle, mais sont d'un grand soutien psychologique pour les femmes.

La question de l'autre, l'écho de l'autre, la présence de l'autre aide à mettre les choses à distance. Pour des personnes qui ont beaucoup vécu dans l'immédiateté des actes et des corps, on expérimente ce que peut être la fonction première du langage, c'est-à-dire la fonction de coupure.

L'autre est un miroir qui aide la femme à se repérer, à consolider son identité. Et ce raffermissement d'elles-mêmes à travers les compagnes d'un moment est une des dimensions premières du travail à «La Porte ouverte», plus fondamentale peut-être que le travail de deuil de ce qui est perdu, ou de représentation d'autre chose.

«Et toi, Andrée, qui as eu aussi trois enfants, qui sont passés par cet âge, tu te souviens avoir connu avec eux des difficultés de sommeil ?» ou tout simplement : «Qui voit comment Henriette pourrait faire avec sa petite fille ?».

- D'autre part, parler des enfants permet parfois d'exprimer plus facilement des choses importantes sur soi-même, notamment dans ce qui touche à son passé, sa propre enfance. Et pour la très grande majorité des femmes, leur enfance a été très chargée (divorce, placements, mauvais traitements, difficultés scolaires...) Et il est important qu'elles puissent en parler si elles le désirent.
- Enfin, l'écoute par un psychologue, moins engagé dans la réalité de tous les jours, mais présent cependant sur leur lieu de vie du moment, peut porter sur les désirs, les craintes moins conscients et aider ainsi à une verbalisation élargie de la personne.

b) *Rendre le père symboliquement présent*

Cet objectif me semble essentiel dans ce groupe de femmes en échec dans leur relation de couple et dont l'enfant peut devenir l'objet d'investissement compensatoire, parfois exclusif.

Cette dimension de mon intervention est autant le fait de ma présence masculine que de l'évocation du père dans les échanges. Les amener à se demander pourquoi un père agit de telle manière (par exemple venir hier menacer le directeur de l'école de son fils en exigeant qu'il le lui donne) reste souvent sans réponse. Mais la question est posée.

c) *Renforcer le sentiment de valeur des femmes*

Ces femmes connaissent une situation d'échec et sont dans une position d'assistées. Elles ressentent une perte de valeur qui s'ajoute à toutes celles qu'elles ont connues dans le passé. Même si la force d'avoir pu sortir de l'ornière de leur vie et de venir ici leur a déjà restitué une certaine fierté, elles doutent intérieurement de leurs capacités de femme et de mère, spécialement celles qui ne sont pas à «La Porte ouverte» pour la première fois.

Je cherche le plus souvent possible à encourager, apprécier, faire apprécier par les autres les solutions qu'elles trouvent, la manière dont elles parlent, les sentiments qui sont les leurs. Une femme me disait ne pas savoir s'occuper de son fils, ne pas être capable de jouer avec lui, ni lui parler et poursuivait ainsi : «Si je suis revenue ici, c'est pour mon fils, moi je n'aime pas tellement être ici, mais lui voit d'autres enfants et ça lui fait du bien d'être ici». Je n'ai pas manqué de relever l'affection pour lui dont elle témoignait de cette manière.

Autre chose : j'appelle les femmes par leur prénom avec leur accord et je leur propose de faire de même avec moi. Je m'efforce de retenir les prénoms et de les utiliser à l'arrivée, au départ, et au cours de la réunion. Je note soigneusement également les prénoms et l'âge de leurs enfants. Cela renforce leur sentiment de compter pour quelqu'un.

A cela s'ajoute ce qui peut être fait pour alléger leur culpabilité, particulièrement dans ce qui touche au «départ du toit conjugal», au choix d'une nouvelle relation amoureuse ou au fait de ne pas s'occuper elles-mêmes de leurs enfants.

d) *Les liens à l'intérieur de leur histoire*

Il n'est pas rare, spécialement celles qui participent à plusieurs réunions, que les femmes parlent spontanément de leur passé, de leur enfance, des relations à leurs propres parents, et établissent peu à peu des liens à l'intérieur de leur histoire. Cela les aide à comprendre mieux ce qu'elles vivent et qui se répète (par exemple les attitudes à l'égard des enfants). Le poids de la culpabilité peut aussi en être allégé.

On peut bien entendu les y inviter quand le climat de confiance est bon, quand on les sent assez fortes et désireuses de le faire. Mais il faut être prudent parce que la prise de conscience de similitudes entre le présent et le passé peut aussi leur laisser l'impression qu'elles sont prises dans quelque chose de fatal, d'irréparable et accroître leur sentiment d'impuissance : «Tu vois, ma mère n'avait déjà pas la patience avec les enfants, c'est dans la famille». Elle vivait cela en termes de tare génétique. L'hérédité prend parfois une place très importante dans leurs pensées.

e) *Emettre des propositions éducatives*

Tout en conservant à l'esprit l'importance première de comprendre tant de comportements parentaux qui correspondent souvent peu à mes schémas de «bon parent», l'importance d'être le moins normatif possible, il n'est pas rare que je fasse en réunion des propositions éducatives, mais en les développant ensemble.

Par exemple :

- «Je pense que tu aiderais ton enfant en lui parlant de son père de naissance, veux-tu qu'on essaye de voir ensemble ce que tu pourrais lui en dire ?».
- «A quatre ans, il est assez grand pour apprendre à se laver. Par quoi pourrait-il commencer ?».

Il y a lieu d'être attentif à ne pas pousser une mère à se dégager trop brusquement de ce qu'elle fait pour son enfant. Le «faire tout pour lui» risque de se renverser en «ne plus rien faire pour lui». Les conseils d'autonomie doivent être prudents.

b. Difficultés, limites et effets

a) *Le groupe mouvant*

Les séjours étant de durée très variable, certaines femmes participent à un grand nombre de réunions, et j'aurais le désir d'aller plus loin avec elles; mais à chaque réunion, de nouvelles personnes sont présentes qui n'assistent parfois qu'à une seule réunion.

Le groupe roule ainsi à «plusieurs vitesses». Je cherche à donner assez bien la parole en début de réunion aux nouvelles venues. Il faut souvent reprendre en résumé des propos des réunions antérieures pour aider les nouvelles à être dans le coup.

J'ai été souvent frappé de l'accueil, de la tolérance, de la patience des anciennes à l'égard des nouvelles, tranchant peut-être avec ma propre impatience.

J'ai eu aussi l'impression, à certaines périodes, que malgré la rotation, toutes les questions ne devaient pas toujours être reprises à leur point de départ. Quelque chose semble se transmettre entre elles malgré les nombreux départs et arrivées, une micro-culture «Porte ouverte» dans la constitution de laquelle l'équipe tient bien entendu une part importante.

Le caractère éphémère, épisodique des relations que je connais avec elles n'est-il pas d'ailleurs le propre même de leur vie relationnelle ? Elles me font vivre ce qu'elles vivent.

b) *Que peuvent conserver les femmes de ces réunions ?*

Pour celles qui ne viennent qu'une ou deux fois, simplement peut-être cette expérience de prise de parole et d'écoute de groupe; un moment d'atténuation de leur isolement émotionnel; peut-être aussi une rencontre non négative avec un psychologue.

Pour les autres ?

Deux d'entre elles ont poursuivi ces réunions par des entretiens individuels de consultation avec moi, l'une à «La Porte ouverte», l'autre au centre où je travaille, ce qui est plus difficile mais préférable par rapport aux autres résidentes.

Il est impossible, dans les effets, de séparer l'utilité de ces réunions de l'ensemble de l'aide quotidienne apportée par la maison et l'équipe.

Ces réunions ont-elles parfois apporté un changement dans la relation mère-enfant, voire dans le triangle père-mère-enfant ? Ont-elles aidé à rassurer, déculpabiliser, renforcer la fierté ou le plaisir d'être mère ? Ou le contraire peut-être parfois ? Qui le dira ?

Si effets il y a, ils se situent sans doute d'abord au niveau des liens entre elles, de leur solidarité, de la consolidation de leur identité de femme (et par là de mère).

Comme dans toute expérience de travail de prévention, on demeure sur des questions et on manque d'outils d'évaluation.

Un point particulier pour terminer : la question du repérage des signes d'alerte de certains enfants en souffrance pour qui une aide individuelle (à lui ou à sa mère) serait nécessaire. L'équipe qui voit l'enfant chaque jour et le psychologue qui participe aux réunions de l'équipe sont mieux placés que moi pour ce travail. Il m'est difficile en effet de me faire une idée précise d'un enfant que je ne connais que sur la base de quelques propos de sa mère en réunion. Mais il m'est arrivé de parler hors réunion avec l'équipe des problèmes de l'un ou l'autre enfant au sujet desquels il y avait une inquiétude et d'envisager avec l'équipe une solution.

L'école, un lieu pour vivre[1]

Je reçois en consultation voici peu d'années un garçon de dix ans qui suit l'enseignement spécial pour des difficultés spécifiques d'apprentissage du type troubles instrumentaux. Il souffre énormément de se trouver dans ce type d'enseignement qui, dit-il, le relègue au rang des handicapés. Depuis plusieurs années, il pleure littéralement pour regagner une école ordinaire.

Sur base de ses résultats scolaires, de ses acquis pédagogiques, de tests psychologiques, tous les adultes qui l'entourent (enseignants, psychologue d'école, parents et moi-même) nous opposons à sa demande. Nous estimons qu'il n'a aucune chance de réussite en dehors de l'enseignement spécial, du moins actuellement.

Il insiste encore. Les parents, les premiers, finissent par céder. Pourquoi ne pas essayer ? Et contre toute attente, voilà que ce garçon arrive à terminer ses études primaires dans une école ordinaire, non sans difficultés, certes, mais de manière honorable.

De plus, il y a un an, il veut s'inscrire en première année du secondaire général dans une école réputée exigeante. Nouvelle perplexité des adultes qui, cette fois, suivent son souhait. En septembre dernier, il me téléphone, avec quelle fierté, pour m'annoncer la réussite de ses examens de passage. Le voici en seconde.

Inutile de vous dire combien cette expérience, simple, nourrit ma réflexion. La force de la demande de ce garçon, l'intuition de ses aptitudes cachées lui avaient donné à lui, plus qu'aux adultes, le savoir sur ce qui est bon pour lui, la connaissance de ce qui est son intérêt. Mais la présence de ces adultes, la parole échangée avec eux, et peut-être leur attitude de refus elle-même n'ont-elles pas compté dans sa détermination ?

L'école comme lieu d'échanges, de parole, de rencontre, de recherche. Comme **lieu de demande**[2], comme **lieu de joie**[3]. L'école en un mot comme lieu pour vivre, adultes avec enfants, tel est le thème de cet exposé qui se divise en trois points.

1. L'institution scolaire «dans tous ses états».
2. Du moi qui croit posséder au sujet en quête de rencontre.
3. Dix voies parmi d'autres pour faire de l'école un joyeux lieu de vie (et de santé mentale).

---

1 Présenté à Bruxelles en présence de Sa Majesté la Reine Fabiola, le 17 décembre 1991 à l'occasion d'une journée d'études organisée par la Fondation Nationale Reine Fabiola pour la Santé Mentale sur le thème : Ecole et santé mentale. Publié antérieurement dans *Humanités Chrétiennes*, 1991-1992, 3, Bruxelles, pp. 205-212.

2 RENDERS, Xavier, *Le jeu de la demande. Une histoire de la psychanalyse d'enfants*. De Boeck, 1991.

3 SNYDERS, Georges, *La joie à l'école*, P.U.F., 1986.

1. L'INSTITUTION SCOLAIRE DANS TOUS SES ÉTATS

De nombreux sociologues estiment qu'au cours de ces trente dernières années, nous assistons à un mouvement qui va en s'accentuant. Il s'agit de l'importance croissante prise par **la recherche de l'épanouissement individuel**, du bonheur individuel, de la satisfaction individuelle.

Ce mouvement est celui qui définit classiquement la modernité. Il n'est donc pas récent. Il date de près de deux siècles. Cependant, pendant des dizaines d'années, la recherche du bonheur individuel se trouvait en équilibre ou en harmonie avec le souci du bien commun. Or, estiment les sociologues, **cette croissance de l'individuel** s'opère depuis trente ans **au détriment des institutions sociales**. Celles-ci, on le constate, sont depuis les années soixante en déclin : institution du mariage, institutions politiques, institutions d'Eglise, **institution scolaire.**

Comme l'écrit le sociologue Louis Roussel : «*Ce qui se défait sous nos yeux, c'est la croyance en la légitimité de l'ensemble des institutions et ce qui gagne du terrain, c'est la croyance en la gratification privée*»[4].

Déclin de la croyance en la légitimité de l'institution scolaire. **Déclin de cette croyance, doute sur cette légitimité** se sont peu à peu installés dans l'esprit de tous : des parents, des responsables politiques, des élèves et étudiants, des professeurs eux-mêmes.

Des parents : l'école prépare mal nos enfants, ne leur donne plus de valeur; elle donne trop peu de travail ou elle donne trop de travail; les profs ont la belle vie, ils ont beaucoup de vacances; il y a trop de jours de congé; l'enseignement se dit gratuit mais nous coûte très cher...

Des responsables politiques : l'école gaspille les moyens; l'école est une entreprise peu rentable; quoi que nous fassions pour eux, les enseignants sont mécontents...

Des élèves et étudiants : l'école nous ennuie; l'école prend tout notre temps; ce qu'on apprend ne sert à rien et puis, de toutes façons, après, le chômage... Puis, joignant le geste à la parole : décrochages, vandalismes, vols, insultes, mépris, refus d'obéir.

Des professeurs eux-mêmes : les élèves ne savent plus rien; les parents se lavent les mains, ils nous délèguent toute leur responsabilité éducative; nos carrières sont planes, répétitives, sans changement possible; nos salaires sont parmi les plus bas; nous n'intéressons personne.

On pourrait en rajouter.

---

4 ROUSSEL, Louis, *La famille incertaine*, Edition Odile Jacob, 1989.

2. DU MOI QUI CROIT POSSÉDER AU SUJET EN QUÊTE DE RENCONTRE

Toutes ces paroles de doute et d'amertume sur l'institution scolaire ne manquent pas de raisons, de « *bonnes*» raisons, si l'on veut. A chacun **ses** raisons de critiquer l'école. A chacun **sa** contestation de la légitimité du bien commun qu'est cette institution sociale.

C'est en **ces bonnes** raisons que se situe, très précisément me semble-t-il, le point de crise de nos sociétés, mis en relief par les sociologues, et qui dépasse de loin le paysage scolaire. Je m'explique.

Satisfactions et gratifications individuelles sont aujourd'hui devenues des **impératifs.** Ils sont érigés (par les médias mais pas seulement) en **ordres sociaux : sois** épanoui, **sois** satisfait, **désire, choisis** ta voie, tes options, tes cours, ton avenir.

Dès lors qu'ils sont injonctions, ces termes se vident de leur sens, perdent leur qualité de valeur, se réduisent à des images, des stéréotypes, des modèles. «*J'ai à penser à mon bonheur (adulte ou enfant), c'est ça qu'on attend de moi*». Et chacun de nous, même à son insu, s'y conforme.

Le centre de la **pensée** devient moi, ce **moi,** ou plutôt cette image du moi satisfait et choisissant que la société propose ou impose. Moi des acquis, moi des biens, moi de l'avoir. Image de **ma** plénitude et de **ma** réussite.

Quoi de surprenant que cette même **pensée** aboutisse dès lors au **désinvestissement du nous,** du bien propre à plusieurs, du bien commun qu'est l'école. D'une école qui dès ce moment n'est, en effet, plus l'affaire de personne, mais un lieu anonyme, extérieur, contraignant, dont on attend tout et rien, debout par la force des choses, sorte de **coquille creuse.**

On le réalise, on se trouve là devant un **mouvement extrêmement inquiétant** de notre société. Il prend de l'ampleur. De nombreux phénomènes sociaux s'y rattachent, sur lesquels je ne peux m'étendre ici : violence, racisme, isolement, compétitivité exacerbée.

Comme psychologue-psychanalyste, je caractériserais ce mouvement de la manière qui suit.

Notre société **promeut le moi,** instance psychique qui croit **posséder** et surtout croit **se posséder.** Elle tend à faire de nous des petits moi de moins en moins reliés entre eux, petits clones ou petits clowns.

Se trouve menacé ce que j'appellerais, à l'opposé, le **sujet humain.** A l'inverse du moi, le sujet est **différence, singularité** mais par là mouvement d'avancée personnelle, recherche de rencontre, **quête d'altérité.** Avec, certes, toute sa part de risque, d'insécurité, d'indétermination. Mais avec toute sa chance de surprise, de fécondité, de créativité. A l'encontre du moi qui attend son bien, le sujet, lui, reconnaît que le prix à payer pour vivre et pour désirer est précisément la **non complétude,** l'insatisfaction, le manque.

Or, la construction d'une institution sociale, d'une école par exemple, est toujours **aléatoire**, puisqu'elle résulte de la rencontre de plusieurs. Par définition, elle est incertaine, mouvante, risquée.

Construire une école, chaque jour, croire en sa légitimité, y mettre ses convictions, ses valeurs, c'est donc, aujourd'hui, **aller résolument à contre-courant de la pensée ambiante** qui prône l'expansion du moi.

Sortir l'école de «*tous ses états*» pour en faire un lieu vivant, c'est se mettre radicalement d'un autre côté, du côté du sujet. C'est renverser la conception actuelle du bonheur individuel. C'est renouveler en profondeur son lien avec les valeurs collectives. Il y va, vous en conviendrez, d'un **choix éthique.** Selon moi, il est urgent de le poser, et, encore une fois, pas seulement dans le champ scolaire.

3. DIX VOIES PARMI D'AUTRES POUR FAIRE DE L'ÉCOLE UN JOYEUX LIEU DE VIE (ET DE SANTÉ MENTALE)

Ma perspective est bien entendu celle d'une école, lieu de rencontre de sujets humains. Beaucoup de ces propositions sont déjà, çà et là, réalité.

1e voie, par l'étymologie : ***école, du grec Skolè, loisir et lieu d'étude.***

Commentaire, au IIIe siècle, du grammairien Festus (le bien nommé) : «*Le nom d'école ne s'explique pas par l'oisiveté mais par le fait que, toutes autres occupations laissées de côté, les enfants s'y adonnent aux* ***études dignes d'hommes libres***»[5].

Donc, école : lieu de **loisir** et de **liberté dans l'étude.** En aucune manière oisiveté, relâchement, permissivité. Au contraire, **émancipation, ouverture, audace.**

Et je vous demande concrètement : comment soutenir les enseignants à oser ? A oser se réapproprier les programmes ? A oser jeter des ponts vers des collègues ? Comment encourager les élèves à oser ? A oser prendre personnellement possession des connaissances ? A oser dire les choses à leur manière ? A oser se tromper ?

2e voie, une pédagogie de la surprise

Seul **le problème** intéresse l'être humain, la question ouverte, sans réponse toute faite. Partir à la découverte des choses comme des détectives. Il n'y a pas d'évidence, pas de savoir qui ne puisse être interrogé. On peut au moins se demander comment on s'y est pris pour connaître la guerre de Cent ans; pourquoi notre géométrie est partie de tel pays, de tel espace; quels liens peuvent être faits entre l'enfance d'un auteur et son oeuvre.

3e voie, un travail d'équipe

Comment pourrait-il y avoir questionnement chez les élèves s'il n'y a pas **questionnement entre adultes ?**

5 PICOCHE, Jacqueline, *Dictionnaire étymologique du français*, Robert, 1979.

Faire de petites équipes de classe.

Chez les petits, une institutrice plus une éducatrice, préconisait Dolto, non seulement pour l'alimentation et l'excrétion, mais pour l'échange et le témoignage de l'échange entre adultes aux enfants[6].

Chez les plus grands : des liens entre les disciplines, un même problème étudié sous l'angle géographique, historique, linguistique. Inviter un collègue à son cours. Se soumettre à ses questions devant les étudiants.

4e voie, motiver sans pousser l'imitation

L'imitation d'autrui, moins encore la comparaison, ne stimulent jamais. Mais bien **la mise en valeur des qualités personnelles irremplaçables de chaque élève,** le prix donné à la différence.

Un enfant discret, timide, passif est souvent discrédité par un professeur et à sa suite, par toute une classe. On lui dit : « *Allez, vas-y, lance-toi comme tout le monde*». On ne réalise pas un instant qu'il peut être présent et apprendre autrement, par l'écoute silencieuse, les émotions intérieures, les vibrations subtiles.

5e voie, une erreur est toujours intéressante

Plutôt que le rouge sur la feuille, correction ou sanction, pourquoi ne pas **s'interroger ensemble**, élève et professeur, sur le pourquoi de l'erreur, comment on s'y est pris pour y arriver.

«Tiens, quel chemin as-tu pris pour arriver à ce résultat ?».

Mais non, les erreurs sont nommées fautes, productions mauvaises et le fautif est coupable, alors qu'elles témoignent si souvent d'une véritable **originalité** de pensée.

6e voie, le respect des particularités culturelles, économiques, nationales, familiales, morphologiques, langagières

On se moque du prénom peu courant d'un enfant. Pourquoi ne pas en comprendre l'origine, le patron, l'orthographe ?

On nargue l'enfant roux. Et si on lisait quelques textes mettant en scène des enfants roux. « *Savez-vous, les enfants, que le petit roi David était roux, oui, celui qui a battu le géant Goliath ?* ».

Dans une classe de Schaerbeek, une enseignante utilise le mot « *mesquin*». Un élève marocain : que veut dire ce mot ? Étroit, petit, répond-elle. Et tout joyeusement : en arabe, madame, il y a le mot « *miskin*», ça veut dire pauvre, c'est tout proche, n'est-ce pas ?

7e voie, l'affirmation de la Loi

L'école est un lieu de **formation morale.**

---

6 DOLTO, Françoise, *L'échec scolaire. Essais sur l'éducation*, Vertiges du Nord, 1989.

Prend-on le temps de dire aux enfants les grandes lois qui fondent l'humanité, et de les commenter concrètement ?

Loi d'interdit du meurtre, du coup, du vol, du mensonge. Loi d'interdit de l'inceste, du trop peu de distance, du trop de familiarité, du trop de proximité.

La dire, la Loi, mais surtout la vivre entre enseignants, entre adultes et enfants, en porter témoignage. Beau thème pour une journée pédagogique !

8e voie, l'écoute et la médiation

A qui chacun peut-il parler à l'école ?

Dire ses plaisirs et ses projets. Exprimer ses demandes, comme ce garçon que j'évoquais, sans pour autant recevoir satisfaction ou approbation. Dire ses soucis, sa déception, sa détresse sans être jugé.

Valorise-t-on assez l'écoute des élèves par les autres élèves, l'aide qu'ils peuvent s'apporter ?

Un directeur se donne-t-il le temps de « *perdre du temps*» en échanges informels, repas, petites promenades à gauche et à droite dans le bâtiment ? En a-t-il les moyens ?

Le **droit à la souffrance psychique** est-il reconnu à l'école ?

9e voie, une profession socialement créditée, bien rémunérée

Verrai-je de mon vivant la réalisation de cette utopie : **tous les enseignants payés pareil,** de la maternelle à l'Université, aux barèmes de l'Université ? Faire cours en faculté n'est ni plus mais ni moins difficile que vivre sept heures durant avec vingt charmantes frimousses de 3 ans. Ni plus, ni moins. Autre chose et en tout cas, de 3 à 25 ans, un fameux capital.

10e et dernière voie : le rire et le plaisir du moment présent

L'humour. Nous, professeurs, ne nous prenons-nous pas parfois trop au sérieux ? Ne nous confondons-nous pas avec un sacro-saint savoir à transmettre pour le bien futur de l'enfant, son avenir ?

L'essentiel n'est-il pas dans le présent ? Le nôtre, le leur.

On a trop répété aux jeunes : l'école, c'est ton avenir. Un avenir, bien souvent, projection de notre vie ou de ce que nous n'arrivons pas à en faire.

La **raison d'être des jeunes,** ne pensez-vous pas, est à saisir dans le temps qu'ils vivent, dans leur joie d'aujourd'hui, **dans le présent qui est leur demeure.**

UN MOT DE CONCLUSION

Vous souvenez-vous du Petit Poucet ?

Un enfant perdu ne retrouve pas son chemin.

Il quitte alors le plancher des vaches et grimpe dans l'arbre pour se repérer.

Pour prendre la bonne direction horizontale, il fait un détour, **se déplace**, dans une autre dimension, verticale.

Chers Collègues enseignants, je vous souhaite la force, et la joie de **vous laisser surprendre et déplacer** par vos élèves, par leurs questions, par leurs demandes. Pour pouvoir, à votre tour, **les surprendre et les inviter à se déplacer.**

BIBLIOGRAPHIE

DOLTO, F., *L'échec scolaire – Essais sur l'éducation.* Vertiges du Nord, 1989.

PICOCHE, J., *Dictionnaire étymologique du français.* Paris, Les Usuels du Robert, 1979.

RENDERS, X., *Le jeu de la demande. Une histoire de la psychanalyse d'enfants.* Bruxelles, De Boeck-Université, Collection Oxalis, 1991.

ROUSSEL, L., *La famille incertaine.* Odile Jacob, 1989.

SNYDERS, G., *La joie à l'école.* Paris, Presses Universitaires de France, Collection Pédagogie d'aujourd'hui, 1986.

ENFANCE ET PSYCHANALYSE

Sommaire

La thérapie analytique d'enfants[1]

On a trop souvent dit que la psychanalyse n'était pas une thérapie, que son but n'était pas d'amener une guérison ou un changement. On l'a trop identifiée à une navigation opaque, brumeuse et sans fin.

Personnellement, je n'hésite pas à me reconnaître à la fois comme thérapeute et analyste et j'aimerais aujourd'hui vous parler de la thérapie analytique et de la psychanalyse d'enfant à travers sa double dimension psychothérapeutique et analytique.

Sa dimension psychothérapeutique, c'est celle qui lui vient de son intention d'amener un mieux-être, un changement, chez l'enfant et chez ses proches, de redonner cohésion à l'enfant et de le remettre dans le circuit des échanges.

Cette dimension thérapeutique, l'analyse d'enfant la partage avec les autres psychothérapies. Et ce que j'en dirai appartient en quelque sorte au tronc commun des psychothérapies et constitue ce qui les rapproche.

Sa dimension analytique confère à la psychanalyse d'enfant une spécificité. L'analyse se centre sur l'inconscient et tout particulièrement sur l'inconscient dans le transfert.

Le projet analytique, car il y en a un, est de faire du patient, par la parole, le sujet de lui-même et de ce qui l'habite : sujet de son corps, de son corps désirant, sujet de son histoire qui s'origine dans celle de ses parents, sujet de sa souffrance. Et je tenterai de dire tout à l'heure ce que j'entends par là.

Je diviserai donc mon exposé en deux parties :

- Ce qui dans le travail analytique est psychothérapeutique, ce que fondamentalement l'analyse partage avec d'autres thérapies;
- Ce que représente en propre la démarche analytique : la spécificité de son contenu et de ses indications pour les enfants.

1. L'ANALYSE, PSYCHOTHÉRAPIE INDIVIDUELLE

Les enfants qui nous sont envoyés sont, pour des raisons et à des degrés divers, en difficulté dans leurs possibilités d'évolution et de communication. Non par leur propre fait, seulement ou nécessairement, mais aussi parce que ceux qui entourent l'enfant, malgré tous leurs efforts, ne peuvent souvent faire autrement que de le considérer et de le solliciter dans cette position particulière «d'enfant en difficulté». S'établissent ainsi entre l'enfant et son milieu de douloureuses répétitions auxquelles personne n'arrive à mettre un terme.

---

1 Texte publié antérieurement dans *Neuropsychiatrie de l'enfance et de l'adolescence*, 32 (9), 1984, Paris, pp. 451-457.

Je pense ici par exemple à une fillette de 8 ans qui présentait des difficultés d'apprentissage de type dyslexie, mais qui avait connu de nombreux problèmes de santé plus jeune. Cette enfant avait un visage tendu, les dents serrées, était sur ses gardes et à l'égard d'un peu tout le monde agressive et opposante. Elle rejetait ce qu'on lui proposait et on ne savait jamais si on lui demandait trop ou pas assez. Elle était aussi très exigeante et voulait tout et tout de suite. On la sentait hypersensible, vivant les choses à fleur de peau, au fond très souffrante.

Ses difficultés d'école lui faisaient mal et on avait cherché des tas de manières de l'aider (rattrapage, tante institutrice...). Mais on était pris dans un cercle : plus on cherchait à l'aider, à la soutenir, voire même à la comprendre, plus elle se cabrait, méfiante et mortifiée.

Comme on s'en doute, cette enfant est venue sur la défensive aux premiers rendez-vous, mais venue quand même. Au début, les échanges ont été très brefs. J'ai dit simplement combien je la sentais partagée, et déjà ces quelques mots à propos de ce qu'elle vivait avec moi et qui reproduisait sans doute bien des situations antérieures l'ont un peu détendue. Sa détente a entraîné celle de ses parents : quelque chose se mettait à bouger.

Dans tout traitement individuel d'enfant, il y a d'abord, me semble-t-il, la recherche d'une expérience relationnelle d'un type particulier. Les conditions dans lesquelles elle se déroule vont permettre à l'enfant d'expérimenter quelque chose de nouveau. Et on forme l'espoir, même si on aide en même temps ses proches, que le changement qui intervient chez l'enfant sera suffisant pour le dégager du cercle de la répétition et pour lui permettre peu à peu d'établir de nouveaux liens autour de lui.

On pourrait donc dire, comme premier point, que la thérapie individuelle mise sur le changement interne de l'enfant en difficulté pour susciter des modifications entre lui et ses proches. On considère donc l'enfant non comme un chaînon faible, mais un chaînon fort puisque capable d'être inducteur de changement, et cette perspective me paraît importante à retenir pour éviter que l'entrée en thérapie ne constitue une preuve d'insuffisance supplémentaire pour un enfant déjà blessé.

Une question se pose immédiatement : qu'est-ce qui caractérise cette relation originale qu'est la relation thérapeutique individuelle et lui confère son efficience ?

La relation thérapeutique individuelle se déroule dans un temps, dans un lieu et avec une personne totalement inconnus de l'enfant.

On a parlé à ce propos d'«espace intermédiaire» de la thérapie, très proche de la notion d'«espace transitionnel» de Winnicott.

Comme l'indique D. Flagey, c'est un temps et un espace «abrités» : aussi protégés que possible de l'intrusion de l'au-dehors et où ce qui s'y exprime restera au-dedans. L'espace thérapeutique est donc un contenant, un lieu qui contient, qui tient en mémoire comme la présence écoutante du thérapeute.

Ceci donne d'abord à l'enfant le droit d'être là, de s'y trouver, mais aussi de s'y retrouver d'une séance à l'autre, de faire l'expérience de quelque chose qui en lui et hors de lui continue malgré les séparations. La thérapie apporte à l'enfant un ressenti d'unification et de cohésion de lui-même, chose nouvelle et nécessaire pour lui.

Je pourrais par exemple évoquer cet enfant très perturbé qui pendant des mois, chaque fois qu'il venait dans mon local, se mettait à explorer les parois, à les longer, à toucher aux objets, allumer et éteindre, ouvrir et fermer le robinet, mais aussi me posait des questions sur moi-même et notamment sur mes vêtements.

Il s'assurait et se réassurait, me semble-t-il, de la consistance et de la pérennité de ce lieu et de ses limites, de celui qui l'habite... et de ses limites, voire de leur caractère non destructible et donc probablement aussi non destructeur, non dangereux pour lui.

Il est d'ailleurs intéressant de noter que cette période ne se situait pas au tout début de la thérapie, où l'espace était probablement vécu, à l'instar du corps d'ailleurs, comme bien peu différencié, mais après plusieurs mois de travail. Ce n'est que peu à peu que l'enfant en effet se construit ses repères spatiaux.

Je viens précisément, à propos de l'espace thérapeutique, d'évoquer le corps, et à dessein. Car cet «espace-contenant» qu'est l'espace thérapeutique est une sorte d'extension de l'espace corporel, de l'enveloppe corporelle. D'où la notion d'espace intermédiaire, à cheval sur l'intérieur et l'extérieur, sur l'imaginaire et la réalité.

Dans un espace ainsi défini, les choses vont se vivre très différemment : elles se vivront et s'échangeront au niveau de leur expression symbolique.

C'est le travail de tout psychothérapeute de garantir et de maintenir l'existence de cet espace particulier. Je dirais que c'est là son premier travail, quelle que soit son orientation. Car l'enfant, et plus il est perturbé plus c'est sensible, va chercher maintes et maintes fois à introduire dans le champ de la thérapie des demandes pulsionnelles comme celles qu'il formule dans sa vie quotidienne, c'est-à-dire demandes d'amour, séductions, provocations d'agressivité, de rejet, etc.

Le thérapeute n'a pas à répondre à l'enfant par des gratifications, des colères ou des punitions. Il n'a pas à satisfaire ces pulsions ou ces demandes mais à les conduire à un autre plan : celui de leur symbolisation. Et selon les techniques que nous utiliserons et les ressources de l'enfant, la symbolisation des pulsions pourra se faire par le langage parlé, le langage du corps, les mimiques, les dessins, etc.

D'où la fameuse règle selon laquelle dans toute thérapie on peut tout dire (et de mille manières) mais pas tout faire. D'où aussi la question très difficile, de savoir où se termine le dire et où commence le faire, en particulier dans les formes de thérapie où l'on accorde une place très importante à l'échange et l'expression corporels.

En évitant de répondre aux demandes pulsionnelles, en cherchant peu à peu à les amener au plan de l'expression, le psychothérapeute veut aider l'enfant à se dégager de ce qu'il répète quotidiennement avec ceux qui l'entourent et à accéder à de nouvelles médiations, faire l'expérience de modes de communication élargis.

Je ne peux en dire plus car c'est en ce point précis que pour moi les orientations thérapeutiques vont se diversifier, que les branches vont se différencier du tronc commun : c'est-à-dire dans la manière d'entendre ces demandes pulsionnelles et dans la manière de les conduire au plan symbolique. C'est donc ce point que je reprendrai pour tenter d'expliquer la spécificité du travail analytique.

On sait par expérience combien ce rôle essentiel qui est de ramener sans cesse ce qui se passe au registre de l'expression symbolique, c'est-à-dire dans le cadre de la thérapie, est contraignant pour le thérapeute. Il y va de son renoncement, jamais achevé, à toute une série d'attentes qu'il pourrait avoir à son tour à l'égard de l'enfant : par exemple, trouver enfin l'enfant dont il pourra combler les manques d'amour, chercher dans l'aide aux enfants un sens à sa vie, être «l'homme» ou «la femme» dont l'enfant aurait besoin. Sa formation doit amener le psychothérapeute à ne se confondre ou à ne se substituer ni au parent de l'enfant, l'actuel ou l'idéal, ni à son instituteur, ni à son grand frère, ni à son copain. La psychothérapie est bien un travail, en tout cas pour le thérapeute. Il est payé pour cela, et c'est tant mieux.

En résumé, l'efficience de la thérapie individuelle me semble donc tenir à la fois à l'originalité et à la consistance de l'espace qu'elle crée, à la retrouvaille narcissique qu'elle instaure, à l'accès à la symbolisation qu'elle favorise.

Mais il faut ajouter une chose encore pour parler de ce qui fait une thérapie d'enfant et qui tient au statut même de l'enfant.

Aucune thérapie d'enfant ne peut être entreprise avec espoir sans *un certain type de rapport entre le thérapeute et ceux qui, parents ou éducateurs, vivent quotidiennement avec l'enfant*.

Un des objectifs de la thérapie est de chercher à atténuer ce qui rend l'éducation difficile, de rendre l'enfant plus apte à en bénéficier. Notre travail de thérapeute est donc de soutenir parents et éducateurs dans leur rôle éducatif, que l'on prenne le parti de les voir soi-même ou de le demander à un collègue.

Ce propos peut paraître banal ou évident. Or, aujourd'hui encore, combien d'enfants, spécialement dans le cadre d'institutions, ne sont-ils pas «pris» en thérapie ou en rééducation sans que leur parent ou leur éducateur ne puisse rencontrer le thérapeute et lui parler, parfois même à leur insu.

L'objectif, par ailleurs très légitime, de préserver le «secret de la thérapie» a bien souvent servi à voiler toutes sortes de difficultés des thérapeutes à se situer par rapport aux proches quotidiens de l'enfant.

Comment s'étonner alors des obstacles conscients ou inconscients que peuvent mettre les parents au déroulement du travail, des sentiments d'agressivité et de rivalité qu'ils peuvent connaître, et finalement du blocage du traitement ?

Mais aider les parents à exercer leur rôle n'est pas simple : comme pour l'enfant, le thérapeute n'a pas à combler ce qu'il croit être les insuffisances des parents et des éducateurs, n'a pas à répondre à leur demande de «comment feriez vous avec lui ?», en d'autres termes, n'a pas à dériver vers un rôle de conseiller éducatif qui se substituerait au leur. Comme le dit Dolto : «les parents s'en remettraient à ce thérapeute comme à une puissance tutélaire et deviendraient frère et soeur de l'enfant».

Que faire alors ?

D'abord préciser et répéter souvent la fonction provisoire et très spécifique de la thérapie, et la complémentarité des rôles.

Ensuite, bien entendu, recevoir le vécu émotionnel que les parents peuvent avoir à l'égard de notre travail et à l'égard de nous-mêmes.

Entendre aussi de leur part les événements importants qui marquent aujourd'hui la vie de l'enfant, comme ceux qui l'ont marquée dans le passé, ce qui nous aide à éclairer son histoire.

Chercher à comprendre avec eux l'évolution de l'enfant, ses changements, ses apparents retours en arrière, ses progrès.

Enfin mettre en valeur leur manière de faire et encourager leur recherche de solutions.

Voilà, à grands traits, ce que me paraissent être les chemins de nos rencontres avec les parents.

2. SPÉCIFICITÉ DU TRAVAIL ANALYTIQUE

Il y a 25 ans, on demandait à Winnicott ce qui pour lui faisait la différence entre une psychothérapie individuelle et un traitement psychanalytique. Il a répondu : «Je ne suis pas capable d'établir une différence entre les deux. Pour moi, la question est la suivante : le thérapeute a-t-il eu une formation psychanalytique ou non ?».

Je souscris à cette réponse. Winnicott voulait dire que dans cette question l'attention ne devait pas tant être posée sur l'organisation formelle de la situation analytique (fréquence des séances, régularité, matériel utilisé, nombre d'interventions, toutes choses par ailleurs fort importantes), mais sur un point autrement central : l'écoute de l'inconscient et du transfert à laquelle leur propre psychanalyse a préparé les analystes.

Dans ce sens, je serais porté à ne pas établir de distinction majeure entre thérapie analytique d'enfant et psychanalyse d'enfant. J'irais même plus loin :

l'une et l'autre appartiennent à un ensemble plus vaste où l'on retrouve encore la consultation psychanalytique avec l'enfant et ses parents, les thérapies analytiques brèves, le travail analytique d'accompagnement des parents seuls, les thérapies familiales effectuées par des analystes, bref toute notre pratique quotidienne.

Bien entendu, toutes ces formes d'intervention conviennent à des situations différentes et précises. Mais mon intention première pour démontrer la spécificité du travail analytique est d'insister, au-delà de sa forme et de son organisation qui ne sont d'ailleurs pas bien différentes de ce qui se passe dans les autres thérapies, sur la place accordée à l'inconscient et au transfert, et sur l'analyse personnelle du thérapeute.

Par delà son caractère psychothérapeutique, qu'est-ce donc qu'un traitement analytique, et dans quels cas est-il nécessaire et possible avec un enfant ?

Le traitement analytique

Comme je le disais dans la première partie, dans toute thérapie l'enfant (ou l'adulte) demande et le thérapeute ne répond pas. Il demande ou plus exactement il redemande, il renouvelle auprès du thérapeute quantité de demandes faites dans son passé à des personnes marquantes pour lui. Il suppose que le thérapeute va penser et réagir comme ces personnes l'ont fait. Il assigne à son thérapeute une certaine place pour en faire l'interlocuteur et l'objet de sa demande. Comme l'indique Dolto, le patient semble dire : «Je te baptise carpe pourvu que je puisse te consommer».

L'enfant redemande au thérapeute, mais quoi ? Par exemple d'être celui qui l'aimera exclusivement, ou celui qui le comprendra, ou celui qui remplacera une perte, ou celui qui fera disparaître ses maux, ou celui qui lui sera hostile, le rejettera.

Si ces demandes inconscientes sont réitérées au thérapeute, c'est qu'elles ont été et qu'elles sont des demandes non seulement demeurées béantes, non satisfaites, mais surtout sans parole, sans mot dit, c'est-à-dire des demandes dont le désir qui les sous-tend n'a pas été reconnu. Mais un thérapeute n'a pas à satisfaire ces demandes. D'ailleurs le voudrait-il qu'il ne le pourrait pas. Il cherchera à les conduire à sa manière et avec sa finalité propre, à ce qu'on pourrait appeler «un plus de symbolisation».

L'analyste, spécifiquement, fera de ces demandes la matière première de son travail analytique qui prend pour objet ces demandes inconscientes dont la succession constitue le transfert.

Les questions de l'analyste seront donc, pour reprendre la métaphore culinaire de Dolto : «A quel type de consommation s'attend ce patient ?», «A quelle sauce veut-il me mettre ou être mis ?». En d'autres termes : «Qui me demande-t-il d'être pour lui et que me demande-t-il ?».

Je vous cite en illustration ce que disait au thérapeute, de manière assez insistante pour qu'on lui accorde du poids, un garçon de 7 ans lors de ses tout premiers entretiens de consultation. Ce garçon avait de grosses difficultés à l'école et sa soeur, aînée de quelques années et dont les résultats d'école étaient bons, avait un bec-de-lièvre et était aidée par une logopède. «Ma soeur, disait-il, va voir une madame pour ne plus être bête».

Que me demande-t-il ? se dit l'analyste :

- D'être celui qui va le guérir de sa bêtise ? Mais qu'est-ce que c'est être «bête» pour lui ? Bête à l'école seulement, ou ce mot renvoie-t-il pour lui à quelque chose de plus ancien en référence à son image du corps ?
- Ou encore : l'enfant me demande-t-il d'être celui qui va le rapprocher de sa soeur, le traiter comme elle, l'identifier à elle ? Et comme elle, c'est comment ?

Se poser ces questions sur la demande, sur le transfert, c'est là l'écoute analytique présente chez l'analyste dès la première rencontre, avant même que le contrat thérapeutique ne soit fixé, et qui parcourt l'analyse de bout en bout.

Ces demandes sans réponse, qui meurent a chaque instant devant lui comme les vagues sur le rivage, l'analyste va chercher, par ses interventions, à ce qu'elles se mettent en paroles, à ce qu'elles conduisent au désir dit, articulé. Il va relancer l'enfant : «qu'est-ce que cela veut dire, être bête ? ou encore, en passant par le dessin «Est-ce qu'on peut dessiner le bête ou la bête ?».

L'interprétation de l'analyste est d'abord, pour reprendre l'expression d'une de mes collègues, un «pousse à dire» mais dans le transfert, c'est-à-dire chercher à ce que le patient puisse en dire plus long sur ce qui se rejoue de sa vie entre lui et l'analyste, et qui a été à la fois raté et non dit. Ici par exemple, sur le «qui fera de moi un non-bête», peut-être. Et il se produit alors une remontée progressive dans le temps jusqu'aux premières demandes sans réponse, jusqu'aux premiers désirs non symbolisés.

En analyse, il ne s'agit donc pas de remédier aux échecs relationnels passés ou présents de la personne, ou de transformer les demandes ratées en demandes réussies. L'analyse n'est pas, comme on a pu parfois la présenter, un revécu satisfaisant de moments anciens qui se seraient mal passés. Il s'agit de construire un dire à sa souffrance. Un dire de mots mais aussi pour les enfants un dire de dessins, modelages, jeux, gestes, repris cependant en mots par l'analyste.

Quand les choses sont dites, entendues, relancées, poursuivies, elles deviennent humaines, familières, elles deviennent miennes, ma vie, mon histoire, elles m'appartiennent. Nous parlons souvent, pour présenter la thérapie aux parents et à l'enfant, d'un travail de réconciliation avec soi-même.

Les choses lourdes d'angoisse que l'enfant porte en lui comme un corps étranger, insolites, muettes, les choses qui pour être endiguées et pas trop dévastatrices immobilisent une quantité formidable d'énergie, les choses qui sont donc paralysantes, qui empêchent de vivre, de grandir, de bouger, ces choses, l'enfant va les apprivoiser dans l'analyse par les mots échangés et leur donner des traits humains.

Les ratages ne disparaissent pas, et heureusement parce qu'ils font l'histoire particulière de chacun, mais les tensions internes et les angoisses qu'ils ont entraînées s'atténuent, dès lors que ce travail d'humanisation a commencé. De l'énergie s'en trouve libérée, disponible pour vivre, se faire des amis, s'intéresser aux choses, apprendre. L'enfant peut alors tirer un bien meilleur parti des ressources qu'il trouve autour de lui. Ses parents, ses éducateurs, ses camarades s'en trouvent gratifiés dans ce qu'ils lui apportent et l'enfant peut lentement trouver ou retrouver une place dans le circuit des échanges.

Quand faut-il penser à une thérapie analytique (ou une analyse) pour un enfant et la proposer ? Dans quels cas est-elle nécessaire et possible ?

Je voudrais répondre à ces questions en attirant l'attention sur trois types d'éléments à prendre en considération : les éléments liés à l'enfant lui-même, ceux liés à sa famille et au milieu, et ceux liés au thérapeute, à l'analyste.

Eléments liés à l'enfant

Il faut d'abord, bien entendu, apprécier la nature des troubles ou des difficultés, l'organisation interne de l'enfant et ses ressources.

Un travail analytique sera envisagé pour un enfant qu'on sent immobilisé par ses conflits internes : triste, tendu, angoissé, partagé entre des désirs contradictoires, se mettant lui-même en échec dans ses relations ou ses intérêts, répétant certains comportements de manière rigide et stéréotypée sans pouvoir en sortir, évoluant peu. Pour un enfant passif également, en retrait, anormalement craintif, mal inséré parmi les autres enfants. Ce sont là des troubles de nature névrotique.

L'analyse est également indiquée pour un enfant qu'on sent mal présent dans le contact et dans la réalité, envahi par des idées, des images, des peurs intenses et qu'il ne peut chasser, qui présenterait des bizarreries dans son comportement ou dans ses productions, et souvent des bouffées d'instabilité et d'agressivité. On y reconnaîtra selon le degré, le tableau de l'enfant psychotique ou prépsychotique.

Dans tous les cas, on prendra soin de s'assurer si les difficultés sont passagères ou durables : s'il s'agit d'un état passager, en liaison avec un événement précis (deuil, perte, échec réel, changement), c'est-à-dire si les difficultés semblent de nature réactionnelle, on pensera à une aide thérapeutique brève plutôt qu'à une psychothérapie plus longue, sauf si... (il y a toujours des «sauf») !

On pense à une analyse quand depuis plusieurs années, parfois depuis la petite enfance, sont apparus des signes de malaise et d'angoisse et que ces signes n'ont pas disparu ou n'ont fait que changer de forme au fil du temps malgré la qualité de l'entourage surtout si actuellement ces difficultés semblent se manifester où que soit l'enfant (à la maison, à l'école aussi bien qu'avec d'autres enfants).

Par ailleurs, une thérapie analytique, pour avoir des chances de succès, requiert également un certain nombre de ressources du côté de l'enfant. Je les cite trop rapidement pour leur importance :

- Possibilité suffisante d'établir cet espace intermédiaire, de déployer son imaginaire, de fantasmer; ceci écartera (tout au moins provisoirement) de la thérapie analytique un certain nombre d'enfants qui ont tendance à décharger leurs tensions très physiquement, dans l'agitation par exemple;
- Accès au moins rudimentaire à l'une ou l'autre forme de symbolisation, ce qui écartera les enfants atteints de psychoses autistiques ou d'arriérations mentales profondes;
- Avoir une certaine souplesse des défenses, ce qui rend par exemple le travail analytique fort aléatoire avec des enfants souffrant de graves névroses obsessionnelles.

La thérapie analytique est également contre-indiquée pour l'enfant qui a connu des carences affectives réelles et importantes car plus que d'autres il cherchera auprès du thérapeute celui qui viendrait combler cette carence. Pour lui, un travail éducatif patient dans un cadre stable et sécurisant (si on peut le trouver) est mieux approprié.

De même, il existe un grand nombre d'enfants qui présentent un ensemble de difficultés complexes qu'a étudiées particulièrement Flagey : d'une part des difficultés motrices et cognitives, voire même perceptives, pour lesquelles on soupçonne une origine à la frontière de l'organique et du psychique; d'autre part, plus secondairement, en raison même des échecs accumulés, ces enfants sont très blessés dans leur narcissisme et rétifs à la relation d'aide. La thérapie analytique ne convient pas à ces enfants à la fois instables et inhibés. Il faudra leur proposer une autre thérapie, et ce n'est pas simple.

Si les indications d'analyse chez l'enfant paraissent assez limitées, il faut cependant insister sur deux points :

- D'une part, il s'agit d'indications de traitement analytique prolongé et pas de ce qui peut entrer dans le champ de travail de l'analyste. En effet, l'analyste, qui a une pratique ouverte, apporte quotidiennement son aide en consultation, en travail institutionnel, dans ses activités de prévention, à tous ces enfants pour lesquels une thérapie analytique n'est pas indiquée;
- D'autre part, il peut ne s'agir pour ces enfants que d'une contre-indication provisoire : une thérapie analytique peut, et ce n'est pas rare, prendre le relais d'un autre type de travail. Je pense par exemple à certains enfants très agités qui peuvent commencer une thérapie analytique au moment où ils ont acquis plus de contrôle et de stabilité.

Si je viens de parler de l'enfant très objectivement, très médicalement, un peu comme un objet d'étude, je voudrais souligner que cette approche diagnostique, au demeurant nécessaire, doit être intégrée dans une autre, intrinsèque à la psychanalyse, que je formulerai dans cette question : qu'en est-il de la souffrance de l'enfant et surtout de son désir de s'engager dans la thérapie ? Les choses ne sont pas simples : l'enfant, contrairement à l'adulte, est très dépendant d'un grand nombre de personnes qui gravitent autour de lui et forment un réseau.

Qui demande la thérapie et qui la désire ? Qui souffre et cherche à parler de sa souffrance ? L'enfant ? Les parents ? Des amis qui veulent du bien ? L'école ? Un service social ? Le thérapeute lui-même ? L'enfant amené ou envoyé en thérapie dispose-t-il d'une autonomie suffisante pour faire sien cet espace thérapeutique, pour en faire son affaire ? Voilà le critère principal par rapport aux critères diagnostiques. L'analyste prendra tout le temps nécessaire pour parler avec l'enfant de ce que représente cette démarche pour lui, apprécier son désir propre, garantir l'indépendance de la thérapie. Et le meilleur signe qui permet de repérer le désir d'engagement de l'enfant est finalement ce qu'il apporte et le transfert qu'il noue.

Eléments liés aux parents, aux proches

J'en parlerai très brièvement.

La thérapie analytique n'est pas facile à comprendre et à accepter pour les parents. Elle reste quelque chose de mystérieux et d'un peu effrayant. L'existence de l'inconscient n'est pas nécessairement reconnue. Les résistances des parents et des proches sont absolument normales et, oserais-je dire, nécessaires dans une certaine mesure car elles témoignent aussi de ce qui est en jeu pour l'enfant et pour les parents dans l'investissement que la thérapie suppose et le changement qu'elle prépare. Parler avec les parents est très nécessaire avant, pendant et en fin de thérapie.

Pour que la thérapie puisse être entamée avec une chance de succès, il nous est nécessaire de recevoir l'accord des deux parents et leur aide à la maison pour soutenir l'enfant dans sa démarche, dans sa régularité, etc. Il faut aussi que l'enfant se sente reconnu comme personne autonome et libre de nouer une relation avec une personne extérieure.

N'oublions pas non plus d'envisager les conditions matérielles : le temps dont disposent les parents pour conduire l'enfant, leurs possibilités de déplacement et bien entendu l'argent.

Eléments liés au thérapeute, à l'analyste

Et d'abord existe-t-il dans la région le thérapeute formé qui pourra assurer le travail ? A-t-il de la disponibilité ?

Qu'en est-il de son désir de s'occuper de cet enfant ? De la manière dont il ressent ses difficultés, son comportement. Est-il motivé à l'aider ou à l'inverse peut-il résister à la séduction de l'enfant ?

Qu'en est-il aussi du désir du thérapeute à l'égard des parents ? Veut-il faire mieux qu'eux ? Les mettre à distance ? J'en ai parlé précédemment.

CONCLUSION

Je voudrais conclure par quelques réflexions ni vraiment psychologiques ni analytiques, mais plutôt éthiques sur ce qu'implique la proposition d'une aide thérapeutique.

Proposer une aide à un enfant et à une famille suppose que l'on sache ce que l'on peut faire soi- même et, au-delà, ce que peuvent faire les autres.

Il y a d'abord une conviction à avoir, que nous soyons thérapeutes patentés ou non : penser que si nous sommes là, face à des personnes, animés d'un désir réel de rencontrer leur souffrance, quelque chose a commencé à se passer. L'ardeur des débutants leur permet parfois d'avoir des enfants des résultats qu'envient les thérapeutes chevronnés.

Il y a ensuite un renoncement à faire : croire que nous pouvons être utiles à tous, qu'il peut être fait de notre mode d'intervention un usage systématique, une panacée.

Mais à l'inverse, il y a un écueil à éviter, celui de tomber dans une sorte de mécanique des indications, de penser qu'à chaque tableau clinique correspond une et une seule forme d'aide, de vouloir en quelque sorte se partager comme un gâteau le champ thérapeutique.

Il y a enfin une confiance à avoir : en l'enfant qui est toujours le conducteur de son traitement et dont on oublie souvent la partie saine; en ses parents dont les possibilités d'aide sont parfois très grandes et toujours à rechercher, en nos collègues enfin, les autres thérapeutes à qui fréquemment nous faisons appel.

BIBLIOGRAPHIE

DIATKINE R., *Propos d'un psychanalyste sur les psychothérapies d'enfants.* Psychiatr. Enfant, 1982, 25, 1.

DOLTO F., *Au jeu du désir*, Paris, Seuil, 1981.

DOLTO F., Préface. In : Muel A., *L'éveil de l'esprit.* Paris, Aubier-Montaigne, 1977.

FLAGEY D., *Remarques théoriques sur la relation psychothérapeutique avec l'enfant.* Ligue Nationale Belge d'Hygiène Mentale.

VASSE D., *Le poids du réel, la souffrance.* Paris, Seuil, 1983.

WINNICOTT D.W., *La petite Piggle.* Paris, Payot, 1980.

Narration écrite d'histoires de cas en psychanalyse[1]

Dès les *Études sur l'hystérie,* le style de Freud diffère de celui de Breuer. Là où ce dernier écrit *on,* Freud ose dire *je.* Se démarquant du style médical, la narrativité freudienne suggère le mode de travail psychanalytique. Freud voit son travail d'écriture comme indissociable de son travail de pensée. Praxis et théorie, méthode et doctrine sont pour lui en intrication foncière. Plus encore, les découvertes de Freud ne peuvent être séparées de sa propre analyse, sous forme de lettres échangées avec Fliess. Connaissance et auto-connaissance sont, depuis le fondateur de la psychanalyse, intimement liées. Ecrire participe d'un effort d'auto-analyse.

Les quelques réflexions qui suivent veulent faire apparaître cette *continuité,* en analyse, *entre la parole qui s'énonce dans la cure* (celle de l'analysant qui associe autant que celle de l'analyste qui intervient) *et l'écrit.* Ce propos tentera de montrer, en particulier, à quel point les transferts, ceux du patient et de l'analyste, sont opérants dans une narration de cas.

1. L'UNIVERS RATIONNEL DE LA PSYCHANALYSE

Beaucoup l'ont dit et écrit: il est très difficile de préciser le lieu de rationalité où prend place la psychanalyse car elle entretient des rapports avec différentes formes de sciences. La psychanalyse ressortit par telle ou telle de ses dimensions des deux rationalités habituellement distinguées par les épistémologies, les sciences empirico-formelles et les sciences herméneutiques. *Science empirico-formelle,* la psychanalyse l'est depuis sa fondation; comme l'indique Paul-Laurent Assoun, Freud n'a jamais cessé de poursuivre le projet de l'inscrire dans les sciences de la nature, utilisant, pour décrire le psychisme, le triple modèle explicatif de l'anatomie (dans la Topique), de la chimie (dans la Dynamique) et de la physique (dans l'Economique). *Science herméneutique,* la psychanalyse l'est aussi depuis la *Traumdeutung,* en sa volonté de faire apparaître le sens des manifestations humaines par un travail qui les interprète. Remarquons que cette double rationalité qui traverse la psychanalyse freudienne a généré, au fil des décennies, deux grands courants bien identifiés: le courant «anna-freudien», dominant au sein de l'Association Psychanalytique Internationale, laquelle a privilégié le projet empirico-formel; le courant «kleinien», davantage herméneutique.

Mais la complexité de la psychanalyse ne s'arrête pas là. Plus récemment, Jacques Lacan a situé la psychanalyse *dans une troisième dimension de rationalité* que l'on pourrait qualifier, suggère Crommelynck, de structuraliste, voire de néo-positiviste, à condition d'ajouter que Lacan conçoit cette rationalité dans son incomplétude radicale. Pour Lacan, la psychanalyse n'aboutit pas à

---

1 Texte publié antérieurement dans *Psychoanalyse,* 8, 1992, Bruxelles, pp. 107-116.

la trouvaille d'une vérité sur l'homme, promue comme objet de savoir: elle n'est donc pas une science au sens courant du terme, qui se focaliserait au contraire sur un tel objet. Elle tend plutôt à *promouvoir un certain sujet* : un sujet de langage, un sujet d'énonciation.

Creusons ce propos, en soulignant déjà ici l'analogie entre la démarche d'un analysant en cure et celle d'un analyste qui écrit.

Dans un premier temps, l'analysant qui entreprend une cure part, certes, à la découverte d'une vérité sur lui-même. A cette vérité, il suppose un savoir qu'il promeut comme objet. Un trésor est à rechercher, se dit-il, lançons-nous à sa quête. De même, l'analyste-auteur, dans ses écrits, se revendique lui aussi d'une position d'investigateur de la vérité humaine, posée au départ comme objet de savoir. Et dans l'un et l'autre cas, voici le sujet engagé dans un acte d'énonciation. Mais que se met-il bientôt à reconnaître ? Sa quête langagière forme *une trame*, un tissu, *dont il ne maîtrise pas le contenu.* La chose énoncée n'est pas celle qu'il pense.

Parlant (en cure) ou écrivant, le voici *déporté* par rapport à lui-même. Or, précisément, *ce sont ces mouvements de déportation qui constituent sa vérité* et non ce qu'il cherche et espère trouver. C'est en se ré-entendant, c'est en se relisant que lui apparaît la position inattendue, surprenante, dans laquelle il se trouve, et qu'il reconnaît. Le voilà en un lieu où il ne pensait pas être. Dans cette perspective, la vérité meut l'être, le décentre, le transfère plutôt qu'elle n'est sa chose; et cela, qu'il soit analysant ou analyste-écrivain. La vérité, dit Lacan, est cause de la psychanalyse, et non son objet.

En résumé donc, la psychanalyse, dans le moment initial des discours de la cure ou du discours dit théorique, ne peut se concevoir autrement que comme projet de savoir. Elle se revendique comme démarche de savoir, dans le chef de l'analysant comme dans le chef de l'analyste-auteur, soit sur le mode herméneutique soit sur le mode empirico-formel. Mais le déroulement même du discours subvertit son projet. L'objet s'efface, au profit d'un sujet qui *s'effectue*: celui qui, dans les déplacements du discours, laisse poindre quelque chose de sa vérité. Dans tout acte ou dans toute oeuvre analytique, on assiste ainsi au passage du savoir sur l'objet à la vérité du sujet.

2. SPÉCIFICITÉ DE L'ACTE D'ÉCRITURE

«*L'humanité,* dit Pontalis, *s'est passée pendant des siècles de la psychanalyse. La littérature, pour une part, en tenait lieu. La littérature pour notre civilisation, ailleurs les mythes*».

Si la littérature a été longtemps le *tenant-lieu* de l'expérience analytique, on peut comprendre que tant d'analystes aient éprouvé le désir d'écrire, écrire devenant du coup une forme de *prolongement* de l'expérience analytique. On peut deviner aussi pourquoi les écrits psychanalytiques exercent une sorte de fascination sur le public, surtout ceux qui, comme les histoires de cas, sont les plus proches des formes littéraires, romans ou poèmes. De fait, les écrits psychanalytiques sont d'une abondance et d'une gamme infinies, depuis le rapport de congrès, jusqu'à la confession personnelle. On y trouve toutes les formes: développement métapsychologique, description psychopathologique, théorie sur la technique, algorithme et mathème, narration d'histoire de cas, récit de sa propre cure. On y perçoit trois visées, traduisant, on peut s'y attendre, les trois rationalités de la psychanalyse évoquées plus haut :

- La visée démonstrative: celle qui, par hypothèse et vérification, veut légitimer la psychanalyse au regard des sciences empiriques;
- La visée spéculative: celle qui espère renouveler la question philosophique par l'ouverture au sens, entendu dans une perspective existentielle;
- Enfin la visée de jugement d'existence: celle qui cherche à rendre compte de l'existence de l'inconscient ou du procès d'un sujet naissant.

L'écrit analytique, disions-nous, quelles que soient sa forme et sa visée, tente l'analyste, mais aussi tente le lecteur. Par rapport à l'acte de parole, l'écriture constitue une oeuvre qui reste. Elle laisse une trace, demeure. Elle est demeure. Demeure pour tout autre, on ne sait comment elle sera habitée, ce que le lecteur va y trouver et y mettre. De plus, l'écriture conduit à un moment de séparation, trace une limite par rapport à l'autre. Pour l'auteur, l'écriture s'apparente à l'expérience analytique, en ce qu'elle comporte donc incertitude, renoncement, finitude. Elle implique déplacement, déportation, transfert. Elle opère dans les registres de l'insu, du manque et de la castration. Mais le lecteur aussi se cherche dans telle ou telle théorie, dans tel ou tel cas narré. Il ne trouve pas ce qu'il cherche mais, au détour d'une phrase, *se* laisse émouvoir, saisir ou déporter par quelque chose qu'il n'attendait pas.

3. LE CAS SINGULIER NARRÉ ET SON CHOIX DANS LE RAPPORT À LA THÉORIE

Préalablement à tout projet de narration de cas, l'analyste-auteur est détenteur d'une théorie. Par exemple, Freud part à la rencontre du petit Hans, nanti d'une théorie qui situe l'origine des névroses adultes dans les avatars de la sexualité infantile.

Poursuivons à la première personne. Le cas singulier sur lequel je m'arrête est en lien avec ma théorie. Je reconnais en ce cas le pouvoir d'apporter quelque chose à ma théorie; quelque chose qui la récuse, qui la falsifie, qui la modifie, qui la complète, qui la corrobore. J'y perçois donc, de manière plus ou moins immédiate, la possibilité de me fournir quelque élément qui affectera ma pensée au long cours *(theoria)*. Je ne fais pas arrêt sur chaque cas, car chaque cas ne se présente pas à moi avec de telles propriétés. Le cas choisi pour être narré est donc *exceptionnel*. Mais il est aussi exemplaire dans le sens où j'y décèle quelque chose de généralisable: le cas est articulable à ma théorie parce qu'il produit un effet sur ma pensée dans son effort d'intelligibilité d'autres cas.

Mais comment s'effectue l'acte de reconnaissance ?

Si cette reconnaissance s'effectue, c'est que ce cas vient frapper ma pensée d'une manière toute particulière, vient la toucher ou la surprendre. Ce cas fait *événement* pour moi ou en moi. Il arrive, il tombe, il chute de manière imprévisible dans le décours de mon expérience[2]. Il vient faire rupture ou *différence* dans ma théorie, y compris s'il l'appuie. Quelle serait la nature de cette rupture ? Ce qui vient faire événement dans une cure, ce qui vient «*faire cas*» ou, pour mieux dire, *ce qui en fait un cas*, c'est nécessairement une situation de transfert. Je suis ébranlé, *affecté*, comme analyste, par un certain transfert qui, précisément, fait événement. Définissons-le de la manière suivante : ce patient provoque en moi quelque chose de neuf; il me requiert sur un mode à la fois entendu et inouï, familier et inédit. Si l'on veut, c'est du différent dans du même. La position dans laquelle me met ce patient me déplace de l'un de mes sièges habituels. Du coup, un transfert particulier de moi sur lui s'instaure à son tour. Des questions surgissent en moi quant à ce patient, questions proches de celles de toujours et cependant renouvelées. Je me mets à *penser autrement*. Ces questions vont de ma propre histoire à ma théorie, celle-ci s'en trouvant modifiée.

Pointons donc le paradoxe suivant: le cas particulier retenu pour être narré, est celui dont j'aperçois l'apport à la théorie et donc la portée générale, pour la raison qu'il me touche tout à fait singulièrement, en quelque sorte pour son côté *unique*. Posons donc que, de manière étonnante, le «*cas*» en psychanalyse *détiendrait son universalité* de la singularité qu'il vient verser à une pensée puis à une théorie.

4. LA CONFIDENTIALITÉ

Dans le fil de cet exposé, plutôt que d'aborder ce point par le *comment* (comment maquiller le cas publié, comment le rendre méconnaissable), je voudrais l'amener par le *pourquoi* ou, mieux, par le *pour qui* ? Pour qui révéler ? Pour qui cacher ? La publication de notre expérience clinique nous place dans une sorte de conflit interne, fécond parce qu'il donne à réfléchir très personnellement. Rendre compte de ce que l'on fait, le soumettre à la question et à la critique d'autrui est un impératif, un impératif de *transmission*. Freud, en préliminaire à l'exposé du cas Dora, donnait à la nécessité de la publication la primauté sur le contrat de discrétion. Mais ce devoir de discrétion n'en est pas moins à respecter, et la vigilance est à exercer en particulier dans les services publics puisqu'un tiers-payant y est toujours en position de demander des comptes.

La question de la confidentialité déborde largement le champ de la déontologie. Elle est du domaine de l'éthique, car la position que l'on occupe par rapport à elle, les valeurs qu'on y défend, représentent ici aussi le fruit d'un travail et d'un engagement personnels. Que représente pour nous le secret ? Quelle est sa place dans notre vie ? Que représente aussi pour nous l'acte de dévoilement, aussi bien quand nous le posons nous-mêmes, quand nous exhibons, que quand d'autres le posent devant nous, quand nous entendons ou lisons. Si l'histoire de cas en analyse est partiellement notre histoire, en livrer quelque chose est bien entendu se livrer soi-même. Dolto, qui a publié *Le cas*

2 Tous verbes en rapport avec l'étymologie du mot "*cas*", du latin *casus*, accident.

Dominique (avec un procès perdu) et beaucoup de fragments cliniques, était aussi quelqu'un qui raffolait de livrer nombre d'éléments sur sa propre vie, ses émotions, son enfance, sa famille. Anna Freud qui, à l'inverse, n'a publié que de courts extraits cliniques (mais qui, paradoxalement, encourageait beaucoup ses élèves à le faire) était aussi celle qui, analysée par son père, a dû éprouver une gêne profonde à exposer au public des rencontres analytiques pour elle si délicates.

Publier, rendre publique la vie des autres et son propre travail implique trois protagonistes au moins (l'analyste qui rend public, l'analysant rendu public, et le public), trois protagonistes dansant un véritable ballet transférentiel. Qu'attend le narrateur du cas publié, et que demande-t-il au lecteur ? Que cherche le lecteur en la personne du patient autant qu'en celle de l'auteur ? L'analysant lui-même, tel l'Homme aux Loups, ne s'offre-t-il pas parfois à la publication, pour la plus grande gloire de son analyste... ou la sienne !

Je conclurai par ces mots de l'écrivain Francis Ponge: «*Ecrire, c'est plus que connaître, du moins connaître analytiquement... Ecrire, c'est refaire*». Vous me permettrez d'ajouter: et se refaire.

BIBLIOGRAPHIE

ASSOUN, P.L., *Introduction à l'épistémologie freudienne*, Paris, Payot, 1981

BREUER, J., Freud, S. [1978], *Etudes sur l'hystérie*, Paris, P.U.F.. Première édition allemande, 1895.

CROMMELYNCK, M., «Psychologie, psychothérapie et science», 1991, Exposé présenté à la journée d'étude du certificat en psychothérapie, Université Catholique de Louvain, Louvain-la-Neuve, 26-4-1991.

FREUD, S., *Cinq psychanalyses*, Paris, P.U.F., 1977.

LACAN, J., «La science et la vérité», in *Ecrits*, Paris, Seuil, 1966, pp. 855-877.

PONTALIS, J.B., «Ecrire, psychanalyser, écrire», in : *Ecrire la psychanalyse*, n° 16 de la *Nouvelle Revue de Psychanalyse*, Paris, Gallimard, 1977, pp. 5-26.

Enfant, Être de Développement
Enfant, Être de Question

D'une recherche sur «la demande» dans l'histoire de la psychanalyse d'enfants[1]

Il y a un siècle, un mathématicien anglais, Lewis Carroll, élit la bouche d'un enfant pour reconnaître: *Je ne peux pas m'expliquer moi-même qui je suis, parce que je ne suis pas moi-même.* Cet enfant, c'est Alice. Son voyage au pays des merveilles est l'itinéraire de ses métamorphoses. Toutes ses rencontres, toutes ses aventures la révèlent chaque fois différente à elle-même. *Je ne sais jamais ce que je vais devenir d'une minute a l'autre,* confie-t-elle, inquiète, au cours du récit.

Quel âge est, plus que l'enfance, celui des transformations, des variations, des différences, âge où l'on n'est pas soi-même, où, d'urgence, on cherche à se saisir, mais sans y parvenir ? Pour tenter, au départ, de s'expliquer ce qui lui arrive, *qui* elle devient, Alice fait appel à quelqu'un avec qui parler : à Dinah, sa chatte, sa compagne, ou aussi à cette autre personne dont on ignore le nom mais qui, de l'extérieur du terrier, viendrait demander qu'elle remonte.

L'itinéraire des métamorphoses d'Alice est donc l'itinéraire de ses questions: Qui suis-je ici ? Qui suis-je là ?, questions adressées à un autre. Quand, à la fin du récit, Alice se réveille, nous découvrons que Lewis Carroll avait choisi, comme sillon à sa quête, la voie royale du rêve; le père d'Alice est un poète, tout habité encore par l'enfant qu'il a été, fin goûteur d'humour, passionné des mots.

Le rêve comme autre scène, une petite fille, des questions, quelqu'un à qui les dire: l'aventure d'Alice ne plante-t-elle pas, au fond, les quatre coins de la rencontre d'un enfant et d'un psychanalyste, et cela peu avant l'époque où Freud nomme l'inconscient ?

Un enfant attend-il quelque chose de cette singulière rencontre dont il n'a pris, le plus souvent, nullement l'initiative ? Qu'en fait-il ? A quelles conditions peut-il y engager une parole liée à sa souffrance, qui soit *la sienne.* A quels signes l'analyste peut-il reconnaître cet engagement ou, au contraire, percevoir qu'il n'y est pas, pour respecter alors la non-demande ? Ces questions s'enracinent dans ma pratique journalière; elles me sont venues, ces der-

---

1 Ce texte constitue l'exposé (remanié) de la soutenance de thèse de Doctorat en Psychologie, thèse défendue par l'auteur en avril 1989 à la Faculté de Psychologie et des Sciences de l'Education de l'Université catholique de Louvain. Cette thèse, intitulée «La demande de l'enfant en psychanalyse», a fait l'objet d'un livre, paru sous le titre *Le Jeu de la demande. Une histoire de la psychanalyse d'enfants*, Bruxelles, Editions De Boeck-Université, Collection Oxalis, 1991. Article publié antérieurement dans *Psychoanalyse*, 9, 1994, Bruxelles.

nières années, sous bien des formulations différentes, dont l'axe pourrait s'appeler «demande», ou, plus largement, position subjective de l'enfant dans la démarche de consultation et dans la cure analytiques.

La tâche m'a semblé utile de m'interroger sur la place donnée par quelques auteurs praticiens, figures importantes de l'histoire de la psychanalyse d'enfants, à ces questions cliniques si présentes aujourd'hui. En quels termes des auteurs comme Hermine Hug-Hellmuth, Anna Freud, Mélanie Klein, Donald Winnicott, Serge Lebovici et René Diatkine, Françoise Dolto et d'autres pensent-ils la demande ou la position subjective de l'enfant, s'ils les pensent ? Quelle importance leur accordent-ils dans leurs écrits théoriques et cliniques ? La lecture de ces auteurs fait bien vite apparaître qu'ils développent une approche de la demande indissociable de leurs conceptions sur d'autres thèmes: trouble et symptôme de l'enfant, visée et processus de la cure avec lui, particularités de la rencontre analytique adulte-enfant, en ce compris le transfert.

Au départ du tiercé de termes: psychanalyse – enfant – demande, les questions que voici seront posées tour à tour. – Dans quels rapports se trouvent psychanalyse et enfance, puis psychanalyse d'enfants et enfance ? – Le concept de demande: dans quel(s) sens, singulier ou pluriel, peut-il être entendu ? – Quelles parentés et quelles différences peuvent-elles être esquissées entre les conceptions des auteurs sur les thèmes précités ? en particulier, bien entendu, sur celui de la demande. – Où en sont mes convictions actuelles ? – Et au-delà d'une telle étude ?

1. EN QUELS LIENS SONT L'ENFANCE ET LA PSYCHANALYSE ?

La psychanalyse doit peut-être à l'enfance d'exister. Sa naissance, à la fin du XIXe, s'inscrit dans ce mouvement, déjà ancien mais s'amplifiant, qu'Ariès appelle celui du souci de l'enfant. Se soucier de l'enfant est fondamentalement le regarder comme humain impréparé, être en développement, futur adulte, dont on peut réussir ou rater le devenir. Qui cela ? Les parents, bien sûr, qui ont en charge sa croissance affective; mais aussi les professionnels, pédagogues, éducateurs, médecins, toujours plus nombreux, priés de préciser les principes et les normes d'une heureuse évolution vers l'âge adulte, et d'en corriger les bavures.

Freud, c'est sûr, fut d'abord habité par ce même souci. Son premier regard pour l'enfance est un regard d'observation. Il cherche en elle les causes du mal adulte et espère les trouver en la vie sexuelle infantile oubliée. Il voit dans la remémoration des événements de l'enfance un remède possible à la névrose. Qui plus est, il estime qu'un patient en cure est à l'égard de l'analyste un peu comme un enfant avec ses parents, que la relation analytique réitère quelque chose du rapport enfant-adulte. Enfin, il espère que la nouvelle psychanalyse pourra venir bientôt, grâce à ses découvertes de ce continent qu'est l'enfance, éclairer la pédagogie et aider ainsi à prévenir les troubles psychiques.

Au départ, voilà donc l'enfant, ou plutôt l'enfance placée en plein centre de cette psychanalyse qui est bel et bien en passe de prendre rang dans le cortège des sciences en faveur du bien de l'enfant, au service d'une bonne enfance... Nous le savons, Freud et ceux qui l'ont suivi n'en sont point restés là. Ils ont progressivement pensé la psychanalyse dans un rapport à l'enfance bien plus circonspect. Freud s'est interrogé très vite sur le degré de vérité des faits infantiles rapportés dans les cures d'adultes, sur les liens plus que complexes entre les symptômes du névrosé et les événements de ses tendres années. Sol bien mouvant que l'enfance, reconnaît-il bientôt, de plus en plus sceptique quant à la prévention possible, au cours de l'enfance, de la névrose adulte. Et puis, il se passe qu'en 1905 Freud rencontre UN enfant. Il rencontre Hans. Du coup, l'enfance n'est plus tout à fait pour lui ce moment abstrait, scientifique, de la vie humaine. L'enfant remplace l'enfance.

Ajoutons un mot, mais d'importance, sur l'enfance comme centre de la cure. Un mot de Ferenczi qui s'aperçoit, en conduisant certaines analyses d'adultes comme des cures d'enfants, du danger formidable qu'il y aurait à reproduire, dans l'analyse, la même violence que celle que, enfant, le patient aurait subie dans sa relation à l'adulte. Violence, dit-il du *désaveu* de la langue ou de la pensée de son patient par l'analyste qui s'interrogerait trop peu sur les paroles de l'analysant, qui négligerait leur importance ou saurait trop vite les comprendre.

Reflux donc, et sur tous les fronts, de la psychanalyse à l'égard de l'enfance. Méfiance dans son abord. Hésitations théoriques quant à son statut. Doute de pouvoir en modifier les péripéties. Risque thérapeutique de la réitération, dans la cure, des rapports qui ont pu être traumatisants.

Vient alors la psychanalyse des enfants. Elle est à la fois très bien et très mal placée pour observer cette même prudence et circonspection. L'enfant, pour elle, le voilà, sur le vif... à dire vrai, fort tentant à observer, à élever, à assister.

Quand on examine les questions qui traversent l'histoire de la psychanalyse d'enfants, les polémiques qui l'animent, on constate qu'elles se ramènent, très exactement, aux problèmes que pose l'enfance à la psychanalyse tout court, aux secousses théoriques et thérapeutiques qui viennent d'être évoquées:

- La question du souci pédagogique et préventif, la voici : L'analyste d'un enfant est-il au service de son bon développement, de son éducation ? Oeuvre-t-il en fonction de son avenir ? Ou, au contraire, est-il là d'abord pour rencontrer une personne au présent, pour travailler au service de sa souffrance d'aujourd'hui ?
- La question de la cause des névroses se pose en ces termes dans le contexte de la psychanalyse d'enfants : Quels rapports y a-t-il entre les symptômes de cet enfant et la réalité de sa vie, les faits qui, dans ce cas, ne sont plus seulement passés mais aussi actuels ?
- La question d'être enfant dans la cure, on en connaît le débat dans l'histoire de la psychanalyse d'enfants: De quelle nature est le transfert de l'en-

fant ? Semblable à celui de l'adulte ou différent ? Y a-t-il ou non quelque chose de particulier dans la rencontre analytique avec un enfant ?

Le théâtre de ces questions et des réponses qui leur seront apportées par les uns et les autres verra se dégager, au fil des décennies, deux pôles dans la psychanalyse d'enfants. Schématisons-les. Au premier pôle : une psychanalyse d'enfants tentée, disons, de suivre le premier Freud (mais dont certaines thèses se maintiendront sa vie durant), le Freud qui voit dans le berceau de l'enfant l'origine ou la cause de la vie psychique adulte et dans l'analyste d'enfants la bonne fée ou la nourrice qui veille sur lui. Au second pôle : une psychanalyse d'enfants qui adopte davantage l'attitude de perplexité du père de la psychanalyse et qui se montre attentive aux conseils de réserve d'un Ferenczi. A cette psychanalyse, les écailles tombent en quelque sorte des yeux : elle réalise que la plongée directe dans l'enfance, comme dit Pontalis, ne fait pas assister à la naissance de la vie psychique, que l'enfant au contraire est d'une bouillonnante complexité; et puis il parle, porteur des questions de tout humain.

Deux pôles donc, mais, entre ces deux pôles, autant de positions intermédiaires ou presque que de psychanalystes d'enfants. En filigrane de ces deux pôles s'inscrivent les contours de deux visages d'enfant, autour desquels on peut tenter de regrouper les conceptions que certains grands auteurs se font à propos des thèmes précités : troubles et symptômes, visée de la cure, rencontre enfant-adulte, et surtout à propos du thème de la demande.

2. LA DEMANDE ?

Ce terme, disons-le dès à présent, se retrouve sous peu de plumes de psychanalystes d'enfants. On y lit plutôt : intérêt, confiance, accord, adhésion, alliance, motivation, coopération, – termes qui, si on y réfléchit, évoquent plutôt un mouvement de ralliement à quelque chose de préexistant, une participation à un cadre de travail qui serait installé chez l'analyste au préalable et à l'intérieur duquel un enfant-patient serait en quelque sorte convié à entrer.

En psychanalyse d'enfants, on retrouve principalement le terme de demande chez Winnicott, chez Dolto et chez des psychanalystes d'enfants proches de Lacan. Lacan, on le sait, fait de la demande un concept-clef, couplé au terme de désir. Il se sert à sa manière du précieux avantage que nous offre notre langue française qui entend ce mot dans deux sens. Et leur dialectique se révèle pleine d'intérêt.

D'un côté, la langue reconnaît la demande transitive qui porte sur un objet et cherche à l'obtenir: demander un livre, un conseil, une aide, la guérison, toutes demandes qui cherchent leur satisfaction. Mais la langue française reconnaît une autre demande : celle qui interroge, qui questionne. *Je te demande si... ? Je te demande pourquoi...? Je te demande comment...?* Par exemple, chez Marc, un enfant : *Je vous demande quel homme je peux devenir, issu d'un père brésilien et d'une mère française ?* Adresse à l'autre, cette demande-question prolonge la voie pronominale : Je me demande bien si... Elle ramène souvent sans le savoir aux questions éternelles de l'humain : D'où viens-je ? Qui ai-je à être ?

La demande-question, Lacan l'a reconnue comme la trame même de la parole de l'analysant, le transfert étant pour lui la succession de ces demandes adressées... à bon entendeur, de préférence. Dans ses fondements inconscients, la demande-question ne cherche pas vraiment réponse; elle cherche plutôt à se dire, à prendre place, à être reconnue, à pouvoir se poursuivre. C'est à ce titre qu'on est en droit de dire qu'elle porte le désir humain, désir d'être de parole... et de l'être encore. Cette demande-question, j'ai choisi de la nommer *demande de demander*, car elle est demande inconsciente d'une scène de transfert, d'une scène de paroles, d'une scène de demandes.

La demande d'analyse, la demande en analyse, se jouent à ce double niveau : en des points visibles, ce sont les demandes conscientes d'aide, de soulagement, que sais-je; en deçà ou au-delà, c'est la demande, le plus souvent, inconsciente, de mettre en mots ses questions, comme Alice s'adressant à sa chatte Dinah, ou à cet Autre, anonyme, extérieur au terrier.

3. ESQUISSE DE REGROUPEMENTS SUR LES THÈMES ÉTUDIÉS

Faisons maintenant retour à nos deux pôles de la psychanalyse d'enfants et tentons de rapprocher autour d'eux les conceptions des auteurs sur les thèmes étudiés. A chaque pôle, je l'ai dit, un visage d'enfant en filigrane.

Au premier pôle, le visage de *l'enfant-réponse* de la psychanalyse, l'enfant du souci, qu'Ariès voit monter au cours des siècles et que Freud prend pour réponse aux investigations de la psychanalyse. Cet enfant est celui dont chaque étape du développement est à ne pas manquer et détermine celles qui suivent, l'enfant dont la bonne évolution nécessite observation, dons, soins et prévention, l'enfant sur le bien duquel se penche attentivement l'adulte. C'est l'enfant-capital à protéger, car enfant du futur, enfant à éduquer, souvent enfant-roi, en un mot peut-être *l'infans*.

Au second pôle, le visage de *l'enfant-question* de la psychanalyse, l'enfant qui ne se laisse pas saisir si aisément, déconcertant, impertinent. L'enfant qui étonne Freud et le fait hésiter. C'est Hans, détective des énigmes humaines, curieux de vérité, avide de mots. C'est l'enfant qui questionne et construit ses théories, mais qui, par là-même, fait question à l'adulte, ébranle ses certitudes. Il n'est plus format réduit, civil mineur, mais sujet à part entière qui prend écart pour préserver ce qui lui est propre. C'est l'enfant présent au présent, enfant désirant, en un mot et de quelque manière l'enfant *métaphysicien*.

Reprenons alors les thèmes soulevés : troubles et symptômes, visée de la cure, rencontre enfant-adulte, demande. Présentons l'essai, schématique pour les trois premiers, plus étoffé pour celui de la demande, du regroupement des conceptions.

Pour ce qui est des **troubles et symptômes**, ainsi que de la **souffrance**, se regrouperaient autour de la figure de l'enfant-réponse ou de l'infans :

- les conceptions qui envisagent le trouble d'un enfant principalement comme le résultat d'un développement défectueux des instances psychiques, moi et surmoi, – développement pensé soit en lien direct avec les influences concrètes de l'éducation, soit, sur un versant plus intrapsychique, en termes de retards dans la succession des identifications;
- les conceptions, aussi, qui tendent à chercher les racines de la névrose ou de la psychose en des temps particuliers, parfois très reculés, de la vie infantile.

Dans ces perspectives, l'enfant est le plus souvent présenté comme peu souffrant de ses difficultés, car il est perçu comme inadéquat, sans trop le savoir, aux exigences extérieures, peu constitué intérieurement, ou encore, s'en remettant à l'adulte; bref, peu porteur de questions sur lui-même.

Se regrouperaient alors autour de la figure de l'enfant-question ou de l'enfant métaphysicien :

- les conceptions qui envisagent la maladie d'un enfant dans une fonction positive, une fonction de solution partielle, c'est-à-dire comme création – par un enfant menacé dans sa vie propre – d'une sorte de protection destinée à le mettre provisoirement à l'abri (cette vie propre étant sa vie de représentation, sa vie de jeu, sa vie de quête);
- les conceptions, aussi, qui dans la même ligne mais se référant au langage, considèrent le symptôme comme une question enfouie, question qui, faute d'avoir été reconnue, d'avoir trouvé ses mots, s'est tue en ce point, - pas totalement quand même puisque le symptôme en manifeste encore, déjà, quelque chose.

Dans ces dernières perspectives, l'enfant, très acteur en ses maux, est pensé comme pouvant en souffrir.

Pour ce qui est des points de vue sur **le travail analytique avec l'enfant, visée et processus,** se regrouperaient autour de la figure de l'enfant-réponse ou de l'infans les conceptions, bien entendu, qui mettent en avant, dans le travail analytique, la reprise du développement par restitution à l'enfant des forces qui lui font défaut. Soit que ces conceptions portent l'accent sur les manifestations visibles de cette reprise (disparition des symptômes, meilleure adaptation au milieu, etc.), soit qu'elles insistent davantage sur les mutations internes qui l'attestent (meilleure intégration pulsionnelle, réaménagements identificatoires, etc.).

Se regrouperaient autour de la figure de l'enfant-question, ou du métaphysicien, les conceptions qu'on pourrait nommer «actuelles» (en opposition à développementales), c'est-à-dire celles qui centrent plutôt le projet analytique sur l'acte au présent du travail, ce qui s'y passe ou s'y dit. Acte qui cherche en l'instant à dégager une vérité déjà là en l'enfant; acte qui se veut un travail au parler vrai dans le transfert, ce dernier étant conçu comme possibilité de reprise des questions enfouies.

Mais il est un thème où, surprise, un seul visage d'enfant, celui de l'enfant-question, voit en quelque sorte converger vers lui toutes les conceptions :

c'est le thème de la **rencontre d'un enfant-patient et d'un adulte-analyste.** Unanimement, semble-t-il, les auteurs annoncent, dans le sillage de Ferenczi: il y a danger dans cette rencontre; elle peut être éprouvante, voire violente, pour l'enfant, certes, mais aussi, ajoutent certains analystes d'enfants, pour l'adulte. Ce danger, les auteurs le perçoivent ou au moins le pressentent quand ils parlent, citons-les, d'«enfant hostile» (Hug-Hellmuth), d'enfant «réticent» (Anna Freud), d'enfant «négatif» (Mélanie Klein), d'enfant «faussement content» (D. Winnicott), d'enfant «agité» (R. Diatkine), d'enfant «en péril de rapt ou de viol» (F. Dolto). Autant d'enfants qui cherchent, dans cette rencontre, à mettre leur vie pulsionnelle à l'abri de la mainmise de l'adulte, et tout spécialement d'un adulte qui se montrerait trop observateur, trop proche, trop bon, trop aidant, trop aimant. Le danger, on l'aura reconnu, est celui de la séduction sexuelle au sens le plus large que la psychanalyse freudienne nous a appris à donner à ce terme. Et l'enfant qui, par tous ces moyens, tente de protéger son intimité, c'est sans hésiter, l'enfant-question, l'enfant qui à tout prix veut maintenir sa question.

Dernier thème, celui de **la demande.** Nous y avions distingué deux sens ou deux niveaux: celui de la demande consciente et portant sur l'objet; celui de la demande inconsciente, demande qui ne cherche pas une réponse comblante, demande de demander. Présentons brièvement les conceptions rencontrées chez quelques auteurs, avant de commenter.

Anna Freud donne une place considérable à «l'accord» de l'enfant à se trouver là, et à son «alliance». Quel que soit le moment du travail, A. Freud envisage cet accord et cette alliance sous un angle exclusivement conscient, et toujours pour constater qu'ils ne sont guère possibles chez l'enfant. L'alliance thérapeutique résulte du désir de coopération, lui-même fondé sur la conscience de la maladie et le désir d'être aidé à affronter les difficultés intérieures. Elle est une démarche du moi sain, distincte du transfert, à l'abri des conflits. En ce qui le concerne, le moi de l'enfant n'est pas suffisamment développé pour disposer de l'auto-observation nécessaire à prendre part à l'effort thérapeutique. L'analyste aura à gagner la confiance de l'enfant, à le rendre attentif à sa maladie afin de soutenir sa motivation à s'améliorer.

Mélanie Klein n'attribue aucune importance à la reconnaissance consciente de sa maladie par l'enfant, et elle n'attend aucun accord de sa part, toutes choses qui pour elle ne font qu'accroître la culpabilité. Si elle écarte la demande consciente, elle n'écarte pas moins la demande inconsciente, appel à parler à un autre, à poser sa question. Pourquoi ? Déjà pour elle l'angoisse latente est, au départ, à ce point insoutenable que l'enfant n'est pas présent à sa souffrance; il s'en distancie, s'absentant du même coup de la réalité extérieure. Point de détresse et point d'appel, mais le mur de l'inaffection et de l'indifférence.

Quand ensuite, grâce aux interprétations de l'analyste, l'angoisse latente devient, par petites doses, manifeste, quand la souffrance apparaît ainsi que les sentiments négatifs, le contact devient possible. Mélanie Klein voit alors peu à peu pointer une autre attitude, qu'elle nomme «adhésion», «coopération» et même «attente». Elle en voit les signes évidents dans la venue de l'enfant, dans le matériel qu'il apporte, dans le soulagement et la gratitude qu'il exprime, dans le sentiment d'être compris qu'il manifeste. Mais cette bonne disposition progressive à l'analyse, je ne crois pas, pour ma part, pouvoir la nommer demande (inconsciente) : c'est que Mélanie Klein pose comme finalité à l'analyse une intégration, une complétude, alors que je tiens à conserver à la demande (inconsciente) le sens d'une quête qui ne cesserait pas.

Donald Winnicott accorde la plus grande importance à la demande de l'enfant; il la nomme telle, et cette importance s'inscrit de manière directe dans son éthique de discrétion : il reçoit la Piggle «à la demande» pour ne pas occuper un trop vaste champ, par rapport à elle mais aussi par rapport à ses parents.[2] Mais cette demande, si elle fait l'objet d'une vive attention de sa part, n'est jamais explicitement définie. Je dirais qu'elle apparaît à tout moment de sa clinique comme de sa théorie telle une ligne d'horizon. Ses figures sont les plus diverses : étincelles d'attentes initiales autant que persévérance dans l'engagement; déclarations conscientes autant que demandes inconscientes. La cure de Gabrielle – de la Piggle – voit concrètement se dégager une série de demandes qui monte en crescendo vers la demande inconsciente d'utilisation de l'analyste, avec celle de le détruire pour que puisse émerger le mouvement propre de l'enfant : mouvement de nomination qui s'inscrit donc dans le langage. C'est que fondamentalement la demande inconsciente, chez Winnicott, est quête du vrai *self*, du noyau de continuité de l'existence. Or le vrai *self* ne peut se dégager que s'il y a distance, absence, mort de l'autre. Telle est bien la paradoxale demande du jeu winnicottien : la demande à l'analyste est demande *qu'il disparaisse.*

Les psychanalystes d'enfants de la S.P.P. (Société Psychanalytique de Paris), (**Lebovici, Diatkine**) adoptent, sur la question de la demande, un point de vue tenant à la fois du côté d'Anna Freud et de celui de Mélanie Klein. Avec la première, ils partagent globalement l'idée qu'un enfant ne peut éprouver une attente consciente de changement et que, au départ, il ne sait pas qu'il y a quelque chose à dire (Diatkine). Mais, comme Klein, ils estiment que le ressenti des premiers bienfaits des interprétations peut provoquer, sur un plan plus inconscient, une aspiration à poursuivre. L'enfant, par identification à la personne de l'analyste, fait siens ses nouveaux énoncés et leur effet agréable le pousse à en «redemander». En résumé, pour la S.P.P. : existence d'une attente inconsciente, oui, mais d'une autre nature que la demande inconsciente dont j'avance la notion. Elle se présente ici comme la recherche d'une appropriation par l'enfant de la subjectivité de l'analyste. Or, pour moi, la demande inconsciente est essentiellement la demande d'être reconnu dans sa question. C'est la raison pour laquelle j'ai la même hésitation que pour Klein à nommer demande ce mouvement d'identification à l'analyste interprétant.

Françoise Dolto, de tous les auteurs étudiés, est celle qui a fait, dans sa théorie autant que dans sa pratique, la plus grande place à l'écoute de la demande de l'enfant. Les raisons en sont multiples, mais principalement celle du respect de l'enfant, sujet à part entière de sa demande. *Ecouter la demande*

2 Donald W. Winnicott, *La petite Piggle. Traitement psychanalytique d'une petite fille*, Paris, Payot, 1980.

est, pour Dolto, indiquer d'entrée de jeu à l'enfant et à ses parents où se situe la visée de l'analyse, c'est-à-dire dans la recherche d'un savoir enfoui en soi. Ecouter la demande d'un enfant est lui dire d'emblée qu'il est seul à savoir ce qui est bon pour lui. Ecouter la demande est, en outre, indiquer ce qui fait tout le processus de la cure, car, pour Dolto, le transfert n'est autre que la succession des demandes non satisfaites et non symbolisées du passé : c'est donc un travail sur l'inconscient, la demande consciente n'étant que la calotte extérieure de demandes plus cachées où se terre le désir. Et c'est ce qui lui fait dire que le non d'un enfant est plus souvent son oui que tout oui. La demande de l'enfant, comme celle de l'adulte, est une demande de parole vraie, non pas celle qui vient faire réponse à la question de l'enfant pour lui apporter complétude ou bien-être, mais celle qui vient la reconnaître et la relancer, afin que se relance la dynamique de son désir et que s'en modifie son image du corps.

Commentons. Notre logique pourrait trouver quelque satisfaction à rapprocher de la figure de l'enfant-réponse (enfant du développement, du bien-être et du soin) les conceptions qui envisagent la demande comme attente d'aide, de soulagement, de présence, d'explication, que cette attente soit pensée du reste comme possible ou non. A rapprocher d'autre part de la figure de l'enfant-question (enfant du présent, de la quête, du désir) toutes celles qui posent la demande comme demande de recherche, d'espace, de jeu, de nomination, demande d'absence, demande de mots dits et/ou reçus. Apparaît cependant un grand danger dès que des noms sont cités : danger de ramener tel ou tel auteur plus près d'un pôle ou d'un autre sans tenir compte à suffisance, sur un sujet aussi impliquant que le travail analytique avec un enfant, de la relativité des points de vue, de leurs nuances et intrications.

Enfant, être de développement, ou enfant, être de question ? D'avoir rencontré Freud père et fille, Hug Hellmuth, Sokolnicka, Morgenstern, Klein, Winnicott, Lebovici, Diatkine, Dolto, à travers leur biographie et leurs récits cliniques plus encore qu'en leurs théories, m'apprend ceci : Aucun adulte-analyste ne peut, en définitive, appréhender un enfant sans prendre en compte sa spécificité biologique d'être en croissance, sans le penser génétiquement. Mais aucun analyste non plus, malgré le confort qu'il croirait trouver en sa position d'adulte, malgré l'assurance que lui apporterait ses connaissances sans cesse plus grandes sur l'enfance, n'ignore la difficulté de sa tâche, il sait qu'il n'est jamais à l'abri des secousses d'UNE rencontre avec UN enfant, de la force qu'elle secrète, force qui n'est autre que celle qu'un enfant est capable de mobiliser pour maintenir la radicalité de sa question, pour persévérer dans son être de désir. A ce titre peut-être, à ce titre seulement (?), l'analyste d'enfants, toutes époques confondues, toutes écoles confondues, peut à mes yeux témoigner d'une expérience particulière dans le champ général de la psychanalyse.

4. OÙ EN SONT MES CONVICTIONS ACTUELLES ?

Malgré ses innombrables tourments, le psychanalyste d'enfants ne se trouverait-il pas, pour une raison au moins, en position avantageuse ? C'est que les paradoxes et écueils que lui impose son rude métier s'inscrivent sous son regard en lettres agrandies. Pour ma part, et à la suite de Dolto, j'ai érigé l'écoute de la demande en véritable barre à tenir dans mon travail, afin d'éviter les récifs du soin, du bien, de la norme, de la cause ou du désaveu et afin de maintenir solidement le cap sur ce qui, en l'enfant, est quête de savoir, sur les questions qu'il se pose sur lui-même, sur les questions qu'il nous pose, bref sur son désir. Je ramasse à présent mes convictions, qui sont autant de perspectives ouvertes sur des réflexions futures.

Un enfant souffre, ou plutôt un enfant peut souffrir de situations (réelles ou virtuelles) ou d'objets qui l'angoissent : de voir partir quelqu'un ou se disputer ses parents, de perdre la face, des moqueries des camarades, des exigences d'un professeur, des cris de reproche d'une mère, des impulsions d'animaux, de maladies «attrapables» et de tant d'autres choses. De se sentir différent : d'être en enseignement spécial, de faire pipi au lit, d'avoir la peau noire, d'avoir les cheveux roux, d'être petit de taille, d'aller consulter un psychologue. De faire souffrir ses parents : de leur causer du tracas, de provoquer leur désaccord, de ne pas répondre à leurs attentes, de dépasser un père... Un enfant souffre aussi de ne pas se comprendre : d'avoir commis tel acte, de haïr sa soeur, de s'emporter, de s'agiter, de s'opposer, d'être sans force, sans joie, sans intérêt...

Le cortège de ces souffrances, si l'on y réfléchit, traduit un être qui s'arrête devant une situation, devant une relation, devant un objet, devant son corps, devant son comportement. Qui s'arrête, péniblement surpris et douloureusement interrogateur. La souffrance est ce temps d'arrêt éprouvant où tous nous sommes placés devant le manque, la faille, le hiatus, le surprenant, l'incompréhensible, le saisissant. Les mots y font encore défaut. Où qu'on se tourne, c'est encore le silence, la réponse muette. Mais voilà qu'en même temps nous sentons sourdre en nous la question qui vient interroger la faille, voilà que nous nous sentons travaillés par elle : «Il y a là, en moi, dans mon rapport avec les autres, quelque chose qui est en rupture, en brisure, qui ne colle pas, qui cloche», commençons-nous à nous dire. La souffrance, pour moi, si elle est l'arrêt pénible devant le manque, est aussi la quête de mots pour le connaître et le reconnaître. Elle porte en elle l'appel. Et je relierais volontiers au désir cette dernière dimension de la souffrance, c'est-à-dire ce mouvement par lequel le manque, la perte, l'absence cherchent leurs mots. Il y a déjà désir dans la souffrance qui appelle.

Certains symptômes font souffrir et d'autres ne font pas souffrir. Si le symptôme est une parole cachée, une question qui s'est fixée là, il peut soit recouvrir complètement cette question et la taire, tels un faux *self* winnicottien lisse et bien réussi; soit, s'il ne «tient» pas tout à fait, s'il n'est qu'imparfait (et c'est la majorité des cas), le symptôme continue à laisser percer la question et constitue en quelque sorte un relais de *souffrance*.[3]

---

3 Bien des échecs, des difficultés et des troubles ne sont pas symptomatiques, au sens psychanalytique du terme. Dans l'ordre des difficultés scolaires, par exemple, il n'est guère facile de déterminer quand le désintérêt, la lenteur ou la paresse ont valeur de symptômes, c'est-à-dire de formations de l'inconscient.

La souffrance n'est pas l'angoisse. L'angoisse me semble être le signal témoignant du plus grand des dangers, s'il devient permanent : celui de l'abolition justement de ces moments d'arrêt, où le sujet n'est plus en mesure de *constater* le saisissant, le manque, la différence. Elle signale le danger d'une destruction de ce mouvement par lequel le sujet qui souffre cherche à se dire.

On a raison de penser que la souffrance d'un enfant est un bon point de départ à la consultation analytique car elle contient déjà un cri, l'amorce d'une recherche de mots, d'un savoir sur le manque. Mais il y a une condition : c'est que la consultation soit une rencontre effective, c'est-à-dire qu'elle donne lieu, de la part de l'analyste, à une reconnaissance du sujet qui souffre comme sujet qui désire dire, qui désire naître. Car il peut se produire, et c'est là précisément le dangereux écueil qui menace la psychanalyse d'enfants, qu'en cette première consultation l'enfant se dessaisisse de sa souffrance, à charge de ses parents ou de l'analyste, la consultation tournant au baume ou au pansement, éteignoirs de souffrance. «*Tant que l'homme souffre*», a dit Freud, «*il peut encore faire son chemin sur terre.*» Pourvu, serait-on tenté d'ajouter, qu'il trouve dans la rencontre un début de reconnaissance de sa vérité.

Je suis frappé de constater, dans mon expérience de consultation, combien nombreux sont les enfants qui, dès la première fois, quand on leur demande ce qui les a fait venir, répondent précisément que c'est pour comprendre, alors que les parents n'avaient nullement utilisé ce terme pour leur en parler. Il est très intéressant de mesurer l'écart entre ce que des parents disent chez eux à un enfant pour lui présenter la démarche et les mots que l'enfant utilise lui-même la première fois. C'est peut-être au creux de cet écart qu'est à entendre le premier transfert, la première demande personnelle d'un enfant. Une étude méthodique s'y prêterait facilement. On peut en faire le projet.

Beaucoup d'enfants souffrant me semblent percevoir d'eux-mêmes qu'il y a dans leur vie, dans leurs actes ou dans leurs émotions, dans leur symptôme, quelque chose à comprendre, quelque chose d'ouvert qui appelle... autre chose. Et beaucoup perçoivent que là, devant eux, en cette consultation, cette autre chose peut advenir dans la relation avec cette personne qui offre de parler : peut-être peut-il en sortir quelque chose ?, m'avait lancé un enfant à propos des premiers rendez-vous. Oui, je pense qu'un enfant peut espérer quelque chose de ce travail avant de l'avoir expérimenté, avant d'en avoir éprouvé un effet direct. Nombre d'enfants, au fond, ont une intuition de l'inconscient, de quelque chose qui les meut et les dépasse mais qui est comme tel indéchiffrable. Un enfant saisit vite que la rencontre avec l'analyste est particulière, qu'on y écoute autrement, qu'on y parle autrement. Combien d'enfants réputés instables ou agités ne se montrent-ils pas en consultation, à l'étonnement de leurs parents, attentifs, calmes, apaisés, parfois «pour la première fois depuis des années». Un mot tombe, un silence, un éclair dans le regard, quelque chose se passe. Moment «sacré» de la consultation, où prend force l'intuition de l'existence de l'inconscient.

Mais la demande de l'enfant, celle que j'ai appelée «demande de demander», demande inconsciente, est toujours à interroger. L'analyste est actif : il fait offre, présente son travail, ouvre un espace, donne place à chacun, invite à formuler la démarche, ce qu'on en attend, ce qu'on en craint. Et il revient parfois à plusieurs reprises, avec des questions voisines, à la même question. Chose curieuse, l'enfant et sa famille ne s'en étonnent pas. Et pour cause ! D'une consultation à l'autre, les paroles ne sont plus les mêmes, la demande prend d'autres figures, car le transfert est mouvant.

Quand la demande se poursuit chez l'enfant à partir de ses propres signifiants - qui le plus souvent le représentent dans ses questions sur ses liens à ses parents -, une proposition de traitement à rythme régulier peut être faite, fréquemment assortie dans ma pratique de l'invite au payement symbolique. Le temps est laissé à l'enfant de l'accepter, de la refuser. Les repères de la demande, en cours de traitement, sont rarement des réponses à des questions explicites portant sur la démarche elle-même : «Veux-tu continuer ? Désires-tu encore ?». Ces repères se trouvent dans la compréhension du transfert, ou plutôt des transferts (comme disait Freud), soit des «utilisations» successives de l'analyste; ils sont principalement lisibles aux variations de ce que le patient nous fait éprouver, aux petites différences qui apparaissent dans un dessin, entre deux formes proches, aux écarts dans la prononciation du même mot. Tant que le travail me touche, tant qu'il m'émeut ou me meut, il y a demande, c'est clair. Ce qui ne veut pas dire qu'une période, même longue, d'ennui ou de stagnation soit signe d'absence de demande : résistance et non-demande ne se confondent pas.

Que serait donc la non-demande ? Quand n'y aurait-il pas demande chez un enfant ? Evoquons, sans être exhaustif, quelques situations. Il y a non-demande quand la démarche amène l'enfant à être là, d'une certaine façon, contre lui-même, dans une position dénaturante ou avilissante pour lui, à la place ou en prolongement de quelqu'un d'autre, en substitution à celui-ci; pour la jouissance d'un autre (par exemple, en tant qu'otage); pour apaiser la culpabilité d'un autre ou confirmer sa dépendance à un troisième (celui qui nous envoie l'enfant, par exemple, ou l'analyste lui-même qui n'en aurait pas conscience...). Il y a non-demande aussi quand, «nourrisson savant» ou petit psychiatre familial, l'enfant joue le rôle de protecteur de la fragilité des autres, de consolateur de misères cachées, rôle qui lui interdit (au moins momentanément) d'entamer un travail pour lui-même, qui risquerait d'ébranler dangereusement ses proches. Il y a encore non-demande quand, prenant la voie de la perversion, l'enfant s'installe dans la jouissance d'une relation sado-masochiste avec l'entourage, comme par exemple l'enfant qui chercherait à être battu par son père.

Il y a non-demande enfin, et probablement le plus souvent, quand l'enfant n'éprouve aucune souffrance, aucun embarras, n'est porteur d'aucune surprise à propos de lui-même; quand les questions de l'enfant, non reçues par l'entourage, se sont en quelque sorte parfaitement moulées en symptômes solides et suffisants, le désir y trouvant provisoirement sans doute un abri d'hibernage. Pour une raison ou pour une autre, la mise en question du symptôme serait mise en péril... du désir. Du moins, cela s'entend, dans la situation actuelle. En attendant... Eh bien, oui, en attendant, que faire sinon attendre ?...

Mais il y a des enfants qui vivent sous le régime quasi permanent de l'angoisse, à tel point qu'on se demande s'ils souffrent. Comme le dit Denis Vasse, l'enfant semble alors ignorer sa souffrance.[4] Ce sont les cas de psychose avec leurs mille visages d'insensibilisation, d'inhibition radicale, d'immobilité, de désintérêt, d'indifférenciation, - autant de mécanismes, d'ailleurs, qui tentent désespérément d'assurer la conservation d'une toute petite flamme de désir, bien près de l'effondrement, dirait Winnicott. Souffrance «qui ne se sait pas»[5], non-demande; et pourtant l'analyste d'enfants, au nom de son propre désir qui reconnaît en l'enfant psychotique cette flamme vacillante, ne peut s'abstenir d'intervenir : pour que l'angoisse psychotique puisse s'ériger en souffrance et donc en demande, il va, par les mots, introduire de la différence, de la séparation, de l'absence (yeux fermés, yeux ouverts; objet caché, objet visible; «tu t'appelles comme ça, ta mère autrement»). Voilà la naissance d'un sujet parlant.

5. ET AU-DELÀ DE CETTE ÉTUDE ?

Tel l'enfant métaphysicien, me voici, au-delà de cette étude historique, saisi par quelques questions, quelques demandes qui sont bien d'aujourd'hui. Je me demande si, dans nos pratiques avec les enfants, de prévention, de consultation et de cures, analytiques et autres, l'enfant que nous recevons n'est pas, à l'excès, l'enfant du souci et du soin, du bon développement ou du développement défectueux, l'enfant-réponse aux préoccupations des adultes. Une trop grande soumission à la pression sociale des «anomalies» d'évolution ne nous conduit-elle pas à oublier, ou pire, à désavouer la parole propre d'un enfant, à exercer à notre tour une violence sur sa vie de pensée et de désir, violence dénoncée déjà par Ferenczi en 1932.

Je me demande si nous n'allons pas trop loin dans la multiplication des services, des interventions, des spécialistes que nous suscitons pour le «bien» de l'enfant. Car qui est l'enfant que nous voulons promouvoir ? En ce moment, par exemple, de nouveaux examens sont instaurés pour évaluer les troubles et retards de maturation des jeunes enfants. Envisage-ton suffisamment la manière de recevoir chacun de ces enfants, de leur parler, de les écouter ? Le «bon» est-il l'enfant en ordre sur tous les tableaux, conforme à nos échelles, futur gagnant social ?

Je me demande si dans nos discours scientifiques et universitaires, nous ne mettons pas abusivement l'accent sur l'enfant – comme s'il existait –, lieu commun, effigie abstraite recouvrant sinon réduisant au silence la fille et le garçon, le Marocain et le Belge, le discret et l'exubérant. Or, nous savons très bien que ce que nous pouvons dire ou écrire de plus vrai sur un enfant nous vient de notre rencontre, rapportée dans la rigueur, avec Marc ou Leila, qu'elle soit médicale, pédagogique, clinique, psychanalytique.

---

4 Denis VASSE, *Le poids du réel. La souffrance*, Paris, Seuil, 1983, p. 17.
5 *Idem*, p. 16.

Terminons par l'éloge d'UN enfant : un enfant qui tirerait avantage de sa différence, de sa variation, de son indétermination, de son «anomalie». Un enfant du plus grand nombre des possibles; un enfant du plus grand nombre des questions. N'est-ce pas au respect de cet enfant-là qu'une véritable politique de prévention devrait contribuer ? De quelle manière ? Par quels moyens ? Je me le demande.

Et si... Et si chaque enfant, après tout, en savait quelque chose ?

Références des articles publiés

1983 Réunions bimensuelles à propos des enfants dans une maison d'accueil pour femmes en difficulté : La Porte Ouverte (Bruxelles), **Sauvegarde de l'enfance**, 2, Paris, pp. 350-363.

1984 La thérapie analytique d'enfants, **Neuropsychiatrie de l'enfance et de l'adolescence**, 32 (9), Paris, pp. 451-457.

1986 Balises d'une pédagogie de la violence en milieu scolaire et institutionnel, **Humanités Chrétiennes**, 1, Bruxelles, 1986-87, pp. 51-63.

1991 Parentification et prématuration pathologique, **Cahiers des Sciences familiales et sexologiques de l'U.C.L.**, 15, Louvain-la-Neuve, pp. 139-144.

1991 L'insoutenable légèreté de la violence, Revue **Lumen Vitae**, vol. XLVI, 4, 1991, Bruxelles, pp. 415-423.

1991 La personne handicapée mentale, ses parents et les professionnels, **Acta Ergotherapeutica Belgica**, 2, Bruxelles, pp. 61-66.

1992 «L'enfant en quête» de Winnicott. Un mode de penser les paradoxes, périls et horreurs de la relation adulte-enfant, **Anthropo-Logiques**, 4, 1992, Peeters, Leuven, pp. 121-134.

1992 L'enfant, héritier de deux lignées, texte de conférence, publié in **Sous le signe du lien**, recueil de textes du Centre de Formation et de Recherche dans les milieux d'accueil du jeune enfant (FRAJE), Bruxelles, pp. 75-92.

1992 L'école, un lieu pour vivre, **Humanités Chrétiennes**, 3, 1991-1992, Bruxelles, pp. 205-212.

1992 Narration écrite d'histoires de cas en Psychanalyse, communication présentée à Bruxelles au Congrès international de Psychologie (23-7-92) et publié dans **Psychoanalyse**, 8, Bruxelles, pp. 107-116.

1992 Les enfants mannequins dans la publicité, en collaboration avec Violaine MOLITOR, **Neuropsychiatrie de l'enfance et de l'adolescence**, 40 (11-12), Paris, pp. 644-652.

1992 Les enfants souffre-douleurs, texte d'exposé. Présenté lors de la **journée d'étude consacrée aux Exclusions**, organisée par le **Centre de Santé Mentale «*Le Sas*» à Evere** (Bruxelles), le 22.05.92. Publié dans les actes de la journée.

1992 Levons le voile sur la pudeur et l'intimité, texte de conférence publié in **Corps, accords et désaccords**, recueil de textes du Centre de Formation et de Recherche dans les milieux d'accueil du jeune enfant (FRAJE), Bruxelles, pp. 17-38.

1992 Fonctions et rôles dans l'institution, texte de séminaire, inédit.

1993 La course au meilleur parent, **Nouvelles feuilles familiales.** Dossier, 1, 93, Namur, pp. 51-53.

1993 Normalisation et «nomalisation» de l'enfant. Emergence de l'autonomie individuelle au sein du lieu entre les générations, **Cahiers des sciences familiales et sexologiques de l'U.C.L.**, Louvain-la-Neuve, 17, pp. 113-121.

1994 Envie et jalousie, **Les dossiers du journal de votre enfant**, 2, pp. 28-29.

1994 Enfant, être de Développement. Enfant, être de Question. D'une recherche sur «*la demande*» dans l'histoire de la psychanalyse d'enfants, **Psychoanalyse**, 9, Bruxelles.

Table des matières